网络与新媒体专业系列教材

网络与新媒体技术基础

洪杰文　归伟夏／著

高等教育出版社·北京

内容提要

本书对网络与新媒体领域的基础技术、前沿技术及其在新闻传播领域的最新应用进行了较为全面的介绍和讲解，既包括已经非常成熟的基础性技术，如数字技术和网络传播技术等，也包括正在高速发展中的热点、新兴技术，如云计算技术、区块链技术、大数据技术、虚拟现实技术、人工智能技术等；既介绍了技术本身，也详细分析了技术在新闻传播领域实际运用的情况，如数字图形图像、数字音视频、数字动画、大数据新闻、虚拟现实新闻、机器新闻等。

本书的讲解提纲挈领、深入浅出，知识点选取得当、难度适中，案例丰富多样、翔实具体，既可作为新闻学、传播学、广播电视、广告学、网络与新媒体等专业教材使用，也可作为新时代大学生了解网络与新媒体基础技术的通识读物。

图书在版编目(CIP)数据

网络与新媒体技术基础/洪杰文，归伟夏著. --北京：高等教育出版社，2020.9（2022.10重印）

ISBN 978-7-04-054702-3

Ⅰ. ①网… Ⅱ. ①洪… ②归… Ⅲ. ①互联网络-传播媒介-高等学校-教材 Ⅳ. ①G206.2

中国版本图书馆 CIP 数据核字(2020)第 137041 号

策划编辑 黄子祺　责任编辑 黄子祺　封面设计 王 鹏　版式设计 马 云
插图绘制 于 博　责任校对 刁丽丽　责任印制 存 怡

出版发行 高等教育出版社
社　　址 北京市西城区德外大街 4 号
邮政编码 100120
印　　刷 北京市大天乐投资管理有限公司
开　　本 787mm×960mm 1/16
印　　张 16.5
字　　数 300 千字
购书热线 010-58581118
咨询电话 400-810-0598

网　　址 http://www.hep.edu.cn
http://www.hep.com.cn
网上订购 http://www.hepmall.com.cn
http://www.hepmall.com
http://www.hepmall.cn
版　　次 2020 年 9 月第 1 版
印　　次 2022 年 10 月第 2 次印刷
定　　价 36.00 元

本书如有缺页、倒页、脱页等质量问题，请到所购图书销售部门联系调换

物 料 号 54702-00

本书受到中共湖北省委宣传部与武汉大学

共建新闻与传播学院本科项目资助

目 录

第一章 引论

迄今为止，人类社会经历了五次传播技术革命，每一次革命都带来了新的传播手段或传播介质，并促使人类传播效率不断提高。在最近的一次传播技术革命中，计算机和互联网的诞生与发展引领人们走进了一个前所未有的网络与新媒体时代，新媒体技术的应用已经成为人类生活必不可少的一部分。在数字技术、计算机网络技术等关键性技术的基础上，新媒体技术在不断地更新与发展，不断为人类提供更好的信息服务。

第一节 传播技术革命——网络与新媒体时代的来临

任何形式的人类传播活动都离不开特定的媒介、手段或工具。真正意义上的人类传播发端于语言的产生，人体成为最早的传播媒介。在此基础上，人类依靠自身的智慧，发明创造出各种技术与传播工具。从语言的产生至今，每一次技术的进步都带来了新的传播形态。网络与新媒体技术的发展将人类带入了一个崭新的空间，即网络社会空间。

一、文字的出现：走进文明时代

第一次传播技术革命以文字的发明为标志，文字由早期的图形符号发展而来。考古学家发现，人类从旧石器时代晚期就开始用图画来传递信息，到了新石器时代，早期的绘画逐渐发展成一种“图画文字”。关于文字产生的时间，多数学者推定在公元前 3000 年左右。[①]

文字的出现意味着人类进入了文字传播时代。而在此之前，人类传播活动

① 郭庆光：《传播学教程》，中国人民大学出版社 2011 年版，第 25 页。

的第一个发展阶段是口语传播。在这一阶段,人类的传播活动主要是近距离的语言交流;而且这种语言符号转瞬即逝,信息的存储只能依赖于人脑的记忆,导致信息在传递的过程中很容易失真。因此,口语传播受到了空间和时间上的严重限制。直到文字的出现,这种限制才被初步打破。

文字既能向遥远的地方传播信息,又能记录并且长久地保存信息。文字在空间和时间上的这种突破,不仅扩大了人类的社会交往范围,还使得人类的知识、经验等能被准确地记载并传承下去,引领人类由“野蛮时代”迈向“文明时代”。文字的出现使得“推之于四海,传之于万世”成为可能。

二、造纸术的发明:一场书写材料的革命

第二次传播技术革命以造纸术的发明为标志,这是一场书写材料的革命。在纸张未发明之前,我国古代采用的书写材料主要有甲骨、青铜器、石头、竹简、缣帛等。虽然这些材料都有助于信息的长久保存,但甲骨、青铜器等过于沉重,不适合远距离运输;竹简、缣帛等轻便的材料又无法一次性承载过多的信息,比如竹简,一枚竹简只能写一行或两行字,一本书则要用上一两箱竹简,不仅耗费大量资源,还占据大量存储空间。由此可见,虽然文字的发明使得人类传播摆脱了时间和空间的束缚,但这种突破并不彻底。

造纸术是我国古代四大发明之一。通过考古发掘所得出的一致结论表明,造纸术起源于中国,起源的时间在公元前 2 世纪的西汉大一统之际,①由东汉时期的蔡伦于元兴元年(105 年)改良。造纸术为人类社会提供了一种新的传播媒介,这种媒介相较于此前的一系列书写材料,具有轻柔、便携、价格低廉等优良属性,极大地促进了知识、信息、文化的交流和传递,它的出现堪称前现代社会的一次“信息革命”。②

三、印刷术的发明:大众传播的兴起

第三次传播技术革命以印刷术的发明为标志,印刷术的发明建立在造纸术的基础上。公元 7 世纪我国唐代就已经出现了雕版印刷;1045 年前后,宋代的毕昇发明了胶泥活字印刷术;元代和明代,又先后出现了木活字和锡、铜、铅活字。14 世纪末,中国的印刷术通过丝绸之路传入欧洲。15 世纪德国工匠古登堡改进了活字印刷术,使得活字印刷术从手工转向机械,并发明了“铅活字版机械印刷机”。

---

① 潘吉星:《中国造纸史》,上海人民出版社 2009 年版。

② 罗文伯、汤书昆:《造纸术是蔡伦发明的吗?——兼论技术成果归属问题》,《科技管理研究》2017 年第 19 期。

印刷术的发明标志着人类社会进入了印刷传播时代。在此之前,信息的复制通常只能依赖于手抄,然而手抄效率低、谬误多,一本手抄书更是需要花费大量的劳动成本。因此,无论是信息的传递还是接收,只有统治阶层及精英阶层享有特权。对于大多数普通人而言,信息仍然难以获取,书本知识更是可望而不可即。印刷术的发明使得文字信息的机器化生产和大规模复制成为可能,不仅提高了信息传播的效率,还打破了少数人对信息的垄断,使信息在大多数普通人中普及开来。此外,印刷术还刺激了近代报刊、书籍等大众化媒介的兴起,从此拉开了大众传播时代的序幕。

四、电子技术的发展:电子传播时代

第四次传播技术革命以电子技术的诞生与发展为标志,人类社会由此进入了电子传播时代。电子技术催生了一大批电子媒介,主要可分为有线和无线两种系统。有线系统起源于1837年美国人莫尔斯发明的有线电报和1876年贝尔等人发明的电话系统,后来发展到有线广播和有线电视。无线系统的出现以意大利人马可尼1895年无线电通信实验获得成功为标志,其后发展为无线电报、无线广播、无线电视等。① 以广播、电视为主的电子媒介后来逐渐发展成为新的大众传播工具,人们可以同时通过视觉和听觉接收远程信息,不仅使得口语传播像文字传播一样克服了时空障碍,还通过展现真实的画面丰富了人们的视觉体验。

在这一阶段,电子媒介主要通过模拟信号传递信息,速度远远超过人流和物流,而在电子技术出现之前,信息的流通与人的流通、物资的流通是等速度的。而且在电子传播时代,不仅文字信息能够得到大量的复制和传播,随着摄影、录音、录像等技术的发展,图像、声音等信息也都具备了可记录性和复制性,使人类文化的传承内容更加丰富与直观。

电子技术的发展孕育了一大批电子媒介,这些媒介进一步打破了时间和空间的限制,使得人类知识经验的积累和文化传承的效率与质量产生了新的飞跃。值得一提的是,随着数字技术这一特殊电子技术的发展,电子媒介传递信息所依托的电子信号逐渐从模拟信号转变为数字信号,进一步改造了人类社会的信息传播系统,预示着人类逐步走向数字化时代。

五、计算机和互联网的诞生:网络新媒体时代的来临

第五次传播技术革命以计算机的诞生以及互联网相关技术的推广与使

---

① 郭庆光:《传播学教程》,中国人民大学出版社2011年版,第25页。

用为标志。1946年2月14日，世界上第一台通用计算机“ENIAC”在美国宾夕法尼亚大学诞生，标志着人类正式迈入数字化时代。70多年来，计算机朝着微型化、网络化、人工智能化、多媒体化等方向发展，由原始的ENIAC计算机逐步发展为现在的笔记本电脑、平板电脑以及智能手机等多种形式。目前，这些新型计算机已经进入千家万户，成为人类日常生活中必不可少的传播媒介。

随着数字化技术的不断发展，互联网络技术应运而生。事实上，互联网是冷战的产物。1969年，世界上第一个计算机网络——阿帕网（ARPANET）由美国国防部高级研究计划署开发，目的是抵抗苏联军事化力量。1989年，欧洲粒子物理实验室的蒂姆·伯纳斯-李（Tim Berners-Lee）创建了万维网，将互联网上的不同节点相互连接起来，以实现人与人之间的交流。1991年，互联网开始走上商业化的道路。[①] 随后，互联网上类似于浏览器、搜索引擎等应用层出不穷。

虽然互联网诞生于1969年，但中国正式接入国际互联网却是在25年之后的1994年。到2020年，中国互联网已经发展了26年。在这26年里，中国互联网产业一路突飞猛进，逐渐从Web 1.0的门户网站时代，发展到Web 2.0的互动传播时代，再到Web 3.0的移动互联网时代，甚至是人工智能时代。而且，随着5G技术的不断发展，物联网时代的到来指日可待。在此过程中，互联网改变了人类信息传播的方式，为信息传播搭建了更为广阔的平台。

在互联网高速发展之下，网络新媒体时代已然来临，各种基于互联网技术的新媒体如雨后春笋般涌现。与传统媒体相比，新媒体同时实现了即时传播、交互传播和跨时空传播。互联网作为新媒体最主要的技术依托，不仅使得信息传播速度得到极大提升，而且其去中心化的特性彻底改变了传统的信息传播模式，从而使得人类社会、政治、经济、文化、生活等各层面都发生了深刻变化。

第二节　互联网时代新媒体技术的特征和趋势

在互联网时代，新媒体技术是依托数字技术、计算机网络技术、移动通信技术等新技术而形成的新的传媒技术。数字化、交互性、超文本性、虚拟性是互联

① ［英］柯兰、芬顿、弗里德曼：《互联网的误读》，何道宽译，中国人民大学出版社2014年版，第49—50页。

网时代新媒体技术的特征。在互联网时代,新媒体技术将朝着传播技术加速革新、媒体融合更加深入、媒体智能化、应用无边界等方向发展。

一、新媒体技术的概念

新媒体(New Media)这一概念最早是由美国哥伦比亚广播公司(CBS)技术研究所所长戈尔德马克(P. Goldmark)于1967年提出。[①] 顾名思义,新媒体是一个相对的概念,每一次传播技术的变革都会带来所谓的新媒体,广播之于报纸,电视之于广播,都是一种新的媒体形态。但如今,新媒体更多的是指相对于报纸、广播、电视等传统媒体而言的新的媒体形态,是一种借助计算机(或具有计算机本质特征的数字设备)传播信息的载体,包括网络媒体、手机媒体、数字电视媒体等。

新媒体不仅仅是在新的技术支撑体系下出现的媒体形态,其本质还是一种媒体技术。作为一个技术性概念,互联网时代的新媒体技术是依托数字技术、计算机网络技术、移动通信技术等新技术而形成的新的传媒技术。换句话说,以计算机为工具,以现代数字通信为手段,以网络交换为传播形态,以此对信息内容进行采集、加工、处理、传输和显示,并应用于大众传播业的技术即为新媒体技术。根据美国学者约翰·帕夫利克(John Pavlik)的整理归纳,新媒体技术主要包含采集和生产技术、处理技术、传输技术、存储技术以及播放显示技术,涵盖了互联网和移动通信的输入、处理、输出全过程的各项技术。[②]

二、新媒体技术的特征

(一)数字化

严格意义上,互联网时代的新媒体应该称为数字化新媒体,数字化是新媒体技术的显著特征。目前,数字化技术已经被广泛应用于各个领域,包括计算机、通信、人工智能、雷达、微电子等。任何形式的数据要想实现采集、存取、加工、管理和分发等操作,都必须要先转化为计算机能识别的二进制数字“0”和“1”。与传统的信息传送方式相比,数字化可以实现大规模的数据输入、高速的数据访问以及高效率的数据改写。数字化可以将数据压缩到极小的空间,并且可以使数据被高速地接入计算机以及实现非线性访问。此外,数字形态

---

① 匡文波:《到底什么是新媒体?》,《新闻与写作》2012年第7期。

② 黄传武:《新媒体概论》,中国传媒大学出版社2013年版,第83页。

的图像或文本内容以一种可变的二进制字符串的形式存储于计算机内存中，文本的任何一个部分都可以被赋予独有的数据地址，以便接受交互输入和借由软件完成改写。[①]

（二）交互性

交互性是新媒体技术区别于传统媒体的独有特色，用户可以直接干预和改变他们所访问的图像和文本。这一特性使得信息不再是单向传播，而是引发了受众地位的变化，受众不仅仅是信息的接受者，还是内容的生产者和传播者，因此，在新媒体时代，人们更倾向于将“受众”称为“用户”。一方面，用户可以随时随地在计算机中为自己构建一个个性化的文本，比如注册个人信息、回答计算机提出的问题等；另一方面，用户还可以与其他人进行连接，不仅可以向信息发布者发表自己的看法和建议，还可以与同平台的其他用户形成互动、展开交流。新媒体的交互性唤起了用户的主动参与意识，改变了传统的传播模式，大大提高了人际传播、组织传播以及大众传播的效率。

（三）超文本性

形象地说，超文本是一件由诸多独立分散的单元组合而成的作品，每一单元包含一系列通往其他单元的路径。[②]超文本的集合构成一种链接网络，在这个网络中，每一个独立的节点都有其出口和入口，用户只需要使用界面中的导航设置，就可以对目标内容实现等距访问。超文本结构是网络信息的组织方式，用户可以通过超链接在数据库中随意调取自己想要的信息。例如，用户阅读新闻时，可以按照自己的意愿，快速实现新闻内容的跳转，大大缩短了查找内容的时间。最典型的超文本应用就是搜索引擎，其中包含大量的超文本结构，可以连接互联网中任何位置的信息，从而赋予内容综合性、海量性、可选择性以及自主性的特征。

（四）虚拟性

新媒体技术的兴起与发展，使人类进入了一个丰富多彩的虚拟世界。所谓“虚拟”，一方面是传统上所指的一种近似于现实的状态；另一方面，数字化时代的“虚拟”是“仿真”的代名词，更多指的是一种现实的替代，或是比现实更真，而非一种“现实的不完整形态”。[③]新媒体技术的虚拟性主要通过互联网技术和虚

---

①②③ ［英］李斯特等：《新媒体批判导论》（第二版），吴炜华、付晓光译，复旦大学出版社 2016 年版，第 21 页。

拟现实技术得以实现。互联网本身就是一个虚拟空间，在这个空间中，人类可以进行社会交往、商务交易、休闲娱乐以及会议讨论等，这种状态近似于现实，但却发生在虚拟商店、虚拟银行、虚拟会议室等隐形的场所中。虚拟现实技术利用计算机构建了一种模拟环境，通过 VR 眼镜、数据手套等设备，让用户产生身临其境之感。

三、新媒体技术的发展趋势

（一）传播技术加速革新

人类从语言传播到书写传播用了 9.5 万年，从书写传播跨入印刷传播花了 4000 年，而从印刷传播迈进电子传播只用了 1200 年，从电子传播到网络传播花费的时间更短，只用了 102 年。[①] 可见，传播技术的革新是呈现加速形势的。现如今，各种新媒体技术的发展相当之快，尤其是移动通信网络技术，从第一代移动通信系统（1G）发展至今天的第四代移动通信系统（4G）仅用了 30 多年，到今日第五代移动通信技术（5G）也逐渐走入我们的日常生活中。

（二）媒体融合更加深入

自 2014 年起，媒体融合成为我国重大战略工程，国家和政府给予了各种形式的大力支持，传统媒体也在为实现媒体融合持续努力，并且已经取得了相当不错的成果，例如《人民日报》的“中央厨房”以及湖北广播电视台的“长江云”政务融媒体等。然而，媒体融合顶层设计的目标主体是传统媒体，媒体融合实践的执行主体依然是传统媒体，由此观之，目前我国的媒体融合依然属于传统媒体向新媒体的单向融合。[②] 但媒体融合的本意不光是传统媒体拥抱新兴媒体，反之亦然，也包括传统媒体之间和新兴媒体之间的融合。[③] 目前我国的媒体融合还有很长的一段路要走，未来的媒体融合也将更加深入。

（三）媒体智能化

媒体智能化是移动互联网、大数据、云计算等技术同人工智能技术相结合的结果。2016 年 AlphaGo 战胜人类围棋世界冠军李世石后，人工智能应用开始受到广泛关注，越来越多的智能手机拥有语音智能助理，支付宝 2015 年开发的人脸识别技术也逐渐投入市场，今日头条通过算法实现个性化信息推荐，等等。这

---

① 邵培仁：《论人类传播史上的五次革命》，《中国广播电视学刊》1996 年第 7 期。

② 朱鸿军：《走出结构性困境：媒体融合深层次路径探寻的一种思路》，《新闻记者》2019 年第 3 期。

③ 韦路：《媒体融合的定义、层面与研究议题》，《新闻记者》2019 年第 3 期。

些应用的普及不仅给人们的生活方式带来了诸多变化，与此同时，人工智能技术进入传媒业后，也带来了新的新闻生产模式，例如个性化新闻、机器新闻、VR新闻等，为传统媒体的转型提供了契机。

（四）应用无边界

近些年来，我国“互联网+”计划取得了很大进展。互联网被广泛应用于教育、医疗、通信、商贸、旅游、农业、金融、工业、交通、政务等行业。所谓“互联网+”，其实就是“互联网+各个传统行业”，通过信息通信技术以及互联网平台，让互联网与传统行业进行深度融合，从而创造新的发展生态。对于任何传统行业而言，与互联网相融合已经成为一种必然的趋势。这其中的关键在于，互联网作为一种新媒体技术，其应用范围到目前为止并没有具体的边界，任何行业都可以与其融合，从而利用互联网的优势带动行业自身更好地发展。

（五）5G时代人类传播将发生颠覆性的变化

正加速到来的5G时代是个极富想象力和值得高度期待的时代，5G技术具有高速率、高可靠、低时延、低功耗等特点，可以全面应用于移动互联网和物联网场景中。5G网络是融合技术带来的融合网络，将给人类传播活动带来颠覆性的变化：一是全时空传播。有了5G技术后，人类社会的信息传播将前所未有地实现无时不在、无处不在，这种历时性与共时性同在、无远弗届的特点可以最大限度地突破人类传播的最大障碍，即传播的时间和空间制约。二是全现实传播。5G技术普及之后，人类将实现虚拟现实的连接，超高清4K广泛应用，虚拟现实（VR）、增强现实（AR）、混合现实（MR）等全息沉浸式交互，使得人与虚拟世界完全对接。三是全连接传播。5G可以实现所有人连接、所有物连接、所有资金连接、所有信息（数据）连接，同时还可以实现所有环节、所有过程、所有时空节点的连接。四是全媒体传播。在由5G带来的移动互联网和物联网时代，万物互联也就带来了万物皆媒。①

第三节　网络与新媒体技术的构成

网络时代的新媒体技术主要涉及媒体信息的采集、处理、存储、传送、输出等方面。其中新媒体技术的核心是数字技术——一种信息处理技术，该技术将文

① 胡正荣：《技术、传播、价值——从5G等技术到来看社会重构与价值重塑》，《人民论坛》2019年第11期。

字、图片、声音、视频等信息统一转化为数字格式,从而使得这四种元素能够同时出现在同一种新媒体当中。在信息传播方面,计算机网络技术发挥了关键性的作用。除此以外,近些年来新的网络与新媒体技术不断涌现,包括云计算技术、虚拟现实技术、大数据技术以及人工智能技术等。

一、网络与新媒体技术的根基——数字技术

推动新媒体发展的核心技术是数字技术,随着计算机技术和微电子技术的飞速发展,数字技术以空前的速度向前推进,使得信息处理技术取得了突破性的进展,并反过来促进计算机网络技术的发展。信息数字化技术的理论基础来源于1948年美国著名信息论专家香农在其论文《通讯的数学理论》中首次提出的运用比特对信息进行数字化处理。

数字技术是一种与电子计算机相伴相生的科学技术。它是指借助一定的设备将图、文、声、像等信息转化为电子计算机能识别的二进制数字“0”和“1”后,再对其进行运算、加工、存储、传送、传播、还原等处理的技术。经过二进制代码的转换,数字技术可以将原来只能通过报纸、广播、电视传播的文字、声音和图像内容全部数字化,变成电脑可以识别、处理和呈现的内容,因而打破了传统媒体之间的界限,[①]使得多种媒体的融合成为可能。此外,由于各种类型的信息都已经统一转化为数字,信息的采集、传输与接收系统也实现了技术上的统一,任何相互连接的信息终端之间都可以进行数字信息的交互传播,这使得人与机器、机器与机器、人与人之间的信息交互成为可能。

二、网络与新媒体技术的基本元素

与传统媒体相比,新媒体的构成元素更加丰富。报纸只能呈现文字和图片,广播仅仅只是人耳的延伸,传统电视虽然包含了多种形式的内容,但无法与观众形成互动,观众也无法对其内容进行改写。新媒体时代的数字技术不仅打破了文字、图片、声音、视频之间的区隔,使得这四种元素能够同时出现在同一种媒体中,最大限度地延伸人类的各种身体机能,同时还赋予了受众改写数字内容的能力以及人机交互的本领。

(一)文字

无论是对于报纸还是广播电视而言,文字都是不可或缺的元素,在网络新媒体上,文字依然是最主要的表达方式。只不过此时的文字是一种数字化的文字,

① 韦路:《媒体融合的定义、层面与研究议题》,《新闻记者》2019年第3期。

以一种可变的二进制字符串的形式存储在计算机内存中。这种文本处于持续变动的状态，能够在编写的过程中被轻易地增删修改；此外，一个汉字在计算机中仅占2个字节，所占计算机存储空间非常小，因此，报纸、期刊等平面媒体数字化后，能够在网络与新媒体平台上形成丰富的文字资源。

（二）图形与图像

图形是指由物体外部轮廓线条构成的矢量图；图像是对客观世界的一种相似性、生动性的描述或写真，是人们最主要的信息源之一。在新媒体技术诞生之前，图形与图像最早是通过绘画或胶片摄影技术呈现在纸上或胶片上的，稳定性较高，不易被改写，但一般较难获取。现如今，随着新媒体技术的发展，图形、图像都可以直接通过计算机进行处理，包括图形图像的获取、存储、显示和处理等，这些技术甚至都可以在一部智能手机上得以实现。

（三）声音

物理学上，声音是指由物体振动而产生的声波，声波通常是由声源经空气直接到达人耳。相比文字、图形与图像，声音传播的距离更远，甚至能达到“未见其人，先闻其声”的效果。声音携带的信息量大，但通常无法保存，直到1877年爱迪生发明了留声机，才将声音信号记录并保存下来。随着科技的发展，留声机的功能越来越完善。模拟信号使得声音能够通过收音机、电视机传送到人耳，为人们提供丰富的听觉信息。随后，模拟信号被数字信号所取代，音频被人类改造的空间越来越大。作为新媒体技术的一种，音频处理技术能够对声音进行采集、抽样、量化、压缩、编码、解码、编辑、语音识别以及播放。

（四）视频

视频是随着时间变化的一组动态图像。与文字、图形、图像、声音相比，视频承载的信息最为丰富、直观、生动、具体。视频技术最早是针对电视系统而发明的，采用的是模拟信号。新媒体时代，视频主要以数字信号的形式传输，可经由不同的传播载体得以呈现，包括电脑、手机、数字电视等。此外，随着近些年来视频技术的不断发展，出现了视频直播、短视频、Vlog等新的视频形态，用户不仅仅是视频的接收者，还是视频的制作者与分享者，新媒体环境中的视频处理技术不再只是被少数专业人士所使用。

三、网络与新媒体传播技术——计算机网络技术

对于新媒体技术而言，计算机网络是实现信息传播的主要通道，其特点

是覆盖面广、传播速度快、信息多媒体化以及交互性强，这些特点彻底改变了传统的信息传播模式，为数字化时代的信息交流提供了更加高效的传播手段。

计算机网络是指若干台地理位置不同，且具有独立功能的计算机，通过通信设备和线路相互连接起来，以实现信息传输和资源共享的一种计算机系统。[①] 计算机网络技术的发展经历了四个阶段，从诞生阶段的以单个计算机为中心的远程联机系统，到形成阶段的以多个主机通过通信线路互联起来的计算机网络，再到具有统一的网络体系结构并遵循国际标准的开放式和标准化的网络，最终发展为以 Internet 为代表的互联网。目前，Internet 是世界上最大的国际性互联网络，同时也是人们接触最多的网络。

随着移动互联网技术的发展与普及，计算机网络已经成为人类社会必不可少的组成部分。互联网发展至今，相关的应用越来越多，功能也越来越全面，互联网既是信息传播的通道，又是人际交往的平台，还是休闲娱乐的场所。总而言之，互联网作为一种传播技术，为人类提供了一个丰富多彩的虚拟世界。

四、网络与新媒体技术的新发展

（一）云计算技术

云计算技术是指通过互联网，从专门的数据中心向用户提供可扩展的定制性服务和工具。[②] 这种技术集计算和存储于一身，但计算和存储都在云端进行，不需要在本地进行数据处理，也不消耗本地存储资源。云计算技术具有数据安全可靠、客户端需求低、高灵活度、计算能力强等特点，备受各行各业的青睐，新闻传播领域也不例外。无论是调整生产方式，还是向移动互联网、社交网络等新兴传播渠道拓展，新闻媒体都必须具备强大的信息采集、存储和分发能力，而云计算正是这种能力得以实现的技术支撑。目前，国外不少媒体机构已经开始应用云计算技术，例如 Amazon 和 Google 都推出了自己的媒体云，基于云计算技术提供媒体服务。国内的光明网在 2014 年联合微软中国，依托 Windows Azure 打造了中国首个权威的“媒体云”平台，完成向新媒体领域的拓展。

（二）虚拟现实技术

虚拟现实（Virtual Reality，VR）技术是由计算机产生的交互式视景仿真，

① 彭兰：《网络传播概论》（第四版），中国人民大学出版社 2017 年版，第 1 页。

② 司占军：《新媒体技术》，高等教育出版社 2017 年版，第 26 页。

通过视、听、触觉等作用，使用户产生身临其境的感觉，具有多感知性、存在感、交互性和自主性等特征。[1] 该技术最早起源于莫顿·海利格（Morton Heilig）在 1962 年发明的设备“传感影院”。随着技术的不断进步，虚拟现实逐渐进入大众传播的视野。从研究的角度来说，虚拟现实已经成为国内外学术界的一大研究热点；从应用的角度来说，虚拟现实技术已经被广泛应用于各行各业，如“VR+娱乐”“VR+旅游”“VR+地产”“VR+教育”“VR+新闻”等。在新闻传播领域，华尔街日报、纽约时报、华盛顿邮报、英国广播公司、美国广播公司等媒体机构相继推出应用虚拟现实技术的媒介产品，所营造的沉浸式体验也带来了一种全新的传播形式——沉浸式传播。这种传播形式为传统媒体的转型提供了新的路径。

（三）大数据技术

随着移动互联网技术、数据库技术的快速发展，以及大内存高性能的存储设备和存储介质的出现，人类在日常生活、工作、学习中产生的数据量呈现爆炸式增长。面对海量的数据，人们开始思考其中的价值以及该如何对其进行处理，由此推动了大数据技术的诞生。所谓大数据技术，是指从各种类型的巨量数据中，快速获取有价值的信息的技术，包括数据采集、数据存储、数据处理、数据分析、结果呈现等方面。

目前，国内外的大数据技术已经发展得相当成熟，广泛运用于商业、金融、医疗等各个领域。同时，大数据技术也渗透于新闻生产的核心环节，不可避免地给新闻业带来翻天覆地的变化，改变了现有的新闻生产模式和机制。数据新闻便是大数据时代的一种新型报道形态，这种借助于数据可视化进行新闻报道的方式，给当前的新闻业带来了新的机遇和挑战。

（四）人工智能技术

2016 年 3 月，人工智能程序“AlphaGo”战胜了围棋世界冠军李世石，标志着人工智能技术进入全新的发展阶段。人工智能是计算机科学的一个分支，主要研究如何使计算机做原先认为只有人才能做的智能工作。这一技术包括智能机器人、语音识别、图像识别、自然语言处理、专家系统等细分领域。目前，人工智能技术已经渗透到人类生活的各个方面，并带动了人类科技、经济、社会、文化、军事等领域的创新发展。

人工智能与媒体之间同样发生了强烈的化学反应。人工智能的两大关键技

---

① 姜学智、李忠华：《国内外虚拟现实技术的研究现状》，《辽宁工程技术大学学报》2004 年第 2 期。

术——算法和大数据，使得新闻生产和传播的工具及方式发生了巨大的变化。人工智能不仅可以实现机器写作而重塑新闻生产流程，还能通过智能算法改变新闻分发方式，从而提高信息传播的效率。人工智能技术在新闻业的应用，意味着智能化媒体时代的到来。

本章即测即评

第二章 数字技术概述

比特(Bit)的出现被誉为“人类迄今为止三个最重大的发现和发明”之一(另外两个是电和原子),比特也是目前所能找到的最佳信息传输媒介,使得人类社会迈入了信息时代。信息时代的技术核心就是数字技术。

第一节 Bit——信息时代的DNA

尼葛洛庞帝在其著作《数字化生存》中提到:“比特(Bit)作为‘信息的DNA’,正迅速取代原子(Atom)而成为人类社会的基本要素。”当年所描绘的未来世界正逐渐成为现实。每一天我们都会被通过各种各样的媒介所传输的信息淹没,信息时代的进步速度甚至超过了当年人们对它的预期,以一种更加快速变换的形态发展着。从没有哪一个时代,人们可以如此轻易地获取信息;也从没有哪一个时代,人们如此依赖信息。

我们可以把日常生活中的声音、文字、图像、视频等可以传播的内容都看作是信息。人们需要通过各种方法和技术获取信息,查找、筛选、分析和整理有用的信息资源,以解决各种问题。信息技术最明显的特征是数字化,人们可以运用文字识别、语音识别、图形图像处理、数据采集等有效的软件工具,将各种信息存储为音频、文本、图像、视频等不同的格式,再经过一系列的加工、处理使其发挥更大的作用。在这个信息数字化的过程中,最基本的一步就是要把原始信息转换为计算机所能处理的数据,也就是比特,用二进制来描述整个数字世界。

一、认识二进制

Bit,是 Binary Digit(二进制数字)的缩写,亦即 0 和 1,是数学家图基(John Wilder Tukey)在 1943 年所提出的术语。“信息论之父”香农在其著名的《信息论》中第一次正式使用了这个术语。在二进制数系统中,每个 0 或 1 就是一个位或称为一个比特，没有大小之分。比特是数据存储的最小单位，也是组成数字信息的最小单位。8 比特就称为一个字节(Byte)。例如计算机中的 CPU 位数指的是 CPU 一次能处理的最大比特数，如果是 64 位计算机的 CPU，则一次最多能处理 64 位数据。

比特在计算机中表示和存储的方式可分为：电路的高电平状态或低电平状态(例如 CPU)、电容的充电状态或放电状态(例如 RAM)、两种不同的磁化状态(例如磁盘)、光盘面上的凹凸状态(例如光盘)等几类。

比特在计算机的 CPU 内部通常使用高电平表示 1，低电平表示 0，如图 2-1 所示。

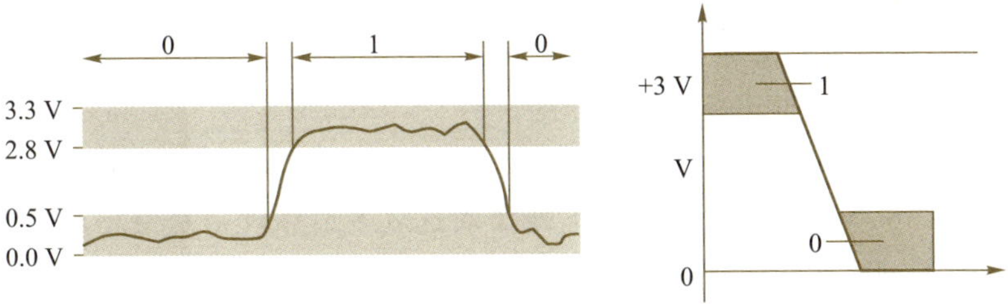

图 2-1　比特在 CPU 内部的表示

在磁盘中，比特是通过在磁盘表面微小区域中，用磁性材料粒子的两种不同的磁化状态分别表示 0 和 1，如图 2-2 所示。

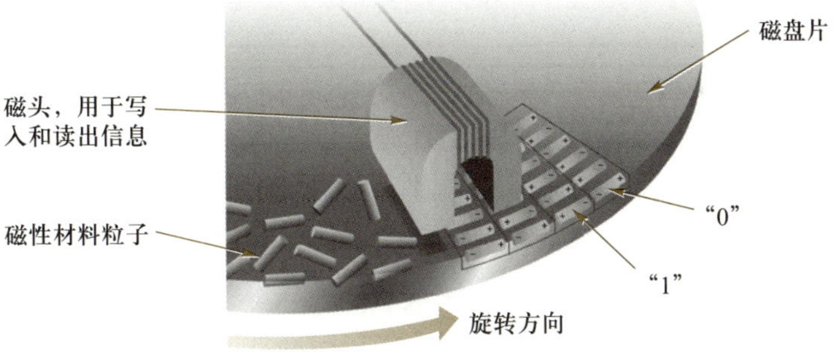

图 2-2　磁盘中比特的表示

二、二进制数字的优势

计算机系统采用二进制数字(比特)处理信息有以下优势：

(一) 二进制只需用两种状态表示数字，易于实现，抗干扰性强

计算机是由电子元器件构成的，二进制在电气、电子元器件中最易实现。它

只需要 0、1 两个比特就可分别表达两种物理状态，而且稳定可靠，抗干扰性强，比如磁化与未磁化，晶体管的截止与导通（表现为电平的高与低）等。而若采用十进制，则需用十种稳定的物理状态分别表示十个数字，不易找到具有相应性能的元器件。即使有，其运算与控制的实现也极复杂。

（二）二进制的运算规则简单

二进制加法是最基本的运算，二进制的乘法可用二进制连加表示。二进制减法是二进制加法的逆运算（利用补码原理，还可以转化为加法运算，类似钟表拨针时的计算）。二进制除法是二进制乘法的逆运算。其他任何复杂的数值计算也都可以分解为基本算术运算复合进行。为提高运算效率，在计算机中除采用加法器外，也直接使用乘法器。

众所周知，十进制的加法和乘法运算规则口诀各有 100 条，根据交换律去掉重复项，也各有 55 条，用计算机的电路实现这么多运算规则是很复杂的。相比之下，二进制的算术运算规则非常简单，加法、乘法各仅 4 条：

$0+0=0 \quad 0\times0=0$

$0+1=1 \quad 0\times1=0$

$1+0=1 \quad 1\times0=0$

$1+1=1 \quad 1\times1=1$

去掉重复项，实际各仅 3 条，用计算机的脉冲数字电路很容易实现。

（三）用二进制容易实现逻辑运算

计算机系统不仅需要算术运算功能，还应具备逻辑运算功能。二进制的 0、1 比特分别可用来表示假（False）和真（True），用布尔代数的运算法则很容易实现逻辑运算。

（四）二进制的弱点易于克服

二进制主要的弱点是表示同样大小的数值时，其位数比十进制或其他数制多得多，难写难记，因而在日常生活和工作中是不便使用的。但这个弱点对计算机而言并不构成困难。在计算机中，每个存储记忆元件（比如由晶体管组成的触发器）可以代表一位数字，“记忆”是它们本身的属性，不存在“记不住”或“忘记”的问题，至于位数多，只要多排列一些记忆元件就解决了。而且集成电路芯片上元件的集成度极高，在体积上不存在问题，对于电子元器件，0 和 1 两种状态的转换速度极快，因而运算速度是很高的。

第二节 模拟信息与数字信息

信号是运载消息的工具，是消息的载体。从广义上讲，它包含光信号、声信号和电信号等。例如，古代人利用点燃烽火台而产生的滚滚狼烟，向远方军队传递敌人入侵的消息，这属于光信号；当我们说话时，声波传递到他人的耳朵，使他人了解我们的意图，这属于声信号；空中的各种无线电波、四通八达的电话网中的电流等，都可以向远方传达各种消息，这属于电信号。人们通过接收光、声、电信号，可以知道对方要传达的消息。在数字媒介技术中我们主要研究两大类信号：模拟信号（Analog Signal）和数字信号（Digital Signal）。

一、模拟与数字

模拟信息（Analog Information）是指以模拟信号传递的信息，比如早年的“大哥大”、模拟电视，还有常见的对讲机等，都是以声音或图像信号连续变化的物理量传送的。模拟信息的优点是实现起来相对简单，设备的复杂度也较低；不足之处是在传递过程当中，不可避免地会产生失真，专业术语称作“频率失真”和“幅度失真”，受外界干扰较为严重，通信质量上已没有可提高的空间。

数字信息（Digital Information）是指幅度的取值是离散的，幅值表示被限制在有限个数值之内的信息。二进制数据就是一种数字信息，受噪声的影响小，易于由数字电路进行处理，所以得到了广泛的应用。自变量和因变量都是离散的信号，数字信号的自变量用整数表示，因变量用有限数字中的一个数字来表示。在计算机中，数字信息的大小常用有限位的二进制数表示，例如，字长为 2 位的二进制数可表示 4 种大小的数字信息，它们是 00、01、10 和 11；若信号的变化范围在 $-1\sim1$，则这 4 个二进制数可表示 4 段数字范围，即 $[-1,-0.5)$、$[-0.5,0)$、$[0,0.5)$ 和 $[0.5,1]$。

模拟数据（Analog Data）是由传感器采集得到的连续变化的值，例如温度（如图 2-3 所示）、压力，以及电话、无线电和广播电视中传送的声音和图像。数字数据（Digital Data）则是模拟数据经量化后得到的离散的值，例如在计算机中用二进制代码表示的字符、图形、音频与视频数据。在数字通信中常常用时间间隔相同的符号来表示一个二进制数字，这样的时间间隔内的信号称为（二进制）码元，如图 2-4 所示的传输二进制 1110110001100101，一个码元表示一个二进制数。美国信息交换标准码（American Standard Code for Information Interchange，ASCII）是国际通用的信息交换标准代码，使用 7 位二进制数来表示一个英文字母、数字、标点或控制符号；图形、音频与视频数据则可分别采用多种编码格式。

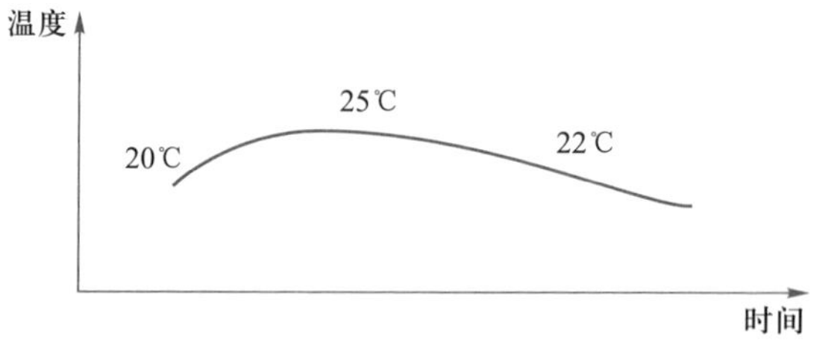

图 2-3　模拟数据

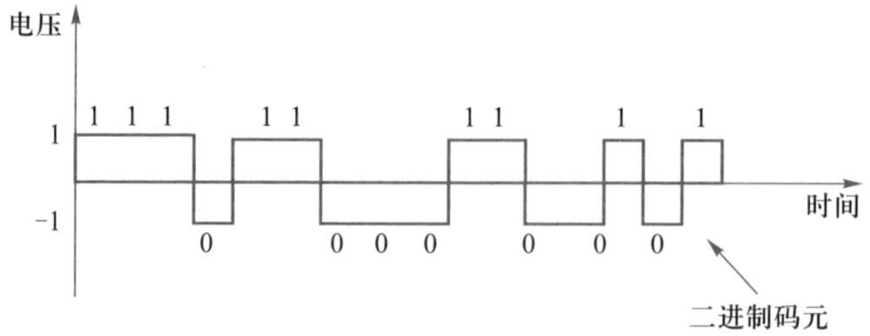

图 2-4　数字数据

不同的数据必须转换为相应的信号才能进行传输,模拟数据一般采用模拟信号,例如用一系列连续变化的电磁波(如无线电与广播电视中的电磁波),或电压信号(如电话传输中的音频电压信号)来表示。数字数据则采用数字信号,例如用一系列断续变化的电压脉冲(如我们可用恒定的正电压表示二进制数 1,用恒定的负电压表示二进制数 0)或光脉冲来表示。当模拟信号采用连续变化的电磁波来表示时,电磁波本身既是信号载体,同时也是传输介质;而当模拟信号采用连续变化的信号电压来表示时,它一般通过传统的模拟信号传输线路(例如电话网、有线电视网)来传输。当数字信号采用断续变化的电压或光脉冲来表示时,一般则需要用双绞线、电缆或光纤介质将通信双方连接起来,才能将信号从一个节点传到另一个节点。模拟信号在传输过程中如果出现信号干扰,波形会发生变形且很难纠正(如图 2-5 所示)。数字信号在传输过程中由于信道本身的特性及噪声干扰,也会产生失真和信号衰弱。为了消除这种波形失真和衰减,每隔一定的距离需添加再生中继器,使得波形恢复到发送信号时的波形。

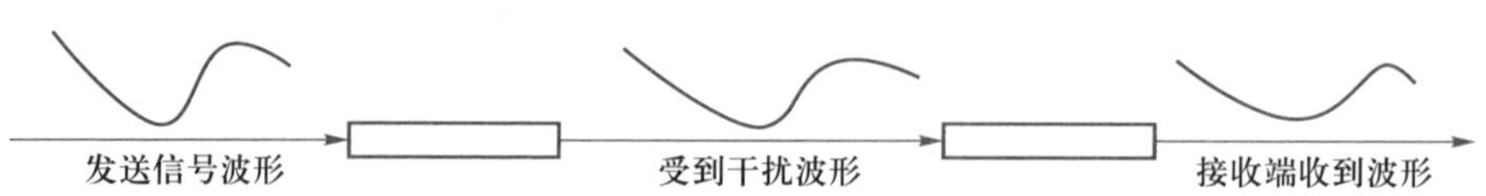

图 2-5　模拟信号失真

二、模拟信号与数字信号的转换

模拟信号和数字信号之间可以相互转换：模拟信号一般通过 PCM 脉冲编码调制（Pulse Code Modulation，PCM）方法量化为数字信号，即让模拟信号的不同幅度分别对应不同的二进制值，例如采用 8 位编码可将模拟信号量化为 256（2^8）个量级，实践中常采取 24 位或 30 位编码。图 2-6 展示了模拟信号转换为数字信号的过程：模拟信号采样、对采样的值进行量化、对量化的采样进行数字化编码，最后将编码后的数据转化为数字信号发送。数字信号一般通过对载波进行移相（Phase Shift）的方法转换为模拟信号。计算机、计算机局域网与城域网中均使用二进制数字信号，目前在计算机广域网中实际传送的则既有二进制数字信号，也有由数字信号转换而得的模拟信号，但是更具应用发展前景的是数字信号。

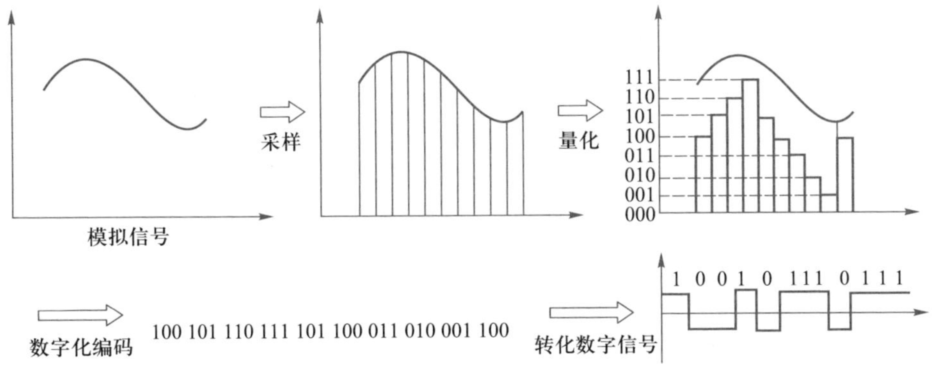

图 2-6　模拟信号转换为数字信号的过程

第三节　数字信息的编码与存储

一、数字信息的编码

在计算机中，数字信息的编码可分为指令编码、数值表示、字符编码、声音编码、图像编码、影像编码等。声音、图像等多媒体信息的编码需要经过采样、量化等步骤后再进行编码，具体内容在后续章节再行介绍。

（一）指令编码

指令编码是指将计算机内部所能进行的各种基本操作都用二进制数表示出

来，以便计算机识别与运行，即每条指令都用固定长度的二进制数表示。

如：

加法	00000001
减法	00000010
乘法	00000011
除法	00000100
跳转	00000101
……	

则：

1 + 3　可以表示为　00000001 **00000001** 00000011

2 × 4　可以表示为　00000010 **00000011** 00000100

（二）数值表示

在计算机内部，考虑到运算需要等因素，数值信息并不是直接以原始的二进制数本身来存储的，而是要经过一定的编码，包括原码、反码和补码。引入原码、反码、补码，可用来解决由正数与负数相加出错的问题。

原码是以二进制数最高位表示符号，正为 0，负为 1，其余位表示数值。

对于正数，其反码与原码相同；对于负数，求反码时，除了符号位外，其余各位按位取反，即 1 都换成 0，0 都换成 1。

对于正数，其补码与原码相同；对于负数，则其补码为反码加 1。

例如：一个正的二进制数 0001101，其原码为 00001101，反码为 00001101，补码也为 00001101，一个负的二进制数 0001101，其原码为 10001101，反码为 11110010，补码为 11110011。

（三）字符编码

1. ASCII 码

计算机系统中字符编码的方式很多，其中美国信息交换标准代码（ASCII）被国际标准化组织（ISO）认定为国际标准，并在世界范围内通用。

ASCII 码的编码规则为：每个字符用 7 位二进制数（$d_6d_5d_4d_3d_2d_1d_0$）来表示，7 位二进制共有 128 种状态（$2^7=128$），可表示 128 个字符，7 位编码的取值范围为 0000000~1111111。在计算机内，每个字符的 ASCII 码用 1 个字节（8 位）来存放，字节的最高位（d_7）为校验位，通常用“0”来填充，后 7 位（$d_6d_5d_4d_3d_2d_1d_0$）为编码值。7 位编码的 ASCII 码字符集包括了 128 个字符，称为标准的 ASCII 码字符集（如图 2-7 所示）。

ASCII 字符代码表

高四位 / 低四位		ASCII非打印控制字符										ASCII打印字符												
		0000					0001					0010		0011		0100		0101		0110		0111		
		0					1					2		3		4		5		6		7		
		十进制	字符	ctrl	代码	字符解释	十进制	字符	ctrl	代码	字符解释	十进制	字符	十进制	字符	十进制	字符	十进制	字符	十进制	字符	十进制	字符	ctrl
0000	0	0	BLANK NULL	^@	NUL	空	16	►	^P	DLE	数据链路转意	32		48	0	64	@	80	P	96	`	112	p	
0001	1	1	☺	^A	SOH	头标开始	17	◄	^Q	DC1	设备控制1	33	!	49	1	65	A	81	Q	97	a	113	q	
0010	2	2	☻	^B	STX	正文开始	18	↕	^R	DC2	设备控制2	34	"	50	2	66	B	82	R	98	b	114	r	
0011	3	3	♥	^C	ETX	正文结束	19	‼	^S	DC3	设备控制3	35	#	51	3	67	C	83	S	99	c	115	s	
0100	4	4	♦	^D	EOT	传输结束	20	¶	^T	DC4	设备控制4	36	$	52	4	68	D	84	T	100	d	116	t	
0101	5	5	♣	^E	ENQ	查询	21	§	^U	NAK	反确认	37	%	53	5	69	E	85	U	101	e	117	u	
0110	6	6	♠	^F	ACK	确认	22	■	^V	SYN	同步空闲	38	&	54	6	70	F	86	V	102	f	118	v	
0111	7	7	●	^G	BEL	震铃	23	↨	^W	ETB	传输块结束	39	'	55	7	71	G	87	W	103	g	119	w	
1000	8	8	◘	^H	BS	退格	24	↑	^X	CAN	取消	40	(	56	8	72	H	88	X	104	h	120	x	
1001	9	9	○	^I	TAB	水平制表符	25	↓	^Y	EM	媒体结束	41	)	57	9	73	I	89	Y	105	i	121	y	
1010	A	10	◙	^J	LF	换行/新行	26	→	^Z	SUB	替换	42	*	58	:	74	J	90	Z	106	j	122	z	
1011	B	11	♂	^K	VT	竖直制表符	27	←	^[	ESC	转意	43	+	59	;	75	K	91	[	107	k	123	{	
1100	C	12	♀	^L	FF	换页/新页	28	∟	^\	FS	文件分隔符	44	,	60	<	76	L	92	\	108	l	124	|	
1101	D	13	♪	^M	CR	回车	29	↔	^]	GS	组分隔符	45	-	61	=	77	M	93	]	109	m	125	}	
1110	E	14	♫	^N	SO	移出	30	▲	^6	RS	记录分隔符	46	.	62	>	78	N	94	^	110	n	126	~	
1111	F	15	☼	^O	SI	移入	31	▼	^-	US	单元分隔符	47	/	63	?	79	O	95	_	111	o	127	Δ	^Back space

注：表中的ASCII字符可以用：ALT＋“小键盘上的数字键”输入

图 2-7　标准 ASCII 表

通过查 ASCII 码表可得到每一个字符的 ASCII 码值，例如，大写字母 A 的 ASCII 码值为 1000001，转换成十进制为 65，在计算机内存储时的代码为 01000001。

2. 汉字编码

计算机只识别由 0、1 组成的代码，ASCII 码是英文信息处理的标准编码，汉字信息处理也必须有一个统一的标准编码。汉字的数量并没有准确数字，大约 10 万个，日常所使用的汉字也有几千个，如果仅使用 ASCII 表是无法用一个字节编码的。在我国公布的《信息交换用汉字编码字符集 · 基本集》（GB2312-80）（简称为汉字国标码）中共收集了 7445 个字符，它用两个字节编码表示一个字符，每个字节最高位为 0。国标码是汉字信息交换的标准编码，但因其前后字节的最高位为 0，与 ASCII 码发生冲突，如“啊”字，国标码为 30H 和 21H，而西文字符“0”和“！”的 ASCII 也为 30H 和 21H，那么假如内存中有两个字节为 30H 和 21H，这到底是一个汉字还是两个西文字符“0”和“！”？于是就产生了二义性。显然，国标码是不可能在计算机内部直接采用的，于是汉字的机内码采用变形国标码，其变换方法为：将国标码的每个字节都加上 10000000，即将两个字节的最高位由 0 改为 1，其余 7 位不变，如“啊”字的国标码为 30H 和 21H，前字节为 00110000B，后字节为 00100001B，高位改 1 为 10110000B 和 10100001B，即为 B0H 和 A1H，因此，“啊”字的机内码就是 B0A1H（如图 2-8 所示）。

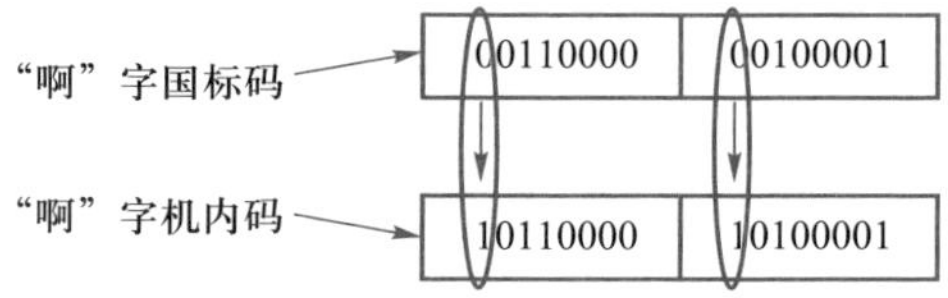

图 2-8　国标码和机内码

3. Unicode 编码

Unicode 是国际组织制定的可以容纳世界上所有文字和符号的字符编码方案。Unicode 用数字 0~0x10FFFF 来映射这些字符，最多可以容纳 1114112 个字符。例如：“A”的码位为 41H，记作 U+0041H；“知”的码位是 77E5H，记作 U+77E5H。Unicode 字符集有多种编码形式，如 UTF-8、UTF-16、UTF-32 等，编码之间可以按照规范进行转换。

UTF-8 是 Unicode 中使用比较广泛的编码格式，又称万国码。它是一种可变长度字符编码，把一个 Unicode 字符根据不同的数字大小编码成 1~6 个字节，常用的英文字母被编码成 1 个字节，汉字通常是 3 个字节，只有很生僻的字符才会被编码成 4~6 个字节。表 2-1 所示为 ASCII、Unicode 和 UTF-8 编码对比。

表 2-1　ASCII、Unicode 和 UTF-8 编码对比

字符	ASCII	Unicode	UTF-8
A	01000001	00000000 01000001	01000001
中		01001110 00101101	11100100 10111000 10101101

二、数字信息的存储

数字信息通过二进制数 0 或 1 序列来表示,但计算机中用来表示数据的二进制位数也不是无限的,往往用固定位数来表示数据,因此,其表达的数据范围是有限的:

8 位:0~255(2^8-1)——字节(B)

16 位:0~65535($2^{16}-1$)

32 位:0~40 亿($2^{32}-1$)

64 位:天文数字(2^{64})

目前市场上的存储设备其标出的容量单位是按十进制换算的,可粗略地表示为:1 KB=1000 B,1 MB=1000 KB,1 GB=1000 MB,1 TB=1000 GB。现在的存储需求已经达到了 PB 级:1 PB=1000 TB(需要注意的是在计算机内部是按照二进制,即 $2^{10}=1024$ 进行转换的)。

计算机存储设备通常使用半导体固态材料、磁性材料、光学材料和其他各种可利用的物理介质。根据材料的不同,有些设备需要电源才能保持存储能力(硅半导体存储),有些则不需要(铁磁存储、光存储)。半导体/磁性材料的存储设备使用电磁力保持物质状态(0/1),从而达到存储信息的目的,一般不会由于外界干扰而丢失,不会因时间流逝而衰减。

信息存储介质发展史

第四节　数据压缩技术

一、数据压缩概述

数字化后的信号具有许多优点,比如数字视频、音频可以无失真地进行无限次拷贝,而模拟视频、音频信号每转录一次,就会有一次误差积累,产生信号失真;许多新方法都可以用于对数字视频、音频进行创造性的编辑;使用数字视频可以用较少的时间和费用创作出用于培训教育的交互节目,可以真正实现将视频融进计算机系统以及用计算机播放电影节目等。但数字化的多媒体信息尤其

是数字视频、音频、图像等数据量非常庞大，如果不对其进行有效的压缩就难以存储、传输和处理，不利于实际应用。表 2-2、表 2-3 分别为 1 分钟不同类型的数字音频、视频信号所需要的存储空间。

表 2-2　1 分钟不同类型的数字音频信号需要的存储容量

数字音频格式	频带(Hz)	带宽(KHz)	取样率(KHz)	量化位数	储存容量(MB)
电话	200～3 400	3.2	8	8	0.48
会议电视伴音	50～7 000	7	16	14	1.68
CD-DA	20～20 000	20	44.1	16	5.292×2
DAT	20～20 000	20	48	16	5.76×2
数字音频广播	20～20 000	20	48	16	5.76×6

表 2-3　1 分钟不同类型的数字视频信号需要的存储空间

数字电视格式	空间×时间×分辨率	取样率(MHz)	量化位数	储存容量(MB)
公用中间格式(CIF)	352×288×30	亮度 3;4∶1∶1	亮度、色差共 12	270
CCIR601 号建议	PAL 720×480×30 NTSC 720×576×25	亮度 13.5;4∶2∶2	亮度、色差共 16	1 620 1 620
HDTV 亮度信号	1 280×720×60	60	8	3 600

多媒体音、视频数据本身也具有很大的压缩潜力，如视频信号存在空间和时间上的冗余，人眼对图像的细节分辨率、运动分辨率和对比度分辨率的感觉都存在着一定的局限，因此在存储和传输的过程中进行压缩编码是必需的也是可行的。

数据压缩，是为了节省存储空间而把数据转换成比原始格式更紧凑的形式。数据压缩的概念相当古老，可以追溯到 19 世纪中期。当时摩尔斯码的发明是为了使电报员能够通过电报系统，利用一系列可听到的脉冲信号传递字母信息，从而实现文字消息的传输。摩尔斯码的发明者意识到，某些字母比其他字母使用得更频繁(例如 E 比 X 更常见)，因此决定使用短的脉冲信号来表示常用字母，而使用较长的脉冲信号表示非常用字母。这个基本的压缩方案有效地改善了电报系统的整体效率，使得电报员在更短的时间内传输更多的信息。

虽然现代的数据压缩流程比摩尔斯码要复杂得多，但是它们的基本原理是相同的，并且对当今计算机世界的高效运行起着至关重要的作用——互联网上从本地与云端存储到数据流等都极为依赖数据压缩算法，离开了它则可能大大降低运行效率。

二、数据压缩技术类型

数据压缩处理一般包括两个过程：一是编码过程，即对原始数据进行编码压缩，以便存储和传输；二是解码过程，即对压缩的数据进行解压，恢复成可用的数据。

衡量一种数据压缩技术的标准有以下三点：

第一，压缩比要大，即压缩前后所需的信息存储量之比要尽量大；

第二，实现压缩的算法要简单，压缩和解压速度要快，尽可能做到实时压缩和解压缩；

第三，恢复效果要好，要尽可能恢复原始数据，且尽量用硬件实现。

根据解压后数据的保真度，数据压缩技术可分为无损压缩编码和有损压缩编码两大类。

无损压缩编码（也称为冗余压缩法）是指解码（解压）后的数据与原始数据完全相同，无任何偏差，只是去掉或减少了数据中的冗余，而且冗余值可以重新插入数据中，因此冗余压缩是可逆的过程。例如，需压缩的数据长时间不发生变化，此时连续的多个数据样值将会重复。若只存储不变样值的重复数目，显然会减少存储数据量，且原来的数据可以从压缩后的数据重新构造出来，信息没有损失，不会产生失真。这种编码技术通常基于信息熵原理，常用的有哈夫曼编码、算术编码、行程编码等。它的压缩比比较低，一般在 2∶1~5∶1。主要用于要求数据无损压缩存储和传输的场合，如传真机、文本文件传输等。

有损压缩编码是指解码后的数据与原始数据相比有一定的偏差，但仍可保持一定的视听质量和效果，主要用于对音、视频以及图像数据的压缩。使用有损压缩法压缩后的数据与原数据有所不同，但不会影响人们对原始信息的理解。它压缩了熵，会减少信息量。熵定义为平均信息量，而损失的信息是不能再恢复的，因此这种压缩法是不可逆的，可允许一定程度的失真。换言之，有损压缩是在保持一定保真度下对数据进行压缩，其压缩比可达 100∶1。如采用混合编码的 JPEG 标准，它对自然景物的灰度图像一般可压缩几倍到十几倍，而对于自然景物的彩色图像，压缩比将达到几十倍甚至上百倍。压缩比愈高，其解压缩后的视、音频质量就愈低。常用的编码方法有：基于线性预测原理的预测编码、基于分量量化的量化编码、基于正交变换原理的正交变换编码、基于分层处理的分层编码以及基于频带分割原理的子带编码等。

数字媒介的信息量与数据量的关系是信息量=数据量-数据冗余，所以无论是无损压缩还是有损压缩，都需要去掉或减少数据中的冗余。常见的数据冗余主要有以下几类：

1. 空间冗余。这是在图像数据中经常存在的一种冗余。如在同一幅图像中规则物体和规则背景(所谓规则是指表面是有序的而不是完全杂乱无章的排列)的表面物理特性具有强相关性，这些相关性的光成像结果在数字化图像中就表现为数据冗余。例如图像中有一片连续的区域，其像素为相同的颜色，就产生了空间冗余。

2. 时间冗余。这是序列图像(电视图像、运动图像)和语音数据中包含的冗余。图像序列中的两幅相邻的图像，后一幅图像与前一幅图像之间有较大的相关，这就反映为时间冗余。例如视频画面中有两个人在同一房间里聊天，在这个聊天的过程中，背景(房间和家具)一直是相同的，同时也没有移动，而且是同样的两个人在聊天，只有动作和位置的变化，这就产生了时间冗余。

3. 结构冗余。在有些图像的纹理区，图像的像素值存在着明显的分布模式。例如，草席、方格状的地板、蜂窝、砖墙等图像在结构上存在冗余。在这种情况下，若已知分布模式，可以通过某一过程生成图像。

4. 知识冗余。有些图像的理解与某些知识有相当大的相关性。例如狗的图像有固定的结构，狗有四条腿，头部有眼、鼻、耳朵，身后有尾巴等。这类规律性的结构可由先验知识和背景知识得到，此类冗余称为知识冗余。

5. 视觉冗余。人类视觉系统的分辨能力大致为 2^6 灰度等级，而一般图像的量化采用的是 2^8 的灰度等级。这样的冗余称为视觉冗余。

6. 其他冗余。例如由图像的空间非定常特性所带来的冗余等。如有些图像纹理尽管不严格服从某个分布规律，但是在统计意义上服从这种规律。

空间冗余和时间冗余是将图像信号看作随机信号时所反映出的统计特征，因此有时把这两种冗余称为统计冗余。

三、数据压缩方法

根据压缩原理，可将数据压缩方法分为以下几类：

(一) 预测编码

它是利用空间中相邻数据的相关性来压缩数据的。通常用的方法有脉冲编码调制(PCM)、增量调制(DM)、差分脉冲编码调制(DPCM)等。这些编码方法主要用于声音的编码。

（二）变换编码

该方法将图像时域信号转换为频域信号进行处理，即以空间域中像素形式描述的图像转换至变换域中。由于大部分图像是平坦区域和内容变换缓慢的区域，即大部分是直流信号和低频信号，高频信号比较少，所以适当的变换可以使图像能量在空间域的分散分布转换为在变换域的相对集中分布，以达到去除冗余的目的，从而实现数据压缩。变换编码一般采用正交变换，如离散余弦变换（DCT）、离散傅立叶变换（DFT）等。

（三）统计编码（信息熵编码）

依据信息熵原理，让出现概率大的信号用较短的码字表示，反之用较长的码字表示。常见的编码方法有 Huffman 编码、Shannon 编码、算术编码等。

（四）量化与矢量量化编码

对模拟信号进行数字化时要经历一个量化的过程，为了使整体量化失真最小，就必须依据统计的概率分布设计最优的量化器。最优的量化器一般是非线性的，已知的最优量化器是 Max 量化器。我们对像元点进行量化时，除了每次仅量化一个点外，也可以考虑一次量化多个点，这种方法称为矢量量化，即利用相邻数据间的相关性，将数据系列分组进行量化。

（五）子带（Subband）编码

将图像数据变换到频率后，按频率分带，然后用不同的量化器进行量化，从而达到最优的组合。或者采用分布渐进编码，在初始时，对某一个频带的信号进行解码，然后逐渐扩展到所有频带。

还有其他一些数据压缩方法，如图 2-9 所示。

四、数据压缩标准

数字媒介编码技术主要侧重于有损压缩编码的研究。经过多年的研究与开发，已经出台了一系列有关的国际标准。其中最著名的是国际标准化组织制定的 JPEG 和 MPEG。JPEG 是静止图像的压缩标准，其压缩比可达 40∶1。MPEG 是动态图像的压缩标准，采用 MPEG-2 标准对 NTSC 质量视频进行压缩后，网络带宽需求可降低到 3.36 Mb/s。其他标准还有国际电信联合会（ITU）制定的用于可视电话、会议电视等视频的 H.261 和 H.263，用于音频的 G.711、G.721、G.728 等。

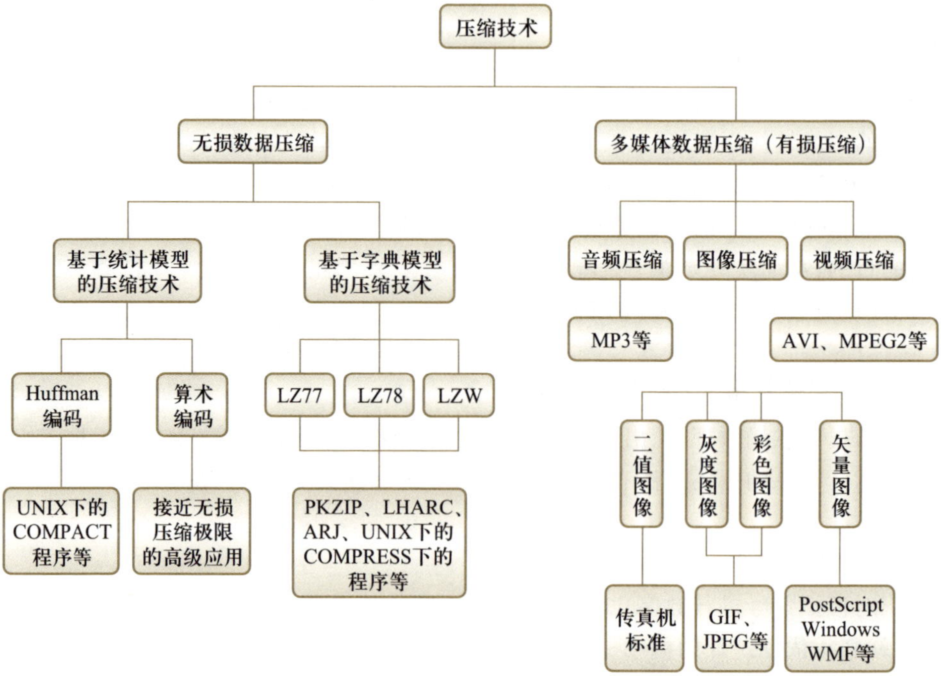

图 2-9　数据压缩方法分类

（一）JPEG 压缩标准

JPEG（Joint Photographic Experts Group）是由 ISO 和 CCITT（国际电报电话咨询委员会）两个组织机构联合组成的一个图像专家小组，负责制定静态的数字图像数据压缩编码标准，这个专家组开发的算法称为 JPEG 算法，已成为国际上通用的标准。JPEG 是一个适用范围很广的静态图像数据压缩标准，既可用于灰度图像又可用于彩色图像。JPEG 不仅适于静止图像的压缩，电视图像的帧内图像压缩编码也常采用此算法。JPEG 标准还可以大范围地调节图像压缩率及保真度，主要采用两种基本的压缩算法：一种是以离散余弦变换（DCT）为基础的有损压缩算法，另一种是以预测技术为基础的 DPCM 无损压缩算法。

JPEG 规定了 4 种运行模式，以满足不同需要：

- 基于 DPCM 的无损编码模式，压缩比可以达到 2∶1。
- 基于 DCT 的有损顺序编码模式，压缩比可以达到 10∶1 以上。
- 基于 DCT 的递增编码模式。
- 基于 DCT 的分层编码模式。

JPEG 有损顺序编码模式的主要计算步骤如下：

(1) 将源图像分成几个颜色平面(分量图像)。

(2) 分成 8×8 数据块进行正向离散余弦变换。

(3) 量化。

(4) Z 字形排列量化结果。

(5) 使用差分脉冲编码调制对直流系数进行编码。

(6) 使用行程长度编码对交流系数进行编码。

(7) 熵编码。

图 2-10、图 2-11 分别为 JPEG 压缩编码、解压(解码)步骤。

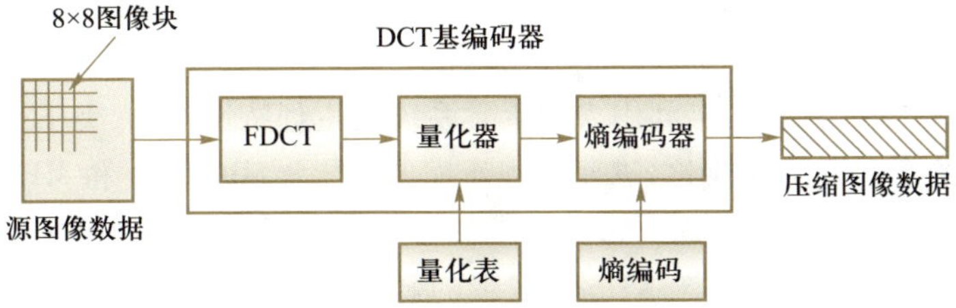

图 2-10 JPEG 压缩编码步骤

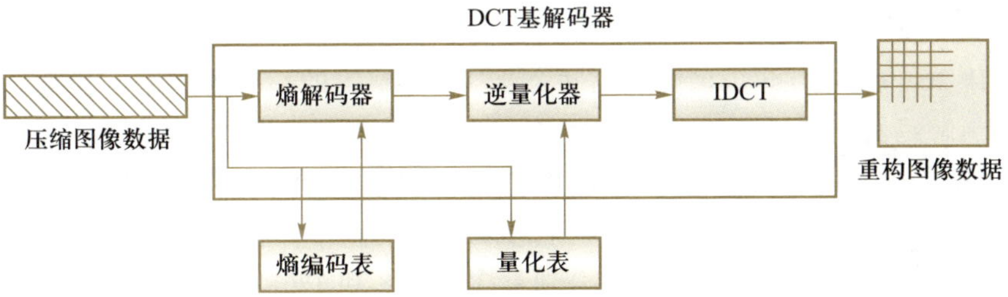

图 2-11 JPEG 解压缩(解码)步骤

(二) MPEG 运动图像压缩标准

MPEG 的全称是 Moving Pictures Experts Group(动态图像专家组),由 ISO 与 IEC(国际电工委员会)于 1988 年联合成立,致力于运动图像(MPEG 视频)及其伴音编码(MPEG 音频)标准化工作。

MPEG 标准阐明了声音和电视图像的编码和解码过程,严格规定了声音和图像数据编码组成位数据流的句法,提供了编码器的测试方法。但 MPEG 没有对所有内容都做严格规定,尤其是对数据压缩和解压缩的算法,这样既保证了解码器能对符合 MPEG 标准的声音数据和电视图像数据进行正确解码,又给 MPEG 标准的具体实施留有很大的余地,人们可以不断改进编码和解码算法,提高声音和电视图像的质量及编码效率。

目前 MPEG 共有 4 个版本，即 MPEG－1、MPEG－2、MPEG－4、MPEG－7。VCD 使用的是 MPEG-1 压缩标准，DVD 使用的则是 MPEG-2 标准。目前普遍使用的 MP3 则采用了 MPEG 规格里有关音频压缩的技术。

MPEG-1 和 MPEG-2 在压缩技术上采用的是相同的方法。在影像方面，先将影像分割成一幅一幅的图像，再将每一幅图像分割成一个个小方格。压缩时则利用方格与方格间，以及一幅幅图像间的相似性来进行压缩，这是利用自然影像的特性而得到的压缩效果。如果用极短的时间来看自然影像，或是观察每幅图像的细部，就会发现其相似性很高（人眼很难或根本不能感觉出其中的不同）。例如，天空是一片蓝色，而摄像机镜头可能停住不动，这样就会有许多信息是重复的，不需反复传送。

在音频压缩方面，则是利用人类听觉系统的生理特性，将人类不易察觉或是无法听到的声音删除或简化，进而达到压缩的效果。MPEG-1 和 MPEG-2 的压缩比大概在 20 到 30 倍之间。市面上常见的 VCD 光盘容量大约是 650 M/片，可存放 74 分钟的影片，相当于 VHS 录像带的画质。而一片 DVD 的容量为 4.7G，可存放超过两小时的影片，而且画质和音质也超过 VCD。

（三）H.261、H.262、H.263

H.261 是 1990 年由国际电信联合会（ITU）制定的一个视频编码标准，属于视频编解码器。其设计的目的是能够在带宽为 64 kbps 倍数的综合业务数字网（Integrated Services Digital Network，ISDN）上传输质量可接受的视频信号。编码程序设计的码率是能够在 40 kbps 到 2 Mbps 之间工作，能够对 CIF 和 QCIF 分辨率的视频进行编码，即亮度分辨率分别是 352×288 和 176×144，色度采用 4∶2∶0 采样，分辨率分别是 176×144 和 88×72。1994 年，H.261 利用向后兼容的技巧加入了一个能够发送分辨率为 704×576 的静止图像的技术。

H.261 是第一个实用的数字视频编码标准，使用混合编码框架，包括基于运动补偿的帧间预测，基于离散余弦变换的空域变换编码，量化，Z 字形排列扫描和熵编码等步骤。H.261 编码时基本的操作单位称为宏块。H.261 使用 YCbCr 颜色空间，并采用 4∶2∶0 色度抽样，每个宏块包括 16×16 的亮度抽样值和两个相应的 8×8 的色度抽样值。

H.262 是 ITU 推出的一个数字视频编码标准，也属于视频编解码器。H.262 在技术内容上和 ISO/IEC 的 MPEG－2 视频标准（正式名称是 ISO/IEC 13818-2）一致。

H.263 是由 ITU 制定的视频会议用的低码率视频编码标准，属于视频编解码器。H.263 最初设计是基于 H.324 的系统进行传输（即基于公共交换电话网和其他基于电路交换的网络进行视频会议和视频电话),后来发现 H. 263 也可以成功地应用于 H. 323(基于 RTP/IP 网络的视频会议系统)、H. 320(基于综合业务数字网的视频会议系统)、RTSP(流式媒体传输系统)和 SIP(基于因特网的视频会议)。H. 263 最初是为低码流通信而设计的,但实际上这个标准可用于很宽的码流范围,它在许多应用中被认为可以取代 H. 261。H. 263 的编码算法与 H. 261 一样,但做了一些改善以提高性能和纠错能力。

(四) H. 264

H. 264 是 ISO 和 ITU 共同提出的继 MPEG4 之后的新一代数字视频压缩格式,是由 ITU 的视频编码专家组(VCEG)和 ISO/IEC 的活动图像编码专家组(MPEG)组成的联合视频组(Joint Video Team,JVT)开发的数字视频编码标准。该标准最早来自 ITU H. 26L 项目的开发,H. 26L 这个名称虽然不太常见,但是一直被使用着。

由于 H. 264 是由 ISO 和 ITU 两个组织联合组建的联合视频组共同制定的新数字视频编码标准,所以它既是 ITU 的 H. 264,又是 ISO/IEC 的 MPEG-4 高级视频编码(Advanced Video Coding, AVC)的第 10 部分。因此,不论是 MPEG-4 AVC、MPEG-4 Part 10,还是 ISO/IEC 14496-10,指的都是 H. 264。

H. 264 是在 MPEG-4 技术基础上建立起来的,其编解码流程主要包括 5 个部分:帧间和帧内预测(Estimation)、变换(Transform)和反变换、量化(Quantization)和反量化、环路滤波(Loop Filter)、熵编码(Entropy Coding)。

与其他现有的视频编码标准相比,H. 264 在相同的带宽下可以提供更加优秀的图像质量。通过该标准,在同等图像质量下的压缩效率比以前的标准(如 MPEG-2)提高了 2 倍左右。

本章即测即评

第三章 数字图形图像技术

图片是人类认识、感知世界的最直观渠道之一。在数字传播媒介中,图片可分为图形(Graphics)和图像(Image、Picture 等)两种。图形一般指用计算机绘制的抽象画面,如直线、圆、圆弧、矩形、任意曲线和图表等;而图像则是指由摄像机或扫描仪等输入设备捕捉的实际场景画面,或是以数字化形式存储的任意画面。

第一节 视觉媒体与彩色空间表示

一、视觉媒体

人类至少有 80%以上的外界信息是经过视觉传递所获得的,所谓视觉媒体,就是指通过视觉传递信息的媒体。随着信息技术的不断发展,各类数字化视觉媒体将古今中外的自然景观、艺术作品等画面摄入虚拟的数字空间,访问者可以通过网络进行读取。传统的阅读方式中,语言文字占绝对主导地位,图片仅仅起到辅助作用甚至被忽略。到了数字信息时代,巨幅图片随时扑面而来,各种新生的文化艺术竞相以视觉化形态呈现,广告、摄影等无不用强烈的视觉冲击来吸引人们的眼球。视觉图片信息充当正文,而语言文字被一再简化成只言片语萎缩到屏幕一角,某种程度上成为图片符号的注释。“读图时代”的到来使得视觉媒体在数字媒介技术中占有越来越重要的地位。

视觉媒体大致可以分为以下几类:

(一) 位图图像(Bit-mapped Image)

凡是能为人类视觉系统所感知的物体的视觉形象统称为图像。事实上,文字、图形最终都是以图像的形式呈现的。但是由于计算机表示、处理、显示的方法不同,一般将它们作为不同的媒体。位图图像是对视觉信号直接量化而得到的一种视觉媒体，它将原始的视觉信号离散化为空间的点，称为像素。对像素的颜色、亮度（或灰度）加以数据描述，得到图像数据。将这些数据作为文件存储，即为图像文件。在显示时，像素与显示器的显示点一一对应，故称为位图映射图像，简称位图图像。

（二）矢量图形（Vector-based Graphics）

图形是对图像的一种抽象，它不直接描述图像的每一个点，而是依据某个标准对图像进行分析，抽取实体特征，形成产生图形的算法，并以一组指令的形式存储，显示时执行指令，即可产生屏幕图形。图形上的点的位置通常用矢量来描述，故称为矢量图形。由于存储的是绘图程序，矢量图形所占用的存储空间比位图图像小得多，但是显示时要花费较多的计算时间。矢量图形描述物体的轮廓（大小和形状）比较容易，也可以表现曲面、光照、材质的效果，但是对于复杂的彩图，算法描述和计算的困难很大，效果不够理想。

（三）动态图像（Moving Picture）

动态图像是连续渐变的静态图像或图形序列，是图像随着时间的变化而产生运动视觉的一种视觉媒体。如果序列中的单帧图像是摄取实景得到的真实图像，则称其为影像视频，简称视频。如果序列中的单帧图像是人工或计算机产生的图形，则称其为动画。动态图像具有较强的实时运动感和自然真实感。

（四）符号（Symbol）

符号是信息的一种抽象的表示形式。符号可以表示数值，也可以表示语言、文字。特定的符号可以表示物体或事件。

（五）体图（Volume Graphics）

体图是运用科学计算可视化技术，将三维空间数据转换为可视图像而产生的一种新的视觉媒体与多媒体辅助教学系统媒体。通过体绘制技术可以把三维空间样本直接转换为屏幕图像，准确重现原始的数据场。层析成像技术可以根据物体外部所获取的某种物理量的数据，用数学方法和计算机成像技术，重建物体特定层面上的二维图像，并在一系列二维图像的基础上构造出整体三维图像。层析成像在医学中的CT、核磁共振，分子模型构造，流体力学计算等领域都得到了应用。

视觉媒体具有准确、直观、具体、生动、高效、应用广泛、信息容量大等诸多优点，它的参与使得数字媒介技术的发展有了更广阔的前景，使得交互式电视、可视电话、视频会议、视频点播等应用得以实现,向人们展示了全新的信息服务。视觉媒体内容数字化后的数据量非常大,对计算机的运算、存储、传输和处理等能力都提出了更高的要求。

二、彩色空间

人类所能看到的各种物体的颜色都离不开光。物体的颜色是人的视觉器官受光后在大脑的一种反映。正确地认识物体的光和色,有利于视觉媒体更真实形象地表现事物。色彩学领域中建立了多种色彩模型,以一维、二维、三维甚至四维坐标来表示某一色彩,这种坐标系统所能定义的色彩范围即彩色空间(Color Space,又称为色域)。我们经常用到的彩色空间主要有 RGB、CMYK、YUV、Lab 等。

(一)色彩的产生

光色分为光源的颜色和物体的颜色。光源的颜色取决于发出光线的光谱成分,即光的波长。光是一种电磁波,可视波长范围为 380~780 nm,此范围内的光称为可见光。例如,太阳光是由 400~700 nm 不同波长的连续光波组成的,让一束太阳光(或白光)穿过三棱镜,就能看到三棱镜的另一面折射出的是从红到紫逐渐变化的红、橙、黄、绿、青、蓝、紫色光。这是由于三棱镜把太阳光中不同波长的光线分解折射了,太阳光也就是上面几种色光的组合。如果光源发出的光线光谱发生变化,就呈现出各种有色光源,如红灯,就是因为它仅仅发出了红色光的波长。

可见光谱

物体对各种波长光线的吸收、反射和透射的能力就决定了物体的颜色,因此我们看到的颜色其实是物体反射或透射的不同波长的色光。而物体又可分为消色物体和有色物体。消色物体就是指黑、白、灰色物体,它们被反射的光线光谱成分和入射光的光谱成分相同。当白光照射在消色物体上时,反光率高就趋于白色,越低就趋于黑色,介于两者之间就显出不同程度的灰色;当有色光照射在消色物体上时,物体反射光颜色与入射光颜色相同,如红光照在白纸上就显示红色。有色物体的颜色又有所不同,光线照到有色物体上,入射光中被吸收的各种波长的色光是不等量的,人眼看到的仅是反射光的色彩。例如,当白光照到红色物体上时,物体反射的波长相当于红色光的波长,所以看见的光就是红色的;当白光照在绿色物体上时,物体反射的波长相当于绿色光的波长,看见的光就是绿色的。

将等量的红色光、绿色光和蓝色光相加就能产生白光,如果三种色光按不同比例混合就能得到几乎所有的色光。因此,我们把红、绿、蓝色光称为三原色光,把各种比例的红、绿、蓝色光相加得到各种色光的方法叫作加色法。彩色电视机和显示器就是用加色法原理得到彩色影像的。

将三原色中的每两种进行混合,可分别得到青、品红、黄色光,其公式如下:

红+蓝=品红

红+绿=黄

蓝+绿=青

加色法原理图示

因为三原色光相加等于白光,所以用其中两种原色光组成的色光加第三种原色光也能得到白色,这两种原色光组成的色光称为第三种原色光的补色光。实验证明,红色与青色互为补色,绿色与品红色互为补色,蓝色与黄色互为补色,因此也称青色、品红色、黄色为三基色。

如果将青色、品红色、黄色看作是三种颜色的滤镜,它可以吸收部分色光,并通过部分色光。当一束白光照射在黄色滤镜上时,因为黄色光和蓝色光相加得到白色光(如二维码内容所示),黄色滤镜就吸收了通过的蓝色光,而通过的等量的红色光和绿色光混合产生了黄色光,这样滤镜看上去就是黄色的,其他色光也一样。如果三种基色的滤镜同时作用,就没有色光通过而变成黑色。这种通过色光相减得到各种色光的方法就叫作减色法。彩色摄影和印刷就是采用减色原理,如图 3-1 所示。

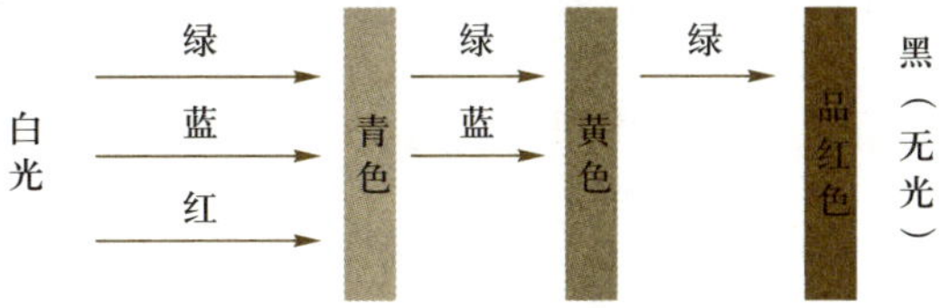

图 3-1　减色法原理

(二)色彩三要素

色彩可用色别(Hue)、亮度(Brightness)和饱和度(Saturation)来描述,称为色彩三要素,人眼所看到的任一彩色光都是这三个特性的综合效果。

1. 色别

色别也称色相或色调,是色彩最基本的特征。色别是指颜色之间主要的区别,比如绿、红、蓝、黄、青就属于不同的色别。色别是由光的光谱成分决定的,不同波长的色光给人以不同的色彩感觉,人眼能辨别的色别有 180 多种。

2. 亮度

亮度也称为明度,是光作用于人眼时所引起的对明亮程度的感觉,即颜色的明暗与深浅,它与被观察物体的发光强度有关,常用反光率来表示。显然,如果彩色光的强度降到使人看不到时，在亮度标尺上它就与黑色对应；同样，如果其强度变得很大，那么亮度等级就与白色对应。对于同一物体，照射的光越强，反射光也越强，也称为越亮；对于不同的物体，在相同照射情况下，反射越强者看起来越亮。此外，亮度感还与人类视觉系统的视敏函数有关，即便强度相同，不同颜色的光在照射同一物体时也会产生不同的亮度。

3. 饱和度

饱和度指颜色的纯度，是表示色觉强弱的概念。饱和度取决于某种颜色含色的成分与含色成分的比例。含色的成分越大，饱和度越大；含色的成分越小，饱和度越小。对于同一色调的彩色光，饱和度越深，颜色越鲜明或者说越纯。例如，当红色加进白光之后冲淡为粉红色，其基本色调还是红色，但饱和度降低；换句话说，淡色的饱和度比鲜色要低一些。饱和度还和亮度有关，若在饱和的彩色光中增加白光的成分，增加了光能，就会变得更亮，但是它的饱和度降低了。如果在某色调的彩色光中掺入别的彩色光，则会引起色调的变化，只有掺入白光时仅引起饱和度的变化。

显而易见，色彩的三要素是相互关联的。色别决定了颜色的基本性质，色的亮度改变时，饱和度也随之改变。亮度适中时，饱和度最大；亮度增大，则颜色中的白光增加，色纯度减小，饱和度降低；亮度减小，则颜色中的灰色增加，色纯度减小，饱和度也降低了。色彩三要素的关系如图 3-2 所示。

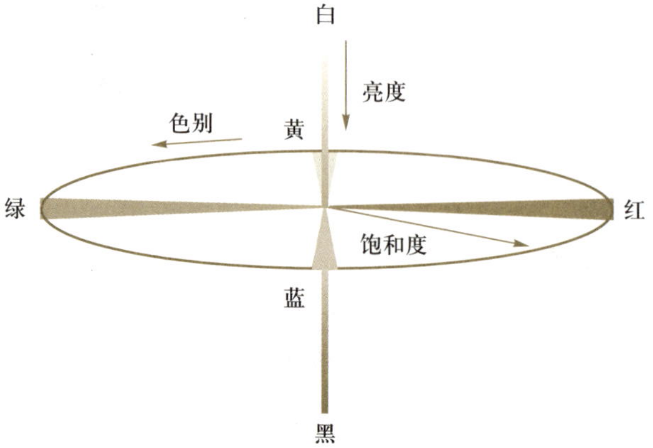

图 3-2　色彩三要素的关系

（三）彩色空间的分类和表示

根据前面介绍的色度学基础原理，我们可以得到几种不同的彩色空间模式。彩色空间是用来精确标定和生成各种颜色的一套规则和定义。在计算机系统中常常会用几种不同的彩色空间来表示图形和图像的颜色，如显示时采用 RGB 彩色空间，彩色电视信号数字化时采用 YUV 彩色空间，为了便于彩色处理和识别，视觉系统又常采用 HSI 彩色空间等。

1. RGB 彩色空间

RGB 彩色空间模式是根据光源产生颜色来定义颜色的，也就是前面所介绍的加色法原理，其中有红、绿、蓝三个通道，分别代表三原色。由于人眼对红、绿、蓝三种色光最敏感，因此，由这三种颜色相配所得的彩色范围也最广，可通过三原色的不同混合比例来选择颜色。数字媒介技术中主要使用 RGB 彩色空间表示是因为计算机彩色监视器的输入需要 RGB 的彩色分量，利用三个分量的不同比例，可以在显示屏上合成所需要的任意颜色。所以在多媒体系统中，不管中间过程采用什么形式的彩色空间表示，最后的输出一定要转换成 RGB 彩色空间表示。

2. CMYK 彩色空间

CMYK 彩色空间是根据油墨吸收特性来定义颜色的，也就是前面所介绍的减色法原理，其中除了三基色 C(Cyan，青)、M(Magenta，品红)、Y(Yellow，黄)，还有一个 K 通道表示黑色(Black，黑色)。因为在实际印刷工作中，由于染料的纯度关系，只靠三基色混合得不到真正的黑色，而只能得到深灰色，所以增加使用了黑色染料。

3. YUV 彩色空间

相关研究表明，人的视觉对亮度细节的敏感程度远大于对颜色细节的敏感程度，因此 RGB 彩色空间并不适合人类的视觉特征。在彩色电视发展的初期，社会上已有相当数量的黑白电视机，为了扩大节目的收视率，要求彩色电视机的设计必须与已有的黑白电视兼容。为了实现兼容，需要将表示亮度和表示色彩的信号分离开来，黑白电视只处理亮度信号，略去彩色信号，这就产生了 YUV 彩色空间。其中 Y 表示亮度，U、V 表示色差。因此在现代彩色电视系统中，通常采用三管彩色摄像机或彩色 CCD 摄像机，把摄得的彩色图像信号，经分色棱镜分成 R_0、G_0、B_0 三个分量信号，分别进行放大和 γ 校正得到 RGB，再经过矩阵变换电路得到亮度信号 Y、色差信号 R-Y 和 B-Y，最后发送端将这三个信号进行编码，用同一信道发送出去。

4. HSI 彩色空间

HSI 彩色空间是由色调 H(Hue)、饱和度 S(Saturation)和亮度 I(Intensity)构成，它为计算机视觉彩色图像实时处理提供了有效的方法。HSI 彩色空间的三个帧存储器的数据在处理彩色图像时是相互独立的，分别提供对解释彩色图像非常有用的信息。

HSI 彩色空间更接近人对彩色的认识和解释，因此，使用它能够减少彩色图像处理的复杂性。例如亮度是非彩色属性，只描述亮还是暗，彩色图像中的亮度对应于黑白图像中的灰度。在图像处理中常用的算术操作或算法，例如作为边缘检测或边缘增强的卷积运算算子，只要对 HSI 彩色空间的亮度信号进行操作就可获得良好效果，而在 RGB 彩色空间做上述运算就很不方便。在图像处理和计算机视觉中的大量算法都可在 HSI 彩色空间中方便地使用，它们可以并行处理而且是相互独立的。因此，使用 HSI 彩色空间可以大大简化图像分析和处理的工作量。

5. Lab 彩色空间

Lab 彩色空间是由国际照明委员会（CIE）在 1931 年制定的一个衡量颜色的标准，也叫 CIE Lab。此模式有三个通道：L 表示亮度，范围为 0～100；a 表示绿—红轴，b 表示蓝—绿轴。这种颜色模式不依赖设备，也是包含颜色范围最广的颜色模式。

彩色空间表示还有很多种，如 NTSC 制式采用的 YIQ 彩色空间，CIE 制定的 CIE XYZ 彩色空间，国际无线电咨询委员会（CCIR）制定的 CCIR601-2YCbCr 彩色空间等。彩色空间的表示是可以相互转换的，例如 YUV、YIQ 和 RGB 之间的转换，HSI 空间和 RGB 空间的转换等。

第二节　图像及其特征

图像又称为“位图”，采用直接量化的原始信号形式，由一系列像素点组成（如图 3-3 所示）。将这种图像放大到一定程度，就会看到一个个小方块，这就是我们所说的像素，每个像素点由若干个二进制位描述。图 3-4 为图 3-3 局部放大后的小方块形成的锯齿状效果。由于图像对每个像素点都要进行描述，因此数据量比较大，但表现力强、色彩丰富，通常用于表现景物、人物、动物、植物等一切自然的、细微的事物。事实上，文字、图形、动态图像等多种媒体形式最终都可以图像的形式呈现。

图 3-3　原始图像

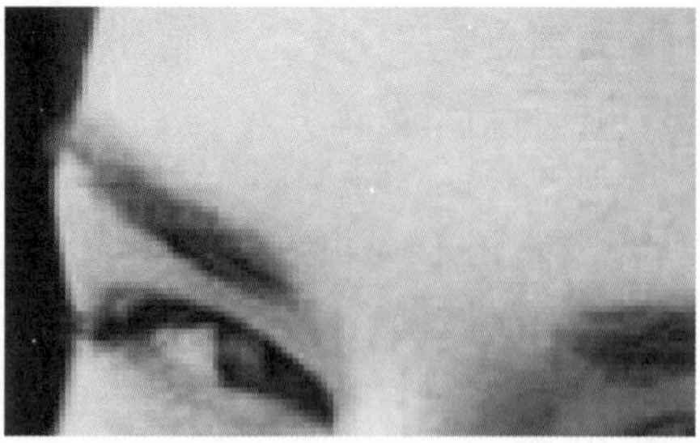

图 3-4　原始图像局部放大后形成的锯齿状

按图像的点空间位置和灰度大小变化的方式,图像可分为连续和离散两类。所谓连续图像是指在二维坐标系中具有连续变化的灰度值(表示颜色的深浅)的图像,其深浅变化是无级的,例如照片和电影图像就是连续图像。而以一定网格为周期,把 X、Y 坐标轴划分为棋盘式的网格,仅取离散的各个支点位置上的灰度值而构成的图像称为离散图像,也称采样图像。印刷图像、计算机图像和扫描图像就属于离散图像。

一、计算机图像

我们日常生活中的图像是怎样变成计算机中的图像呢? 这就要经过采样和量化两个过程。

图像的采样是将图像转变为像素集合的一种操作。我们使用的图像信息基本上都属于二维平面信息分布方式,要将其输入计算机中进行处理,就必须将二维图像信息按一定间隔从上到下有顺序地沿水平方向或垂直方向直线扫描,从而获得图像灰度值阵列,再求出每一特定间隔的值,就能得到计算机中的图像像素信息,形成由离散的点阵像素组成的点阵图,这就是最基本的一种图像形式。

在采样过程中,采样孔径和采样方式决定了采样得到的图像信号。采样孔径确定了采样像素的大小、形状和数量,其形状通常有方形、圆形、长方形和椭圆形四种。采样方式是采样间隔确定后相邻像素之间的位置关系和像素点阵的排列方式。采样相邻像素的位置关系有三种,即相邻像素相离、相邻像素相切和相邻像素相交。前两种为不重复采样,后一种为重复采样。像素点阵的排列通常把采样孔径中心点排列成正交点阵的形状或把采样孔径中心排成三角点阵的形状。

不同采样方式所获取的图像信号是不同的。图 3-5 是几种采样方式输入图像信号的状况。其中,(a)是原始图像信号,(b)、(c)为不同采样方式的图像输入信号。可以发现,重复采样比不重复采样更忠实于原始图像,即图像分辨率提高,但整体形状产生失真。(d)则是采样孔径缩小一半而不重复采样的输入图像信号,与(c)相比,其采样孔径缩小比重复采样能显著提高分辨率。

经过采样后,图像已被分解成在时间和空间上离散的像素,但这些像素值仍然是连续量,并不是我们在计算机中所见的图像。还需要通过量化进一步把这些连续的浓淡值变换成离散值。也就是说,量化就是对采样后的连续灰度值进行数字化的过程,以还原真实的图像(如图 3-6 所示)。

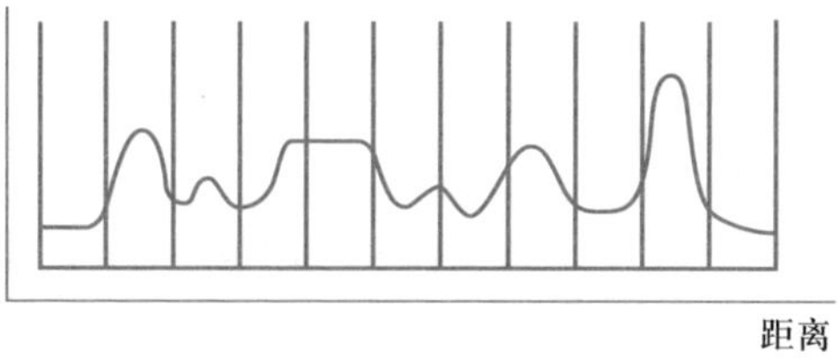

(a) 原图像

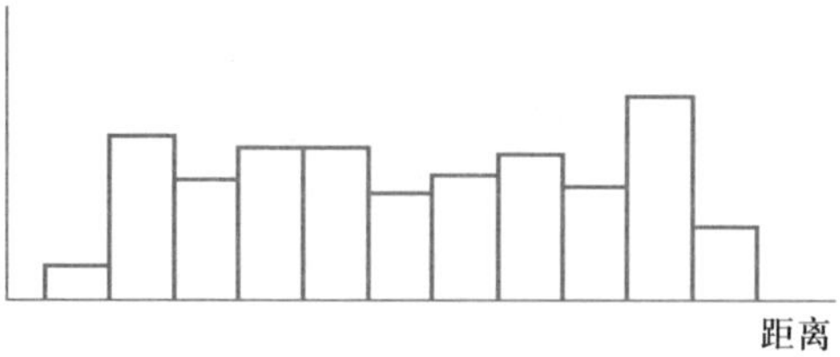

(b) 不重复采样

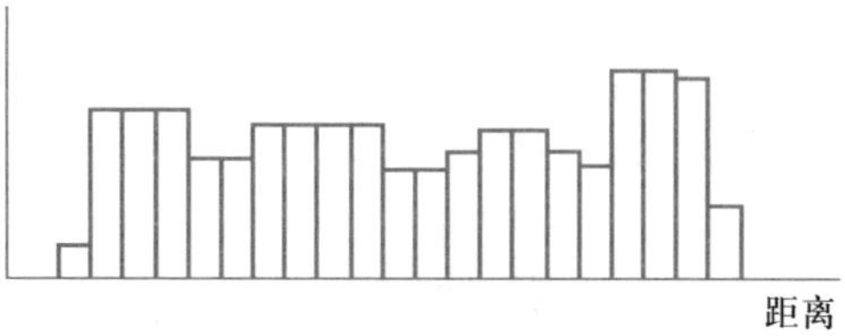

(c) 重复采样

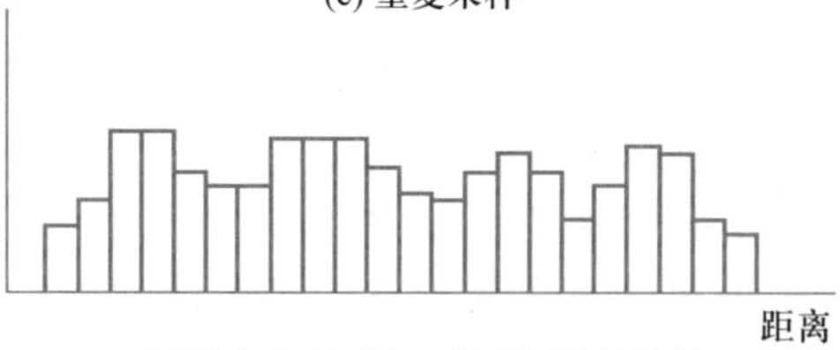

(d) 采样孔径减小一半且不重复采样

图 3-5　图像的采样

图像的量化分为两类。一类是等间隔量化,即将图像采样值的灰度范围进行等间隔划分,使像素灰度值在黑白范围内均匀分布,其量化误差可达到最小,故又称为均匀量化或线性量化。另一类是非等间隔量化,它有三种方法:① 将小的灰度值的级别间隔细分,而将大的灰度值的级别间隔粗分,如对数量化;② 使用像素灰度值的概率密度函数,使输入灰度值和量化级的均方误差最小,如 Max 量化;③ 在某一范围内的灰度值频繁产生,而其他范围灰度值几乎不产生的情况下,在这一范围内进行细量化,而该范围之外进行粗量化。这种方法其量化级数不变,又能降低量化误差,亦称锥形量化。

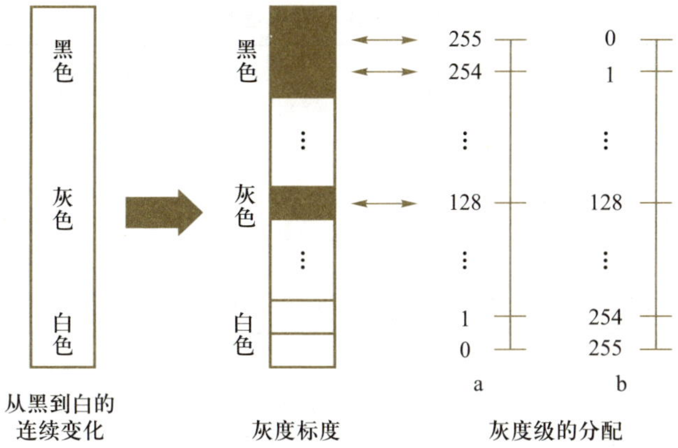

图 3-6 量化

二、图像的主要参数

（一）图像分辨率（Image Resolution）

图像分辨率用于度量组成一幅图像的像素密度，是图像最重要的参数之一。图像分辨率的单位是 ppi（pixels per inch），即每英寸①所包含的像素点。如果图像分辨率是 100ppi，即指在每英寸长度中包含 100 个像素点。图像分辨率越高，意味着每英寸所包含的像素点越多，图像就越清晰，颜色过渡就越平滑。图像分辨率与图像大小之间也有着密切的关系，图像分辨率越高，所包含的像素点越多，也就是图像的信息量越大，因而文件就越大。

（二）色彩深度（Pixels Depth，像素深度）和调色板

色彩深度用于衡量图像中每个像素包含多少位色彩信息，也称为图像深度。色彩深度值越大，表明像素中含有更多的色彩信息，更能反映真实的颜色。色彩深度和图像色彩的关系如表 3-1 所示。

当一幅图像中的每个像素值中有 R、G、B 三个基色分量，每个基色分量直接决定显示设备的基色强度，这样产生的彩色称为真彩色。例如，用 R、G、B 各 8 位表示的彩色图像（即真彩色图像），各个分量大小的值直接确定 3 个基色的强度，这样得到的彩色是真实的原图彩色。真彩色图像一个像素的值可产生的颜色数是 16 777 216 种，而人的眼睛是很难分辨出这么多种颜色的，因此，虽然 24

① 1 英寸 = 2.54 厘米

表 3-1　色彩深度和图像色彩的关系

色彩深度	色彩信息数量	色彩模式
1 位	$2^1=2$ 种颜色	位图模式(Bitmap)
8 位	$2^8=256$ 种颜色	索引模式(IndexedColor) 灰度模式(GrayscaleColor)
24 位	$2^{24}=16\ 777\ 216$ 种颜色	RGB 色彩模式(真彩色)

位真彩色图像完全覆盖了人眼所能辨识的色彩范围,但所需要的数据空间相当大。为了减少图像所需的数据空间,在保证图像分辨率的前提下,最简单的方法就是降低颜色深度。所以在普通彩色图像(对图像的色彩和画质无特别高的要求)中,就没有必要采用 24 位真彩色。但是,采用较低的颜色深度(如 8 位或 16 位)时,会没有足够的位数来表示每一个像素的颜色,故而可以采用一种折中的办法,即构造一个颜色查找表,表中存放了图像所用的颜色,每一种颜色对应一个序号,于是,每一像素的颜色数位中存放的不再是实际的颜色值而是表中的序号,这样经颜色查找表就可将较少的像素颜色位数(序号)变换映射到显示器可以表示的较大的色彩空间上(这是 24 位真彩色值集合的一个子集)。这样的颜色查找表就称为调色板。

位图中每一像素的颜色值都来自调色板,而调色板中的颜色数取决于色彩深度,当图像中的像素颜色在调色板中不存在时,一般由相近的颜色代替。当两幅图像同时显示时,如果它们的调色板不同,将会出现颜色失真现象,对于这种情况,需要采用适当的办法使它们的调色板一致。

(三) 图像容量

图像容量是指图像文件的数据量,也就是在存储器中所占的空间,其计量单位是字节(Byte)。图像的容量与很多因素有关,如色彩的数量、画面的大小、图像的格式等。图像的画面越大、色彩数量越多,图像的质量就越好,文件的容量也就越大,反之则越小。一幅未经压缩的图像,其数据量大小计算公式为:

$$\text{图像数据量大小}=\text{垂直像素总数}\times\text{水平像素总数}\times\text{色彩深度}\div 8$$

比如一幅 648×480 的 24 位 RGB 图像,其大小为 $640\times480\times24\div8=921\ 600$ 字节。

各种图像文件格式都有自己的图形压缩算法,有些可以把图像压缩到很小,比如一张 800×600 ppi 的 PSD 格式的图片大约有 621 KB,而同样尺寸、同样内容的图像以 JPG 格式存储只需要 21 KB。

计算机图像的容量是在设计处理过程中不得不考虑的问题。尤其在数字媒介传播中,图像的容量关系着传播的速度,图像容量越大,其传播速度越慢。这时就要在不损伤图像质量的前提下,尽可能地减小图像容量,在图像质量和传播速度之间寻找一个平衡点。

(四) 输出分辨率

输出分辨率也称为设备分辨率,是针对硬件设备而言的,其单位是 dpi(dots per inch)。比如打印分辨率即表示打印机每英寸打印多少点,它直接关系到打印效果的好坏。打印分辨率为 1440 dpi,是指打印机在一平方英寸的区域内垂直打印 1440 个墨点,水平打印 1440 个墨点,且每个墨点是不重合的。通常激光打印机的输出分辨率为 300~600 dpi,照排机要达到 1200~2400 dpi 或更高。

再比如显示分辨率表示显示器在显示图像时的分辨率。显示分辨率的数值是指整个显示器所有可视面积上水平像素和垂直像素的数量。例如 800×600 的分辨率,是指在整个屏幕上水平显示 800 个像素,垂直显示 600 个像素。显示分辨率的水平像素和垂直像素在总数上总是成一定比例的,一般为 4∶3、5∶4 或 8∶5。同时,在同一台显示器上,显示分辨率越高,文字和图标显示得就越小。考虑到人视觉的需要,通常将 15 寸①显示器的显示分辨率设为 800×600,将 17 寸②显示器设为 1024×768。

当图像分辨率与显示分辨率相同时,所显示的图像正好占满整个屏幕区域;图像分辨率大于显示分辨率时,屏幕上只能显示出图像的一部分。尽管图像分辨率与显示分辨率是不同的概念,但通常由上下文能够判断出"分辨率"一词所指的是哪种分辨率。此外,在桌面出版等一些特定的应用场合,还可能使用其他度量单位(如英寸或厘米等)来确定分辨率。

应根据图像用途来设定分辨率。一幅图像若用于在屏幕上显示,则分辨率为72 dpi或 96 dpi 即可;若用于 600 dpi 的打印机输出,则需要 150 dpi 的图像分辨率;若要进行印刷,则需要 300 dpi 的高分辨率才行。图像分辨率设定应恰当,若分辨率太高的话,运行速度慢,占用的磁盘空间大,不符合高效原则;若分辨率太低的话,影响图像细节的表达,不符合高质量原则。图 3-7 为同一图像在不同分辨率下的效果。

---

① 对角线长 15 英寸,1 英寸=2.54 厘米。

② 对角线长 17 英寸。

(a) 667×1000像素，分辨率350

(b) 667×1000像素，分辨率50

图 3-7　同一图像不同分辨率情况

第三节　图形及其特征

图形是一种抽象化的图像,是由计算机运算而得出的抽象化结果。它不直接描述数据的每一点,而是描述产生这些点的过程及方法,因此它也被称为矢量图形,一般简称为图形。矢量图形是以一组指令的形式存在的,这些指令描述一幅图中所包含的直线、弧线、圆、矩形等的大小和形状,也可以用更为复杂的指令表示图像中曲面、光照、材质等效果(如图 3-8 所示)。在计算机上显示一幅图形图片时,首先要解释这些指令,然后将它们转变成屏幕上显示的形状和颜色。图形由具有方向和长度的矢量线段组成,其基本的组成单元是锚点和路径。

图 3-8　图形示意

一、计算机图形及其特征

计算机图形是由坐标数据、数学公式和颜色描述的。例如:一个圆用矢量表示只需要圆心坐标(x,y)和半径 r 这三个参数。与图像以像素为单位来处理不同,计算机图形是以一个个的对象为单位的。矢量图形由曲线、直线和其他数学形状构成,由于它们以指令的形式存在和绘制,显示出来的矢量图像也总是高度平滑,并且这种图像文件不需要描述每个像素的信息,因此其文件量相对较小。但这是以显示时的计算时间为代价的，也就是说当需要表现复杂图形时要花费较长的时间。

计算机图形以指令集合的形式描述。这些指令描述一幅图中所包含的各图元的位置、大小、形状和其他特性，也可以用更为复杂的指令来表示图像中曲面、光照、材质等效果。在显示器上显示一幅图形时，首先由专用的软件来读取并解释这些指令，然后将它们转换成屏幕上显示的形状和颜色，最后通过使用实心的或者有深浅等级的单色或彩色填充一些区域而形成图形。

计算机图形与分辨率无关，无论放大到多大，其输出质量是同样的。图形的矢量化使得对图中的各个部分分别进行控制成为可能，因为所有的图形都可以用数学的方法加以描述，从而使计算机可以对其中任何对象分别进行任意变换：放大、缩小、旋转、变形、扭曲、移位和叠加等，并仍保持图形特征。而这一点对于位图图像来说就十分困难。这种变换的灵活性，使图形处理获得了更大的自由度。图形由计算机图形软件来绘制和设计，常用的图形设计软件有 Corel Draw、Macromedia Freehand 和 Adobe Illustrator 等。“图形”甚至可以通过上述软件输出进而转换成“图像”。

二、矢量图形与位图图像

虽然图形和图像是两个不同的概念，但它们之间又存在着一定的关系，且各有优势，用途也各不相同。图形主要反映物体的局部特性，它是真实物体的模型化，适用于文字、商标等图形规则的情况；而图像则反映物体的整体特性，是物体的真实再现，主要适用于照片或展现精细的细节。图形处理主要是指在计算机上借助数学的方法生成、处理和显示图形。而图像处理则将客观世界中实际存在的物体映射成数字化图像，然后在计算机上对数字化图像进行处理。图 3-3 和图 3-8 就是同一幅图片分别以图像和图形形式显示出来的效果，图 3-9 也是矢量图形和位图图像的比较。这都说明了矢量图侧重于“绘制”和“创造”，而位图偏重于“获取”和“复制”。

图 3-9　矢量图形和位图图像的比较

图形缩放后不会发生变形失真,而变换图像则会发生失真。通过软件,矢量图形可以转化为位图图像,而位图转化为矢量图就需要经过复杂的数据处理,而且生成的矢量图形的质量不能和原来的图像比拟。表 3-2 为图形和图像的对比。

表 3-2 图形和图像的对比

图形(Graphics)	图像(Image)
数据量少	数据量大
有结构,便于编辑修改	无结构,难以编辑修改
能准确表示 3D 景物,易于生成所需的不同视图	3D 景物的信息已部分丢失,很难生成不同的视图
生成视图需要复杂的计算	生成视图不需要复杂的计算
表示自然景物很困难	易于表示自然景物
国际标准:GKS,PHIGS,OpenG,WMF,VRML,CGM,STEP	国际标准:JBIG,JPEG,TIFF
编辑软件(绘图软件):AutoCAD,CorelDRAW	编辑软件(图像处理软件):Photoshop,Photostyler

第四节 数字图像及其处理

一、数字图像处理的优点

数字图像处理(Digital Image Processing)又称为计算机图像处理,它是指将图像信号转换成数字信号并利用计算机对其进行处理的过程,可以提高图像的实用性,从而达到人们所要求的结果。

数字图像在计算机中通常以位图形式记录、处理和保存,其特点在于适合表现大量的图像细节,能很好地反映明暗的变化、复杂的场景和颜色,实现逼真的效果。和模拟图像比较,数字图像在处理上有许多明显的优点,主要体现为:

(一)还原性好

数字图像不会因为存储、传输、复制等操作而产生图像质量的退化,因而能准确地再现原图像。

（二）精度高、灵活性大

模拟图像一般只能对图像作有限的处理，例如光学处理，从原理上说只能对图像作线性运算，从而极大地限制了图像处理工作。数字图像处理不仅能完成线性运算，而且也可以完成非线性运算，即凡是可用数学公式或逻辑表达式表达的处理运算，都可用数字处理来实现。

数字图像处理的目的主要有：提高图像的视感质量，以达到赏心悦目的目的；提取图像中所包含的某些特征或特殊信息，便于计算机分析；对图像数据进行变换、编码和压缩，便于图像的存储和传输。

二、数字图像的获取

（一）扫描图像

扫描图像是目前常用的图像获取方式，可以将现有的图片或照片输入计算机变成可用的素材，然后再进行编辑。扫描图像是通过扫描仪进行的。扫描仪可将各种形式的图像信息输入计算机中，是功能极强的一种输入设备。目前，扫描仪已广泛应用于各类图形图像处理、出版、印刷、广告制作、办公自动化、多媒体、图文数据库、图文通信、工程图纸输入等领域。

1. 扫描仪的技术指标

扫描仪的技术指标中最重要的是分辨率，扫描仪的分辨率分为三种：光学分辨率、机械分辨率和插值分辨率。

光学分辨率也叫水平分辨率，是指扫描仪的光学仪器 CCD（Charge Coupled Device，光电耦合组件）每英寸所能捕捉的像素点数，它取决于扫描头中的 CCD 数量。机械分辨率也叫垂直分辨率，是指扫描仪带动感光组件进行扫描的步进电机每英寸移动的步数。通常我们用扫描仪的光学分辨率和机械分辨率表示扫描仪的扫描精度：

扫描仪的扫描精度=光学分辨率×机械分辨率

比如说扫描仪的分辨率参数是 600×1200 dpi，其中 600 dpi 表示光学分辨率，1200 dpi 表示机械分辨率。

插值分辨率是用数学方法在真实的扫描点基础上插入一些过渡点后得到的分辨率，是通过软件（扫描仪驱动程序）进行计算后的分辨率。它是扫描图像时可以调节的分辨率的最大值，通常是光学分辨率的 4～16 倍。一般情况下，插值分辨率的意义不大，挑选扫描仪时主要看产品的光学分辨率。扫描仪的其他技术指标还有灰度级、色彩精度、扫描速度等。

2. 扫描时的注意事项

在扫描图像的时候尽量采用质量好的原稿,因为原稿的质量直接关系到后期扫描的效果,尤其是一些对焦不准或光线很差的图片,虽然我们可以在后期使用调整修复工具修复图像,但那毕竟是一种亡羊补牢的办法,很难达到令人满意的效果。此外,在扫描印刷品前一定要选择设置中的去网纹选项,这种网纹是在印刷时出现的纹路。

保持原稿和扫描仪的清洁也很重要,尤其是平台式扫描仪的玻璃板容易沾上灰尘或手印,如果沾上了要用干净的软布擦拭,以免在扫描的图像中留下斑点。

(二)捕捉屏幕图像

捕捉屏幕图像也是常用的一种图像获取方式,一般可通过键盘直接捕捉或是软件捕捉。

使用键盘捕捉很简单,点击键盘上的 PrintScreen 键,就可以将当前屏幕完全捕捉下来;使用 Alt+PrintScreen 键就可以把当前活动窗口捕捉下来。捕捉后打开某个绘图软件新建一个文件或打开某个图像文件,使用“粘贴”命令即可把捕捉的图像复制并存储下来。但视频图像不能用这个方法捕捉。

使用软件捕捉可以更加精确和随意地捕捉屏幕图像。常用的软件有 HyperSnap-DX5。这款软件不但能方便地捕捉屏幕任何位置的图像,而且可使用放大的方法使图像的捕捉更加精确,同时还能在软件中进行简单的编辑,比如旋转、缩放等,甚至通过 Image 菜单中的命令还可以模糊图像、锐化图像或做成浮雕效果。

另外,Windows 中自带的截图工具以及 Word、PowerPoint 甚至是目前常用的即时通信工具如 QQ、微信等也都自带有屏幕图像捕捉功能。

(三)数码相机的使用和图像输入

数码相机是现在使用越来越广泛的数字设备之一,它具有很多普通光学照相机无法企及的优势,比如高分辨率和大存储空间,所以受到越来越多摄影爱好者和专业摄影师的青睐。

数码相机主要由光学镜头、取景框、光电耦合组件(CCD)、译码器、数据接口和电源等部件组成。数码相机具有很多光学相机的技术性能,比如变焦镜头的变焦范围、调焦方式,快门的速度、光圈范围等。同时也有其独特的性能指标,其中 CCD 像素的数量是数码相机重要的技术指标之一。CCD 是由很多微小的半导体光敏单元组成的,一个光敏单元对应一个像素,光敏单元的数量越多,则像素总数越多,图像的清晰度越高,色彩越丰富。目前,一般的数码相机的 CCD 具有 1600 万~2400 万个像素，而高档的数码相机和专业相机则达到 3600 万和5000万像素左右。

用数码照相机拍照时，进入照相机镜头的光线聚焦在 CCD 上，当照相机判定已经聚集了足够的电荷（即相片已经被合适地曝光）时，就“读出”在 CCD 单元中的电荷，并传送给译码器。接着译码器将模拟的电信号转换为数字信号，再传输到数字信号处理器中对数据进行压缩然后存储在照相机的存储器中，最后通过数据接口传送到计算机。

三、数字图像编码技术及压缩标准

数字图像若不压缩处理，其庞大的数据量在文件存储及有限带宽传输中多有不便，因此迫切需要一种可靠有效的方法对图像数据进行压缩处理。编码是实现图像压缩的重要手段，压缩比很大程度取决于图像质量的要求。

数字图像压缩技术的基本思路就是删除原始图像中因视觉图像数据的各种相关性所产生的数据冗余或是不需要的信息，保留不确定的信息，去掉确定的信息（可以根据一定的规则或算法来插入还原），用尽可能少的数据量来表达尽可能完整的图像信息。根据图像编码压缩过程中是否存在信息丢失，可分为无损编码压缩算法和有损编码压缩算法（详见第二章第四节数据压缩技术）。

第一代编码法是以去除冗余为基础的编码方法，如 PCM、DPCM、ΔM、DCT、DFT、W-H 变换编码以及以此为基础的混合编码法。第二代编码法多为 20 世纪 80 年代以后提出的，如 Fractal 编码法、金字塔编码法、小波变换编码法、模型基编码法、基于神经网络的编码法等。由于受到当时技术水平的限制，第一代编码虽然属于经典的编码方法，但是只考虑到了对图像中的冗余信息进行处理，未能充分考虑人的视觉特性，压缩比也不高。第二代编码法则恰当地考虑到对图像信号的分解与表述，更能接近信息论中的“熵”极限，可进一步提高压缩效果，算法描述也更易于理解。

数字图像压缩已有多个国际标准，如 ISO 制定的 JPEG 标准、JBIG 标准、ITU 的 G3、G4 标准等。特别是 JPEG 标准，适用黑白及彩色照片、彩色传真和印刷图片，可以支持很高的图像分辨率和量化精度。

JPEG 是目前应用最广泛的静态图像压缩标准。JPEG 可按大约 20∶1 的比率压缩图像，用它重建后的图像能够较好地表现原始图像，对人眼来说与原图几乎没有区别。JPEG 还有一个优点是，压缩和解压是对称的，这意味着压缩和解压可以使用相同的硬件或软件，而且用时大致相同。而其他大多数压缩方案做不到这一点，因为它们是不对称的。

第五节　计算机图形处理与图像识别技术

一、计算机图形处理

计算机图形处理主要是将数据和几何模型变成可视的图像，或是通过获取自然界已存在对象的相关数据建立几何模型生成图像，以便于分析处理。在多媒体制作中，无法从客观世界直接摄取的可视数据，就可用图形技术来制作，这些数据主要包括文字、图形、动画。

图形包括二维空间及三维空间图形，其中二维图形仅能表现图形中各部分简单的位置关系，三维图形经真实感处理，能使图形表达出空间、位置、材质、明暗等接近自然的真实效果。动画就是图形对象被赋予运动属性后形成的连续画面效果，需要专门的软件工具制作。

计算机图形处理软件多种多样，大致可分为三类：

第一类软件是通过扩充某种高级语言，使其具有图形生成和处理功能。例如 VC++、Dephi 等集成开发环境，都具有强大的图形处理功能。

第二类软件是按国际标准或公司标准，用某种语言开发的一些功能丰富的图形子程序库，用户使用时可按相应语言的规定调用所需要的子程序生成各种图形，比较典型的有 GKS、PHIGS、GL、ACIS、DirectX 等。这些子程序库具有通用性强、不依赖具体设备与系统的特点，与多种语言均有接口。在此基础上开发的图形程序易于移植和推广，但执行速度相对较慢，效率较低。

第三类是专用的图形系统，针对某一类型的设备配置专用的图形生成语言。专用系统功能更强大，且执行速度快、效率高，但系统的开发工作量大，可移植性差。

（一）计算机图形学

计算机图形学（Computer Graphics）是利用计算机研究图形表示、生成、处理、显示的学科。经过近半个世纪的发展，计算机图形学已成为计算机科学中最活跃的分支之一，并得到广泛的应用。图形通常包括点、线、面、体等几何元素和灰度、色彩、线形、线宽等非几何元素。

从处理技术上看，图形主要分为两类：第一类是由线条信息表示的，用于刻画物体形状的点、线、面、体等几何要素的图形，如工程图、等高线地图等。第二类是反映物体表面属性或材质的灰度、颜色等非几何要素的图形。它侧重于根据给定的物体描述模型、光照来生成真实感图形，如通过摄像机生成的真实感图形。

计算机图形学的研究内容非常广泛，如图形硬件、图形标准、图形交互技术、光栅图形生成算法、曲线曲面造型、实体造型、真实感图形计算与显示算法，以及科学计算可视化、计算机动画、自然景物仿真、虚拟现实等。

计算机图形学一个主要的目的就是利用计算机制作令人赏心悦目的真实感图形。为此，必须建立图形所描述的场景的几何表示，再用某种光照模型计算在假想的光源、纹理、材质属性下的光照明效果，所以计算机图形学与计算机辅助设计有着密切联系。

计算机图形处理是指把由概念或数学描述所表示的物体的几何数据或几何模型，用计算机进行显示、存储、修改、完善及相关操作的过程。

图形处理的主要内容有几何变换，如平移、旋转、缩放、透视和投影等，曲线和曲面拟合，建模或造型，隐线、隐面消除，阴暗处理，纹理产生，着色，等等。

图形处理技术主要应用在计算机辅助设计（Computer Aided Design，CAD）、计算机辅助制造（Computer Aided Manufacturing，CAM）、计算机辅助教育（Computer Aided Instruction，CAI）、计算机艺术、计算机模拟、计算可视化、计算机动画和虚拟现实等领域，其中CAD是最主要的应用领域。

（二）常用图形处理软件

常用的图形处理软件有二维平面的绘图软件AutoCAD、Corel Draw，三维动画建模和渲染软件3D MAX、Maya等。

1. AutoCAD

AutoCAD是Autodesk公司的主导产品。在CAD、CAE①、CAM工业领域内，该公司是拥有全球用户量最多的软件供应商，也是全球规模最大的基于PC平台的CAD和动画及可视化软件企业。AutoCAD是当今最流行的矢量图绘图软件，它有强大的二维功能，如绘图、编辑、剖面线、尺寸标注以及二次开发等，同时具有三维造型功能。AutoCAD提供AutoLISP、ADS、ARX作为二次开发的工具，在许多实际应用领域（如机械、建筑、电子）中，一些软件开发商在AutoCAD基础上开发出许多符合实际应用需要的软件。

2. Corel DRAW

Corel DRAW是由Corel公司开发的Windows环境下的桌面绘图软件，用户界面直观，便于学习与使用。

Corel DRAW是基于矢量结构的程序，可用于印刷媒体制作。面向对象的绘

---

① 计算机辅助工程，Computer Aided Engineering。

图程序有两个优点：高精度和灵活性。矢量坐标满足数学方程式，用它来定义对象可以进行与输出设备和分辨率无关的操作。贝塞尔曲线（Bezier Curves）在尺寸上是无限伸缩的，这使得在不损失质量的前提下，可灵活地缩小或放大作品。

二、图像识别技术

图像识别技术是指利用计算机对图像进行处理、分析和理解，以识别各种不同模式的目标和对象的技术。目前，图像识别技术已广泛应用于多个领域，如生物医学、卫星遥感、机器人视觉、货物检测、目标跟踪、自主车导航、公安、银行、交通、军事、电子商务和多媒体网络通信等。图像识别的具体过程如图 3-10 所示。

图 3-10　图像识别过程

其中图像处理大多依赖于软件实现，其目的是去除干扰、噪声，将原始图像变成适于计算机进行特征提取的形式，主要方法包括图像采集、图像增强、图像复原、图像编码与压缩和图像分割，为后期的图像识别打基础。图像采集即为本章第四节中提到的数字图像获取。由于图像在成像、采集、传输、复制等过程中其质量或多或少会造成一定的退化，导致数字化后的图像视觉效果不是很理想。为了突出图像中重要的部分，使图像的主体结构更加明确，必须对图像进行改善，即图像增强。在获取图像时存在由环境噪声、运动、光线的强弱等原因造成的图像模糊，为了提取比较清晰的图像需要对图像进行图像复原或恢复。图像复原主要采用滤波方法，把降质的图像恢复成原始图。图像复原的另一种特殊技术是图像重建，即从物体横剖面的一组投影数据建立图像。图像编码与压缩也在本章第四节中有所介绍。图像分割是根据目标与背景的先验知识把图像分成一些互不重叠而又具有各自特征的子区域，每一区域是像素的一个连续集，这里的特征可以是图像的颜色、形状、灰度和纹理等，进而对图像中的目标、背景进行标记、定位，然后把目标从背景中分离出来。目前，图像分割的方法主要有基于区域特征的分割方法、基于相关匹配的分割方法和基于边界特征的分割方法。由于采集图像时会受到各种条件的影响导致图像变得模糊、有噪声干扰，给图像分割带来困难，在实际操作中须根据景物条件的不同选择适合的图像分割方法。图像分割为进一步的图像识别、分析和理解奠定基础。

图像特征提取是对图像中的个性特征（如颜色、纹理、形状、空间关系等）进行提取，将图像变成一个个向量。针对所提取的图像特征，按照不同的图像识别模型进行图像分类后即可实现图像识别。在某些具体的应用中，图像识别除了要给出被识别对象是什么物体外，还需要给出物体所处的位置和姿态以引导计算机工作。

图像识别是人工智能的一个重要领域。图像识别的发展经历了三个阶段：文字识别、数字图像处理与识别、物体识别。文字识别的研究一般是识别字母、数字和符号，从印刷文字识别到手写文字识别，应用非常广泛。数字图像处理与识别的研究开始于 1965 年，数字图像与模拟图像相比具有存储、传输方便，可压缩、传输过程中不易失真、易于处理等优势，这些都为图像识别技术的发展提供了强大的动力。物体识别主要指的是对三维世界的客体及环境的感知和认识，属于高级的计算机视觉范畴。它以数字图像处理与识别为基础，结合人工智能、系统学等学科的研究方向，其研究成果被广泛应用在各种工业及探测机器人领域。

本章即测即评

第四章

数字动画技术

随着经济的迅速发展和网络科技的日新月异，人类社会已经全面进入新媒体时代，人们对计算机动画已不再感到陌生，从好莱坞的动画电影到平常多媒体课件中的演示动画，大家已逐渐接受了这种直观生动的媒体形式。数字动画是通过各种计算机软件制作的动画，它是一门集自然科学和人文艺术于一身的综合性交叉学科。

第一节　数字动画基础

数字动画逐渐成为数字媒体的热门领域之一，在网络技术飞速发展的当下，创作动画已经不是专业人员的专利，更多的普通电脑爱好者也可以通过计算机软件制作出好看的数字动画，实现自己神奇的动画梦。

一、数字动画的概念

所谓数字动画，就是指以计算机为主要工具，采用图形与图像处理技术，借助相关的编程软件或者动画制作软件生成一系列的景物画面，它的形成依托于人类视觉具有的“视像暂留”特性。视觉实际上是靠眼睛的晶状体成像，靠感光细胞感光，并且将光信号转换为神经电流，传回大脑引起人体视觉。感光细胞中感光色素的形成需要一定时间，因此光一旦在视网膜上成像，停止作用后仍会保留一段短暂的时间（约为 1/20～1/10 秒）。这样一来，一系列快速切换的静态画面就会因视觉暂留作用而给观看者造成一种连续的视觉印象，产生逼真的动感，形成一种流畅的视觉变化效果，这就是动画的形成原理。

数字动画自出现以来便被广泛应用，它大大降低了动画的制作成本，解决了传统动画无法解决的难题。传统手绘动画的工作量是很大的，一秒钟的画面，看似很短很简单，但却需要十几帧图片连续构筑而成。手绘动画片的前层人物和背景层合于一个层面上，背景在无变化的情况下每帧图片仍需重复绘制，这也会增加因绘制不统一所形成的视频频闪现象等问题。而数字动画出现以后，通过计算机图像处理的分层功能和图层叠加功能，将动画片分镜头台本中背景层与运动层分开，就解决了上述问题。借助数字动画技术，一秒钟的动画有时只需要一张图，在不同角度进行变换和处理，即可呈现出丰富多彩的效果。

二、数字动画的分类

从动画的性质来划分，数字动画可以分为两大类：帧动画和矢量动画。帧动画是由一帧一帧内容不同而又相联系的画面连续播放而形成的动画视觉效果。这种动画运用了传统的动画表现方式，构成动画的基本单位是帧。我们创作传统帧动画时就要将动画的每一帧描绘下来，然后将所有的帧排列并播放，工作量会很大。现在使用计算机作为动画制作工具，只要设置好能表现动作特点的关键帧，中间的动画过程会由计算机计算得出。传统的动画片、电影特技等都可用这种方式来创作。

矢量动画是经过计算机计算生成的动画，表现为变换的图形、线条和文字等。这种动画画面其实只有一帧，通常由编程或是矢量动画软件来完成，是纯粹的电脑动画形式。

从空间概念来划分，数字动画可以分为二维动画和三维动画。二维动画也叫平面动画，只具有上下、左右两个方向的平面空间。它运用传统动画的概念，通过平面上物体的运动或变形来实现动画的过程，具有强烈的表现力和灵活的表现手段。在二维动画制作时，可以先手绘出动画形象，然后借助计算机上相关的二维动画技术软件进行描线、上色以及声音画面的特殊处理等，最后形成二维动画。常见的创作二维动画的软件有 Flash、Animo、Toonz、Retas Pro、USAnimation 等。

三维动画是指模拟三维立体场景中的动画效果，虽然它也是由一帧帧的画面组成，但它具有立体感和空间感。通过计算机可以塑造一个三维的模型和场景，而不需要为了表现立体效果去单独设置每一帧画面。三维动画需在电脑上完成所有的制作工作，借助电脑软件可以制作出逼真的立体画面效果。常见的创作三维动画的软件有 3D Max、Maya、LightWave 等。

三、数字动画的技术参数

（一）帧速度

每一个静态画面称为一帧，而帧速度表示一秒钟的动画内有几帧静态画面，或者说在一秒钟内动画播放了几帧。

（二）数据量

在不计压缩的情况下，每秒数据量是指帧速度乘以每幅图像的数据量。如果某一动画的帧速度为每秒 25 帧，且每一幅图像均为 1 MB，则该动画的数据量每秒将达到 25 MB。

（三）图像质量

图像质量和压缩的倍数负相关，图像质量的好坏直接影响到动画的视觉效果，所以在制作动画时应注意对图片质量的合理选择。

四、数字动画文件格式

（一）GIF 格式

一个 GIF 文件中可以存储多幅彩色图像，如果把存于一个文件中的多幅图像数据逐幅读出并显示到屏幕上，就可构成一种最简单的动画。目前互联网上大多数的彩色动画文件为 GIF 格式。

（二）FLIC 格式

这是 Autodesk 公司在其 2D/3D 动画制作软件中采用的彩色动画文件格式，它被广泛用于动画图形中的动画序列、计算机辅助设计和计算机游戏应用程序。

（三）SWF 格式

这是 Macromedia 公司的动画设计软件 Flash 的矢量动画格式。这种格式的动画可以与 HTML 文件充分结合，并能添加 MP3 音乐，因此被广泛应用于网页设计、动画制作等领域，SWF 文件通常也称为 Flash 文件。

（四）DIR 格式

这是 Adobe 公司的软件 Director 生成的动画格式，扩展名为 DIR。

（五）AVI 格式

AVI 是将语音和影像同步组合在一起的文件格式，AVI 文件目前主要应用在多媒体光盘上，用来保存电影、电视节目等各种影像信息。

第二节　二维动画技术

二维动画在动画发展史上占据着相当重要的地位，在一百多年的发展中取得了辉煌的成就。它超越了现实生活，给人们带来前所未有的视觉体验，成为一门独立且包罗万象的视觉媒体艺术。二维动画技术的历史与动画史一样悠久，经过长时间的不断发展和改进，逐渐形成现在成熟的二维动画技术。二维动画技术应用十分广泛，许多著名的动画片都是采用二维动画技术完成的。

一、二维动画的发展

1906 年，报纸漫画家布莱克顿经过反复琢磨和推敲，不断修改画稿，终于完成了动画作品《滑稽脸上的幽默相》，这是公认的世界上第一部动画影片。迄今为止，动画这门视觉艺术已经走过了一百多年的历史。从迪士尼《米老鼠》的辉煌时代到宫崎骏《千与千寻》的黄金王朝，二维动画吸引了无数忠实观众。在鼎盛时期，大量优秀的动画作品如雨后春笋般涌现出来，如《白雪公主》《木偶奇遇记》《艾丽斯漫游仙境》《睡美人》《狮子王》等。二维动画是对传统手绘动画的改进，与传统手绘动画相比，二维动画可以通过计算机来描线和上色，操作十分简单方便。从制作成本上来看，二维动画的价格比传统的手绘动画便宜得多。从操作技术上看，在二维动画的制作过程中，一旦发现问题，便可以立即在计算机上进行相应的修改，既方便又节省时间；而对于传统的手绘动画，某一幅图像一旦出现问题，便需要重新绘制，十分耗时耗力，对于制作者的技术要求也非常高。二维动画采用平面化的创作形式，它既可以利用计算机完成整个动画的制作过程，包括画面的绘制、镜头运动、特效制作等，也可以先手工绘制各个画面，然后将所有的画面输入到计算机里，再完成描线、上色、中间画绘制等工作。由此可以看出，二维动画不仅具有模拟完成传统手绘动画的功能，而且还可以充分发挥计算机所特有的优势。

20 世纪 90 年代，以动画电影为代表的高端动画艺术发展日新月异，在许多动画影片中，二维动画的背景开始使用三维技术进行制作，如电影《人猿泰山》中的丛林背景就采用了三维技术，此外还有《埃及王子》《蒸汽男孩》等。三维特色为二维动画带来了奇妙的效果，这种结合一度使二维动画的发展进入了快车道。但随后，三维动画横空出世了，不少优秀的三维动画，如《玩具总动员》《恐龙》《怪物史莱克》《怪物公司》等取得了巨大的成功，这种高技术精度的动画影片一时间领跑世界动画产业，使得二维动画的发展开始变得艰难。所有艺术形式都要紧跟历史发展的步伐，不然将会埋没在时间的尘埃中，二维动画亦是如此。当今世界，动画影视作品数不胜数，二维动画能否取得更好的发展，这取决于怎样对其进行改革。只要努力寻求新的结合点，不断突破创新，与三维技术更好地结合，二维动画就一定能够在动画舞台上重新站稳脚跟并大放异彩。

二、二维动画的应用领域

1. 公益宣传领域的应用。在我国的公益宣传工作中，二维动画的应用发挥着重要的作用，有助于呈现真人实景不便呈现的内容，使人们印象深刻，激发人们的公益心。

2. 网络领域的应用。网络动画的出现是二维动画应用的重要突破，现在手机媒体中经常使用的软件和游戏的动画画面一般都是二维动画。

3. 影视领域的应用。作为影视艺术的组成部分，二维动画与电影制作具有很多的共通点。将二维动画应用到电影制作领域，既可制作出丰富的动画电影，也可以提高其他电影的艺术质量，丰富视觉效果。

4. 企业产品宣传领域的应用。二维动画能生动形象地展示出产品的结构、特点、功能、工作原理以及常见操作指南等，使人们直观、翔实、全方位地了解产品信息，从而增强对产品的认知度和接受度。

三、二维动画的特点

二维动画的场景和形象具有极强的平面装饰感，它往往弱化场景的空间感和透视感，而增强前景和主体的表现力。

优秀的二维动画创作者需要对现实生活中的形象进行长时间的观察和临摹，掌握角色的形象、结构、习性以及习惯动作等，然后充分发挥想象力将这些形象概括和提炼并进行夸张变形处理，用简洁而富有表现力的线条和轮廓来绘制出艺术形象。因此，二维动画多从生活出发，剧情发展的节奏强，角色动作流畅且个性十分鲜明。

二维动画追求的是意境之美，其形象和场景设计并非求“真”，而是求“似”，这与中国传统绘画的意蕴形成呼应。其中，手绘的线条具有行云流水般的柔和飘逸、优雅流畅的运动形态。

二维动画能够将艺术形象的表现形式进行简单化和夸张化，用简练的线条和色彩将艺术形象表现得淋漓尽致。二维动画常常通过观察艺术形象，提炼其本质，并放大其主要特点，凸显动画幽默、浪漫的表现力，使动画具有鲜活的艺术生命力。

四、二维动画的制作

传统的二维动画制作可以分为以下三个阶段：

（一）动画的前期制作

1. 文学剧本的确定

（1）策划新片。由动画制作公司、发行商以及相关产品的开发商共同策划动画片的选题，预测此类动画片的市场前景，研讨动画片的制作、发行等相关问题。

（2）选题报告。针对选定题材进行详细的调研，分析调研结果，改善设计思路。

（3）创作剧本。将动画故事做详尽的情节描述，对故事中人物的服饰、性格、相貌特征等角色形象，以及道具和背景细节给出详细的说明，同时构思出动画中的台词、动作和剧情，并用文字的形式表现出来（如图 4-1 所示）。

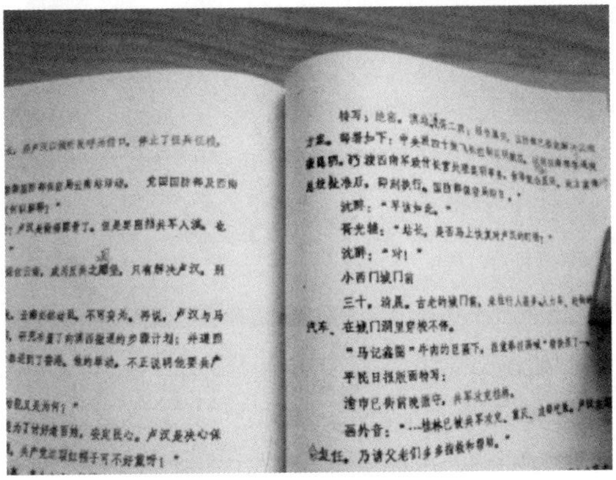

图 4-1　动画剧本的创作

2. 美术设计

（1）确定整部影片的美术风格。

（2）确定造型设计、场景设计、道具设计、特效设计。造型设计要求动画师创作出片中的人物造型；场景设计侧重于人物所处的环境，包括各个主场景的色彩氛围、景物结构图；道具设计是创作故事情节中出现的各种道具；特效设计要求熟悉故事情节，在特定的时间和特定的场景中加入适当的特效，使得情节更富感染力。图 4-2 为场景设计范例和道具设计范例。

3. 绘制画面分镜

按照创作好的文学剧本，将剧情通过镜头语言表达出来，在完成角色设计和场景设计之后，使用电影分镜头的方法将人物放置在场景中，通过不同机位的镜头切换来表达剧情故事。图 4-3 为画面分镜头的例子。

图 4-2　场景设计和道具设计

图 4-3　画面分镜头

（二）动画的中期创作与生产

1. 绘制设计稿

(1) 人物设计。主要包括角色的性格设计和形象设计。动画人物的设计既要符合动画片的主题，又要个性鲜明、独特，才能给观众留下过目不忘的印象。

(2) 背景设计稿。背景是根据分镜头设计稿中的背景部分绘制成的彩色画稿。图 4-4 为人物设计和背景设计的例子。

图 4-4 人物设计和背景设计

2. 原画绘制

创作原画就是动作设计，即按照美术设计稿中的形象、构图及运动路线，将这些人物、动物等角色的每一个动作的关键瞬间绘制出来（如图 4-5 所示）。

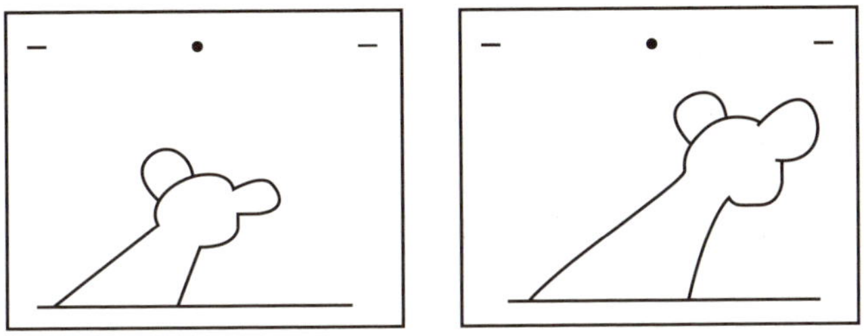

图 4-5 原画绘制

3. 修形和动画。在原画中，某一个镜头的动作可能画了很多张，这时就需要把每一张都按照标准造型修出来，在原画的基础上从透视到结构，再到造型的每一个细节，例如五官、发型、身体的每个部位，甚至是衣服的皱纹和阴影，都要按照标准造型修改，这个过程就是修形。

实现动画的过程，就是在关键帧的原画之间建立动画效果的过程（如图 4-6 所示）。

图 4-6 实现动画效果

（三）动画的后置作业

1. 描线上色

由专业描线软件系统完成描线上色（如图 4-7 所示）。

2. 拍摄

描线上色后的半成品直接交由计算机合成处理，借助计算机卓越的画面处理能力，可以方便地对各层次背景位置、角色位置进行各种调整和对位。

图 4-7　描线上色

3. 剪辑

由非线性编辑软件进行编辑工作，还可以加入更多特效，使影片表现出较强的视觉冲击力和艺术魅力。

4. 配音、配乐与音效

一部影片的声音效果是非常重要的，可以请一些观众熟悉的明星来配音，与情节、人物匹配度高的配音、配乐、音效可以使影片锦上添花。

现如今数字动画在动画制作效率和影片质量上有极大的提高，这要归功于计算机科学技术的不断发展尤其是计算机图形学的深入研究和应用。数字动画是计算机图形学和艺术创作相结合的产物，它让传统动画片的制作程序由计算机来完成。以下是一些常用的二维数字动画制作软件：

（1）传统动画制作。Animator Studio 为 Autodesk 公司推出的 Windows 平台上的二维动画制作软件，集动画制作、图像处理、音乐编辑、音乐合成等多种功能于一体。

（2）GIF 动画。GIF 动画制作简单，广泛应用在网页动画中，常用软件有 Ulead Gif Animator、Fireworks 等。

（3）Flash 动画。使用矢量图形制作动画，具有缩放不失真、文件体积小、适合在网上传输等特点。可嵌入声音、视频、图形等各种文件，还可嵌入 Actionscript 进行编程，实现交互性更强的控制。

第三节　三维动画技术

三维动画也称为 3D CGI 或者视觉叙事，应用非常广泛，是近年来随着计算机技术发展起来的动画表现形式。三维动画自出现以来，在技术革新和艺术表现上不断取得新的突破。

一、三维动画的发展

1995 年，由美国迪士尼公司与皮克斯公司合作的三维动画故事片《玩具总动员》在全球上映，获得巨大成功，该片导演获当年奥斯卡特殊成就奖。此片是第一部在全球上映的三维动画电影，故事情节固然具有极强的吸引力，但是逼真的虚拟画面更让观众瞠目，三维动画的发展从这里起步。2001 年到 2003 年是三维动画技术迅猛发展时期，皮克斯和梦工厂两个动画大厂相继推出自己的三维动画电影，皮克斯制作了《怪物公司》，梦工厂也推出了《怪物史莱克》等，形成了龙争虎斗之势。从 2004 年开始三维动画影片进入全盛时期，皮克斯和梦工厂在三维动画领域的霸权被打破，三维动画市场变成了“多人游戏”，比如华纳兄弟公司在 2004 年推出了极具圣诞气氛的《极地快车》。随后，皮克斯、迪斯尼、梦工厂、福克斯、华纳兄弟等大型影视公司，在激烈的竞争中创造了一个又一个三维动画影片的票房奇迹。2006 年我国也推出了首部三维动画电影《魔比斯环》，在国内种下了三维动画发展的种子。到现在我国已经推出了多部有代表性的三维动画作品，比如《秦时明月》《大圣归来》《熊出没》《哪吒之魔童降世》等。

三维动画设计综合了现代数学、系统控制论、图形图像学、人工智能、软硬件技术和艺术设计等学科的成果。目前，三维动画涉及电视、电影、电子游戏、电子媒体视觉效果等领域，具体体现在影视特技、商业广告、影视片头、工业设计、建筑设计和飞行模拟等方面。比如可以使用数字模型创建动态图片，可以为风景、服装等图像添加一些细节等。在一些现代动画电影中，还可以先绘制或者拍摄好演员的动作，再利用三维软件将其转换成卡通人物的动作，以此制作三维动画。随着科学与艺术的不断融合，计算机三维静画和动画的图形、图像设计将在更多的领域中实现。

二、三维动画与二维动画的比较

近年来随着三维动画电影和游戏的流行，三维动画技术也在不断发展。创作二维动画和三维动画在本质上是相同的工作，都是把原创的想法呈现在平面上或者用计算机软件表现出来。但三维动画的制作过程更依赖于计算机软件，所以更容易对场景进行修改和渲染，或者移动、更换动画对象。而现在的二维动画，通常沿用过去的部分制作工艺，根据某个场景的人和物绘制画面，然后把它们一帧帧连接起来。如果想要更改某些部位，可能需要重新绘制场景，甚至是对整幅图片做出改动。

此外，二维动画是平面图像，有宽度和高度，但没有深度。二维动画中的一切都发生在二维空间，图片是平坦的，仅提供了一个视角。全部光源只是一个相当于太阳光的平行光源，通过场景里设定的光源进行光照时，也许看上去是真实的，但当阴影跟角色重叠时，重叠的部位会变得很暗，甚至会出现阴影消失的平板状态。对于三维动画，由于一切都发生在三维空间，可呈现多角度及有深度的效果，此时光照计算需要光源的方向、视线的方向、面的朝向（法线方向）三个参数，也就是可以通过法线方向的调整，控制阴影的外观。比如把人的脸颊附近的法线调整到和鬓角处接近，当鬓角变暗的时候，脸颊附近也会变暗。因此，三维动画往往更加逼真。

三维动画能够提供一个真实立体的场景，动画中的人物、环境等元素可以根据不同大小、质地、造型等需求进行建模。比如三维动画中的人物形象就是完全在计算机软件模拟出的三维空间内进行创建的，而人物本身也是需要设计的，通过这样的三维建模手段，可以完成对所创建场景的全方位拍摄。也就是说，三维动画是虚拟空间中的世界，所有物体和元素都是立体的，与真实世界的空间排布别无二致，可以近似看作真实物体。最后通过多种模型组成场景和画面，配合模拟灯光和摄像机、设定模型的运动和三维虚拟摄像头预定轨迹等动画参数，实现人物的动作、环境的变化等，并生成运动的连续画面。图 4-8 为二维动画和三维动画的视觉效果区别。

图 4-8　二维动画和三维动画的视觉效果区别

三、三维动画的特点

（一）真三维性

三维动画在被渲染并以静帧画面生成之前，一直是以真三维的形式存在的。

在三维动画软件中,我们可以 360°无死角地对模型进行旋转等操作。

(二) 交互性和虚拟现实性

与传统动画不同,三维动画可以利用外部设备和三维动画设计空间中的物体、人物等进行动态交互,可以对其移动、旋转和染色等,就像是在现实世界中摆弄一个物体一样,而传统动画是实现不了这种效果的。强大的交互性和虚拟现实性使得三维动画超越了传统的艺术设计,在虚拟现实、人机交互、电子游戏等领域也发展得十分迅猛。

(三) 真实性和丰富性

传统动画的每一张图像都需要人工精心设计,效率低下、不易修改,而且绘制图像的颜色也有限;由于手工绘制受到技术水平和人工水平的限制,极难制作出场景复杂、真实性强的动画;在一些特效制作上,比如下雨、粒子等,传统动画也难以达到流畅、真实的效果。而三维动画的制作软件可以提供丰富的颜色、贴图等,还可以提供非常炫酷的特效,使模型表现得丰富多彩且形象逼真。

(四) 经济性

三维动画的制作主要依赖设计软件,用真实世界中摄像机运动的原理来模拟三维虚拟摄像机的运动,可以在虚拟三维场景中进行任意角度、方向的运动,实现了观众以任意角度进行观看的目的,增强了视觉效果的同时也节省了成本。三维设计软件提供了不同的光源,可以模拟出现实世界中光的强弱变化、反射、折射等,并提供了各种辅助功能,比如动力学插件、粒子系统等,使得三维动画、三维影视的制作更加方便高效。

(五) 便捷性

由于三维虚拟镜头可以随意调整,三维动画的制作能够完成现实中难以拍摄的镜头,如具有危险性的场景等,且可修改性较强。三维动画制作软件功能强大,操作灵活,不受天气季节等各类不可控因素的影响。

四、三维动画的制作

近年来主流的三维动画软件主要有:

3D Max、Maya、LightWave 3D、SketchUp。

另外还有一些辅助性的三维动画软件,功能各异,通常称为功能性三维动画软件,如 Poser、ZBrush、RenderMan Pro 等。辅助性三维动画软件的功能相对单一，但使用效果更胜一筹。

三维动画制作主要分为以下三个阶段：

（一）三维动画的前期制作

这一阶段的主要任务是对三维动画的制作过程进行规划，包括剧本的编写、人物和造型的设定、场景的设计、故事板和概念的制作等。除此之外，有时还会有一些设计草图和概念实物的制作。其中故事板是前期制作中关键的一步。故事板是故事概念的可视化表现，其形式为一系列插图，并在两个维度上展现要表达的故事。第一个维度是时间维度，即情节发生的先后顺序。第二个维度是交互，即展示各个镜头之间的关系，例如如何使用过渡效果使两幅画面联系到一起，故事如何与配乐相结合，等等。总之，故事板是三维动画制作的灵魂，表达了制作者的创作意图（如图 4-9 所示）。

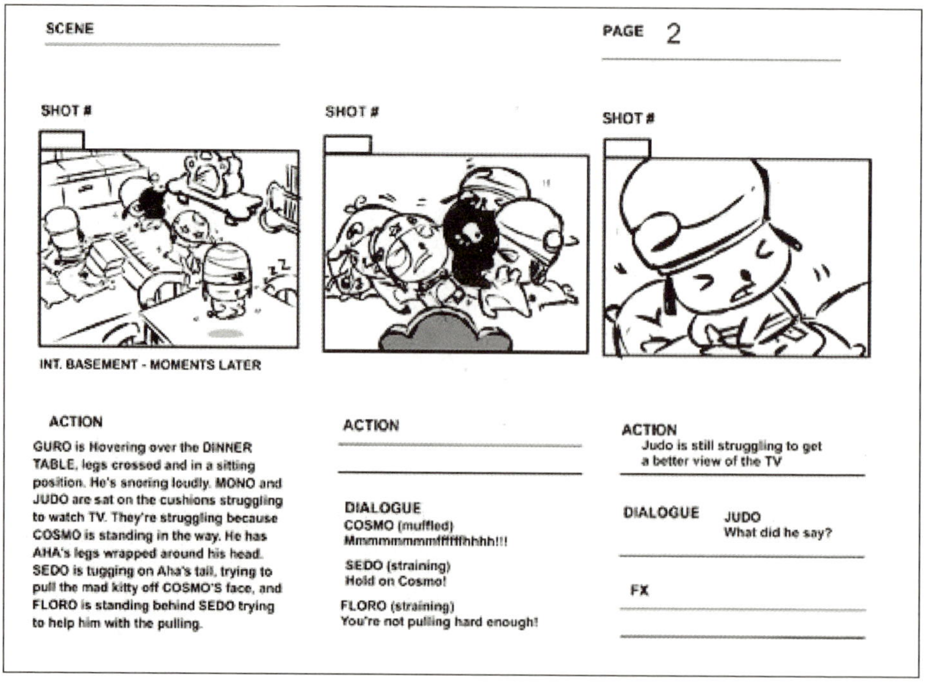

图 4-9　三维动画故事板

（二）三维动画的中期制作

中期制作是三维动画制作中最为核心的阶段，主要包括建模、纹理、蒙皮、动画、灯光、三维虚拟摄影机的控制和渲染等。

1. 三维建模

三维建模不是传统意义上的绘图。在故事板完成之后，创作者就开始对道具、环境和角色进行构建。

建模是构造一个完整的三维形状的过程，运用计算机软件为动画中的环境、物体和人物建立虚拟的数字化模型。创建三维模型最典型的方法是利用三维动画软件的特定功能将原始的简单模型扩展调整为一个更加细腻的形状。三维建模是三维动画制作中极其重要的一个环节，建模的质量直接影响到材质、灯光等步骤的效果。图 4-10 为一辆汽车的三维建模。

2. 纹理

纹理是对模型进行装饰的步骤。在创建三维模型时，可以将二维图像覆盖在三维模型的表面上，添加颜色、图案和纹路，这就是所谓的纹理，这些二维图像可以在 Photoshop 等程序中制作。纹理操作过程就像直接在模型上绘制一样轻松，图 4-11 所示为纹理处理后的效果。

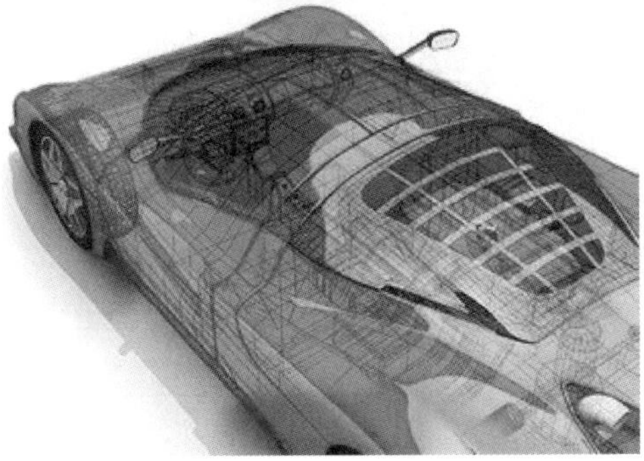

图 4-10　汽车的三维建模

图 4-11　带纹理的效果

3. 蒙皮

蒙皮是一种把模型绑定到骨骼上的制作技术。让角色能够行走、说话是三维动画中的重要环节，这一阶段称为蒙皮。蒙皮是驱动角色运动的基本系统，可以使三维动画中的角色栩栩如生，图 4-12 为蒙皮效果。

4. 动画

动画是使三维物体运动起来的步骤。动画有两种表现类型，第一种是关键帧动画，即动画师在每一帧的基础上进行操作，

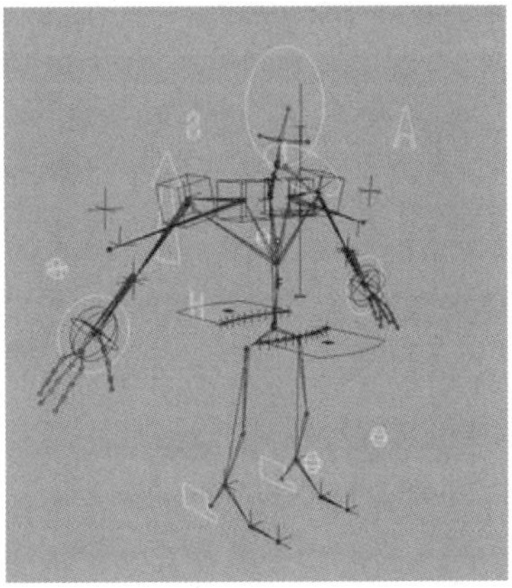

图 4-12　蒙皮效果

由计算机自动生成两帧之间的运动过程。第二种是路径动画,通过设定一定的运动轨迹,使角色跟随曲线进行各种运动,或者将导入运动捕捉产生的数据附加到角色模型上,从而生成和现实相同的动作。图 4-13 为动画效果。

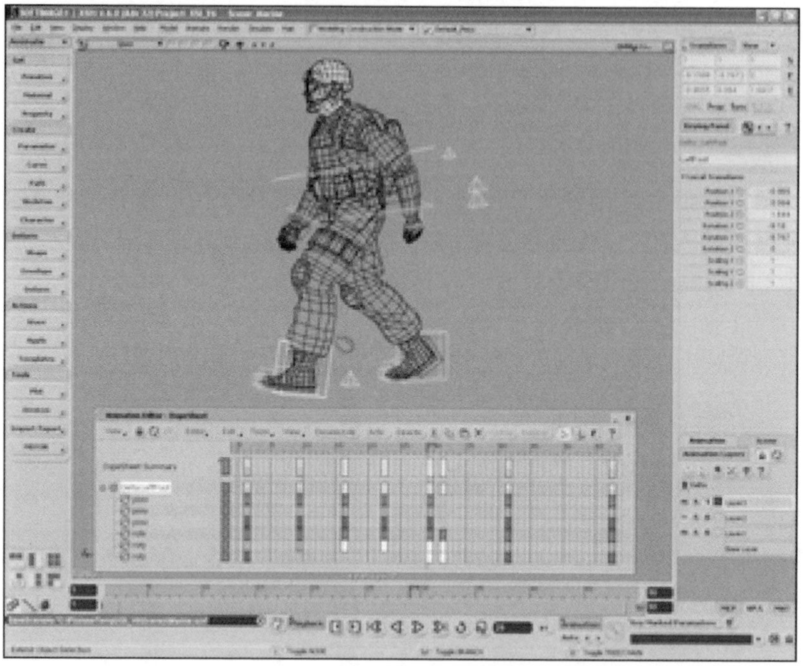

图 4-13 动画效果

5. 灯光

灯光是一种让场景表现更加鲜活的步骤。三维动画中的灯光可以模拟出现实世界中的各种光,比如自然光、灯光和自发光等,还可以控制光源的强度、方向等。三维动画中的灯光模拟现实世界中光的自然原理,如果使用得当,可以让三维场景显得更加真实。图 4-14 为灯光效果。

6. 虚拟摄像机控制

虚拟摄像机是一个神奇的工具,它不受现实世界的物理限制,使用方式与现实世界中的摄像机类似,可以设置调整焦距、景深等,还可以实现类似于实景电影制作中的运动模糊、轨道和平移等效果。虚拟摄像机没有重量和大小的限制,能移动放置在任何位置,甚至微小物体内部。一旦在三维场景中创建了一个摄像机,三维动画制作人员就可以从虚拟摄像机的视角来观察场景。

7. 渲染

渲染图像是三维图像制作的最后一步,是指生成图像的过程。渲染使在软件中已经设定好的各种模型、纹理、灯光等参数得以输出,产生完整的图像或者三维动画效果。好的场景渲染涉及很多方面,包括虚拟相机的位置、灯光的选择等。图 4-15 所示为渲染图像后的效果。

图 4-14　灯光效果

图 4-15　渲染图像后的效果

(三) 三维动画的后期制作

三维动画后期制作阶段的主要任务包括:各种视觉特效的合成、剪辑、配音配乐及最终的输出等。

1. 视觉特效(VFX)合成

很多场景需要视觉特效的合成,如爆炸、蒸发和形变等,还有舞台的扩展(在后期制作中使舞台更大)、环境的建造(从单个建筑到完整的动画世界)、蓝绿色替换(在蓝色或者绿色幕布前拍摄,然后替换掉蓝色或者绿色背景)等。基本上,现场拍摄的镜头与计算机生成的场景进行融合的方法都属于合成。图 4-16 为合成的爆炸特效。

2. 配乐和音效

配乐和音效的添加丰富了动画的听觉体验,给动画奠定了情感基调。配乐人员可以为三维动画"再现"某种声音,或者增加现有声音,创造出更加丰富的音轨。

3. 最终的编辑与输出

这是整个三维效果制作的最后一步,确保合成、渲染、配乐、音效能够同步,

图 4-16　合成的爆炸特效

从而得到一个完美的三维图像或者动画。

第四节　数字游戏

数字媒体作为一种全新的媒体技术，已被西方艺术界公认为继绘画、雕刻、建筑、音乐、诗歌、舞蹈、戏剧和影视剧之后的第九大艺术。而随着新媒体时代的来临，数字游戏也成为人们日常生活中休闲娱乐的重要项目，它拥有商业性和文艺性双重性质，玩家可以通过数字游戏进行在线互动交流。数字游戏影响力日渐增加，已经逐步成为当代社会文化的重要组成部分。

一、数字游戏的概念与发展

游戏是人类历史中重要的社会文化现象，自古以来就是人们日常生活中的一部分。比如在我国古代就有一些广泛流传的游戏，比如蹴鞠、投壶等。游戏本身不只具有娱乐性，还具有一定的功能性，如增强人体的运动能力、注意力和想象力等，有些游戏更融合了民族文化的特点，比如中国象棋就融合了我国古代作战的风格和智慧。

20 世纪以来，随着集成电路和微型处理器的发展，小型计算机出现，信息传输更加便捷，人类进入了信息化时代，游戏也从实体慢慢转入数字化。从最初把游戏规则内化为数字化程序开始，就出现了数字游戏的概念。数字游戏不仅仅是计算机游戏、电脑游戏，现在已经融入人们生活中的每一个智能设备中，比如智能手机、PC、可穿戴设备等，甚至还有专门为游戏生产的个人游戏设备，如索尼 PlayStation 系列主机。所以,数字游戏并不是指仅仅在某类设备上才能运行的游戏,无论是网络游戏、单机游戏、手机游戏、虚拟现实游戏等,它们的开发、运行和传播都基于数字化平台和数字化技术。

“数字游戏”主要指随着数字媒体技术的不断进步,以数字化设备作为载体而设计运行的各种游戏的总称。这一概念在 2003 年数字游戏研究协会(Digital Games Research Association,简称 DiGRA)上被正式提出,随后,用“数字游戏”来统摄各种数字化的游戏形式,包括“电子游戏”“视频游戏”“网络游戏”“手机游戏”以及“家用游戏机游戏”等。数字游戏是当今网络时代一种新型的游戏传载方式,与传统的实体游戏相比,数字游戏并不是以类似软盘、卡带、光盘等实体的形式出现,实际上它只是一种网络数据,只能在终端游戏设备之间进行相互转移和拷贝,有非常好的共享性。随着新媒体时代的来临,数字游戏作为数字新媒体艺术中的独特门类,得到了非常迅速的发展,给人们带来十分新颖的交互体验、叙事方式和意义生产场域,目前还衍生出了“电子竞技”“游戏直播”等文化实践,成为 21 世纪继影视之后最流行的大众艺术与文化消费方式,尤其受到青少年的喜爱。

数字游戏随着网络技术、虚拟现实技术的发展而日新月异,作为一个新兴的文化创意产业,数字游戏的发展相比于其他文娱类产业具有更好的前景。同时,以数字游戏为依托的硬软件厂商的销售总额也在不断增长。

二、数字游戏的分类

数字游戏的分类方法有很多种,在此按数字游戏运行的平台与游戏设备对其进行分类,目前基本上可以分为以下几类:

(一)单机游戏(Single-Player Game)

单机游戏也称单人游戏,主要指的是玩家只需借助一台电脑就能够独立运行的游戏。单机游戏刚出现时是不能进行联网对战的,但随着网络的普及以及玩家对游戏的要求提高,许多单机游戏也逐渐开始支持互联网,多人联机对战越来越受玩家的喜爱。单机游戏一般包括一机多人、IP 直连以及局域网对战三种“多人游戏”方式。《星际争霸》《反恐精英》等热门游戏都有单机版本。

(二)网络游戏(Online Game)

网络游戏也就是俗称的“网游”,它通过互联网或其他计算机网络进行部分或主要游戏。网络游戏中的多个玩家同时在线,通过计算机上的游戏软件平台进行交互,共同完成游戏设计的虚拟任务并取得虚拟成就。网络游戏在现代游戏平台上无处不在，包括个人电脑、游戏机和移动设备等，并且涉及很多类型，包括第一人称射击游戏、战略游戏和大型多人在线角色扮演游戏等，为玩家所熟知的网络游戏有《魔兽世界》《英雄联盟》《DOTA2》《最终幻想》等。

（三）网页游戏（Web Game）

网页游戏是网络游戏的一种，又称 Web 游戏、无端网游，也简称为“页游”。不同于以往的网络游戏，玩家不需要下载客户端，只需要打开浏览器，就可以轻松地进行在线多人互动游戏。一般的网页游戏会提供各种题材和各种类型供用户选择，典型的网页游戏有《贪玩蓝月》《山海经》《第九城市》《逸飞岭》等。

（四）移动终端游戏（Mobile Game）

移动终端游戏指的是运行于智能移动终端（如 PSP、智能手机、平板电脑等）上的游戏。由于手机是最流行、最具代表性的移动终端，所以移动终端游戏主要指的是手机游戏，俗称“手游”。随着科技的发展，现在手机的功能越来越多，性能越来越强大，普及面越来越广，在当下的游戏产业中，手机游戏市场规模日益扩大，有着巨大的发展潜能。移动终端游戏依托于移动客户端应用程序（APP），主要利用玩家碎片化时间，以达到休闲娱乐的目的，具有代表性的游戏有《贪吃蛇》《愤怒的小鸟》《天天爱消除》等。

（五）电视游戏（TV Game）

电视游戏通常是指用电视屏幕作为显示器或交互终端的电子游戏。除了电视以外，多数电视游戏还需要用户配备该款游戏对应的游戏机（又称为“平台”）。较为主流的游戏机有微软的 X-BOX360、索尼的 PlayStation 系列、任天堂的 Wii 等。比较著名的电视游戏有《超级马里奥》《魂斗罗》《银河战士》等。

（六）街机游戏（Arcade game）

街机是一种放在公共娱乐场所的经营性的专用游戏机，街机游戏就是在街机上运行的游戏。由于互联网和其他类型游戏的冲击，街机游戏在逐渐萎缩，或许传统的街机游戏最终会被历史所淘汰，但目前它还在推陈出新，在许多公共场所或娱乐场所都还可以看到一些大型的投币专业游戏机。比较知名的街机游戏有《街头霸王》《恶魔战士》《拳皇》等。

（七）其他平台游戏

现代科技发展日新月异，各种数字化设备平台不断出现，尤其是以 VR 技术为支撑的可穿戴设备的出现，给传统的游戏平台创造了新的突破。它不仅使游戏更具逼真效果，也更能让玩家沉浸其中。具有代表性的游戏设备有微软的Hololens、谷歌的Cardboard、三星的Gear VR、索尼的PS4等。如今，已经有很多款游戏支持VR设备或发布了VR试玩版，例如以太空遨游为题材的游戏《Blue Marble》，恐怖冒险游戏《The Underworld》以及创造生存类游戏《我的世界》等。值得注意的是，随着各类终端互联互通，很多游戏都支持跨终端使用。

三、数字游戏的特点

与传统游戏相比，数字游戏具有如下特点：

（一）模仿真实事物

不论是什么游戏，其游戏规则和模式的制定，都是对现实的一种折射和反映。与传统游戏相比较，数字游戏的主要特点是对现实模仿的真实性。传统游戏采用的模式都比较简单且较为抽象。比如纸牌中的“A”“Q”“J”等，采用的是文字书写的方式。而在数字游戏中，其模式都采用拟真化，游戏里出现的人物、高楼、车辆等都是根据现实生活中的真实事物的形状和规则来改造构建的。数字游戏的这种模仿真实性是其区别传统游戏的重要标志之一。

（二）实现技术复杂

数字游戏采用的实现手段是相当复杂的。传统游戏中使用的道具及制作流程比较简单，比如跳棋仅由六种颜色的棋子和一个六角星形的棋盘组成。而数字游戏的组成和制作过程则复杂得多，想要完成一个数字游戏，需要制定众多的规则，然后根据规则进行程序开发、美术制作等。即使只是让人物在场景中简单地走动起来，都需要进行繁复的设计和制作。

（三）极强的表现力

数字游戏综合了剧情、美术、音乐等，这是传统游戏所不具备的，也让数字游戏比传统游戏有更强的表现力和感染力。某些传统游戏也有剧情，但是场景是不变的，而数字游戏里的场景和效果是根据玩家的选择或行为而变化的，使玩家更有代入感。比如在玩《QQ飞车》的时候，玩家可以选择不同的场景，不同的背景音乐，可以根据场景地图抄近道或弯道漂移以超过对手等，使玩家体验到身临其境的感觉。

（四）互动内容丰富

传统游戏的游戏规则和目的都比较简单，这使玩家在参与游戏的过程中，相互之间的交流或行为也比较简单。比如玩跳棋,每一位玩家使用跳棋一个角,拥有一种颜色的棋子,六个人只是在棋盘上表达自己的意图,除此之外并无其他交流内容。但是在数字游戏中,可与玩家交互的内容非常丰富,不仅包括对手、NPC 等,还包括环境因素,如用户移动到另一个地方之后可能天气发生改变;还包括一些不可控因素,如游戏中的怪物可能来攻击,等等。此外,数字游戏还给玩家提供了很多自主选择,如可以通过完成任务来获取游戏金币、升级,也可以通过充值获取金币,还可以使用积分来升级技能,等等。

(五) 时间空间的虚拟性

一般来说,传统游戏在玩家脑海中映射的时间和空间与游戏产生的时间和空间是吻合或相对一致的。比如,四个人坐在一起玩纸牌,在玩家的认知里,游戏的时间和地点就是现实世界中的时间和地点。但是在数字游戏中,玩家脑海中映射的时间和地点,与游戏发生的地点和时间并不相吻合,玩家可以体验各种时空、扮演各种角色。比如,玩家在家里玩《铁血大宋》的时候,游戏提供的时间和空间是在古代某地,玩家可"穿越"到宋朝去抵御外族的侵略。

本章即测即评

第五章 数字音频技术

声音是数字媒介中的一个重要组成部分。利用数字化手段对声音进行录制、存放、编辑、压缩或播放的技术称为数字音频技术。自从 1969 年贝尔实验室开始数字音频的研究以来,计算机处理声音以及语音识别、语音合成技术得到了越来越广泛的研究和应用。

第一节 数字音频基础

声音在物理学上称为声波,是通过一定介质传播的一种连续振动的波。声音在传播过程中由空气振动引起人的耳膜振动,从而使人感知到不同的声音,如人的话音、乐器的声响、动物的叫声、机器产生的声音以及自然界的各种声音等。声音被分为无规则的噪音和有规则的音频信号;有规则音频信号是一种连续变化、周期性的模拟信号,可用一条连续的曲线来表示。

声波有三个基本参数:振幅、频率、波形。振幅反映声音的音量,频率反映声音的音调,波形反映声音的音色,即声音的纯度。频率为 20 Hz~20 kHz 的波称为音频波,也就是一般人的听觉器官所能感知的声音频率范围;频率小于 20 Hz 的波称为次音波;频率大于 20 kHz 的波则称为超音波。虽然人的发音器官发出的声音频率是 80~3400 Hz,但人说话的声音频率通常为 300~3000 Hz,在这种频率范围内的信号称为话音信号。数字媒介技术所处理的主要是音频信号,包括音乐、语音和音效(风雨声、鸟叫声、机器声)等。

声音的质量可根据声音的频率范围来划分,例如:电话声音的频率范围为 200 Hz~3.4 kHz,调幅广播声音的频率范围为 50 Hz~7 kHz,调频广播声音的频率范围为 20 Hz~15 kHz,数字激光唱盘(CD-DA)声音的频率范围为 10 Hz~20 kHz。

一、数字音频的主要技术指标

数字音频的技术指标直接决定数字音频的效果，通常使用的数字音频技术指标有以下几种。

（一）采样频率

采样频率是指一秒钟内采样的次数。采样频率的选择应该遵循奈奎斯特(Nyquist)采样理论：如果对某一模拟信号进行采样，则采样后可还原的最高信号频率只有采样频率的一半，或者说只要采样频率高于输入信号最高频率的两倍，就能从采样信号重构原始信号。根据该采样理论，CD 激光唱盘采样频率为 44 kHz，可记录的最高音频为 22 kHz。这样的音质与原始声音相差无几，也就是我们常说的超级高保真音质。采样的三个标准频率分别为：44.1 kHz、22.05 kHz 和 11.025 kHz。

（二）量化位数

量化位数是对模拟音频信号的幅度轴进行数字化，它决定了模拟信号数字化以后的动态范围。计算机按字节运算，一般的量化位数为 8 位和 16 位，量化位数越高，信号的动态范围越大，数字化后的音频信号就越可能接近原始信号，但所需要的存储空间也越大。

（三）声道数

声道数有单声道和双声道之分。单声道即只有一个音频通道记录声音。双声道又称为立体声，在硬件中要占两条线路，音质、音色好，但立体声数字化后所占空间比单声道多一倍。

（四）编码算法

编码的作用，其一是采用一定的格式来记录数字数据，其二是采用一定的算法来压缩数字数据以减少存储空间和提高传输效率。压缩算法包括有损压缩和无损压缩。有损压缩指解压后数据不能完全复原，要丢失一部分信息；无损压缩可完全恢复原始数据而不引起任何失真。压缩编码的基本指标之一就是压缩比，它通常小于 1，压缩越多，信息丢失越多、信号还原后失真越大。根据不同的应用需求，应该选用不同的压缩编码算法。音频数据压缩比等于压缩后的音频数据量除以压缩前的音频数据量。

（五）数据率

数据率为每秒传输的 bit 数，又称比特率。它与信息在计算机中的实时传输有直接关系，而传输的总数据量又与计算机的存储空间有直接关系。因此，数据率是使用计算机处理音频时要掌握的基本技术参数。

原始的音频数据一般需要编辑加工后才能使用。通过编辑可以实现各种声音混合、消除或减少声音中的畸变等。一般的音频编辑软件都具有设置音量、渐强渐弱处理及多通道混合等常用功能。音频处理的一大目的是音频压缩，最新的语音压缩算法可将原始声音数据压缩 6~8 倍，甚至更高。

二、音频数字化

人耳听到的声音是一种具有振幅、频率的声波，通过话筒等传感器可以把机械振动转变成相应的电信号，这种电信号是一种在时间和幅度上连续变化的模拟信号。即音频由连续变化的模拟信号构成，而计算机是一种数字信号处理器，只能处理数字信号，因此，由自然音源而得的音频信号必须经过一定的处理，变成二进制数据后才能输入计算机进行再编辑和存储，即必须把模拟音频信号转换成用“0”和“1”表示的数字信号，得到数字音频文件，这就是音频的数字化。

音频的数字化涉及采样、量化及编码等多种技术，具体处理过程如图 5-1 所示。

图 5-1　音频数字化过程

（一）采样

音频是随时间而变化的连续信号，要把它转换成数字信号，必须先按一定的时间间隔对连续变化的音频信号进行采样。一定的时间间隔 T 为采样周期，$1/T$ 为采样频率。根据采样定理，采样频率应大于等于声音最高频率的两倍。

采样频率越高，在单位时间内计算机取得的声音数据就越多，声音波形表达就越精确，而需要的存储空间也就越大。

（二）量化

声音的量化是把声音的幅度划分成有限个量化阶距，把落入同一阶距内的样值归为一类，并指定同一个量化值，即把声音波形连续幅度的离散化通过量化来实现，就是把信号按强度划分成若干小段。如果幅度的划分是等间隔的，就称为线性量化，否则就称为非线性量化。图 5-2 为声音波形的采样和量化。

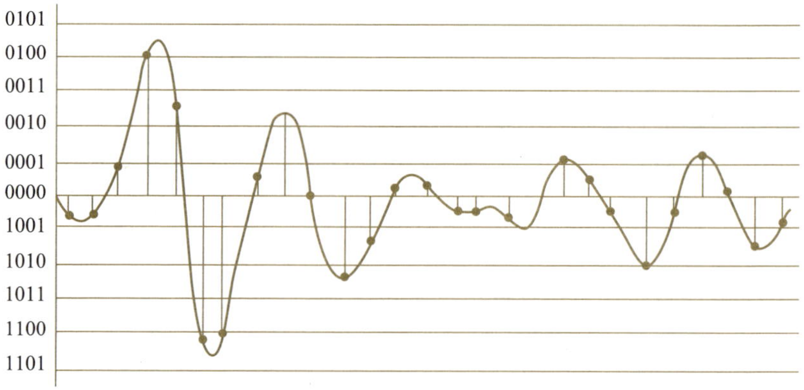

图 5-2　声音采样和量化

量化值通常用二进制表示，表达量化值的二进制位数称为采样数据的比特数，即量化位数。采样数据的比特数越多，声音的质量就越高，所需的存储空间也就越大；采样数据的比特数越少，声音的质量就越低，而所需的存储空间就越小。例如市场上销售的 16 位声卡（量化值的范围为 0～65 536）就比 8 位的声卡（量化值的范围为 0～256）质量高。

1 秒声音的存储量可用下式表示：

$$v=\frac{f_c\times B\times S}{8}$$

式中，v 为存储量，f_c 为采样频率，B 为量化位数，S 为声道数。

（三）编码

计算机系统的音频数据在存储和传输中必须进行压缩，但是压缩会造成音频质量下降及计算量的增加。

音频的压缩方法有很多，无损压缩包括不引起任何数据失真的各种编码，而有损压缩包括波形编码、参数编码和同时利用这两种技术的混合编码。

波形编码方式要求重构的声音信号尽可能接近采样值。这种声音的编码信息是波形，编码率为 9.6～64 kb/s，属中频带编码，重构的声音质量较高。波形量化法易受量化噪音的影响，数据率不易降低。这种波形编码技术有脉冲编码调制（PCM）、差分脉冲编码调制（DPCM）、自适应差分脉冲编码调制（ADPCM）以及属于频域编码的自适应预测编码（APC）、子带编码（SBC）和自适应变换编码（ATC）等。

参数编码以声音信号产生的模型为基础，将声音信号变换成模型后再进行编码。参数编码的参数有共振峰、线性预测（LPC）、同态等。这种编码方法的数据率低，但质量不易提高，编码率为 0.8~4.8 kb/s，属窄带编码。

混合编码是把波形编码的高质量与参数编码的低数据率结合在一起的编码方式，可以在 4.8~9.6 kb/s 的编码率下获得较高质量的声音。较成功的混合编码技术有多脉冲线性预测编码（MPLPC）、码本激励线性预测编码（CELPC）和规则脉冲激励 LPC 编码（RPE-LPC）等。

三、数字音乐的再现

音乐经过计算机处理并回放的整个处理流程如图 5-3 所示：

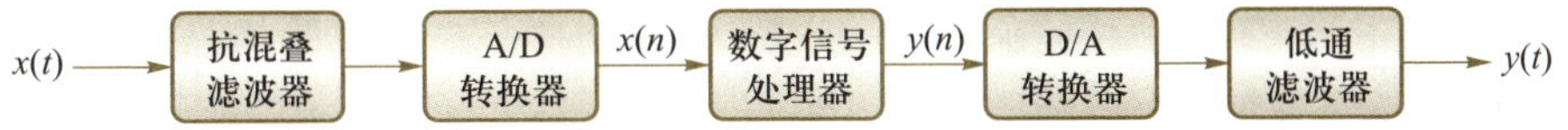

图 5-3　声音经过计算机处理并回放

首先将模拟音乐信号通过抗混叠滤波器，滤除掉高于最高频率的分量，以防信号频谱的混叠。然后通过模数（A/D）转换，变成计算机所能处理的数字音乐信号。计算机存储、编辑或其他处理后的数据再经过数模（D/A）转换和低通滤波器，还原成模拟信号，经放大输出到音响或耳机等设备，变成人耳能够听到的音乐。

数字音频技术相比模拟音频技术而言，在存储、处理、传输和复制方面都有明显的优势，如便于存储、便于后期处理、在传输和复制中无失真等。

四、合成音乐

合成音乐是指通过一定的原理和方法来生成所需的音频波形，它是伴随着电子乐器而出现的。合成音乐或声响效果可以直接采用波形音频产生，但最常用的还是电子乐器数字接口 MIDI（Musical Instrument Digital Interface）。MIDI 音频与波形音频完全不同，它不对声波进行采样、量化、编码，而是将电子乐器键盘的演奏信息（包括键名、力度、时间长短等）记录下来，这些信息称为 MIDI 信息，是乐谱的一种数字式描述。对应于一段音乐的 MIDI 文件不记录任何声音信息，而只是包含了一系列产生音乐的 MIDI 消息。播放时只需从中读出 MIDI 消息，生成所需的乐器声音波形，经放大处理即可输出。

MIDI 是 1983 年由世界著名电子乐器制造商 Yamaha、Roland 等公司联合建立的一个通过电缆将电子音乐设备连接起来的协议。它规定了电子乐器与计算机之间进行连接的电缆与硬件方面的标准，以及电子乐器之间、电子乐器与计算机之间传送数据与控制信号的方法。它指示乐器(即 MIDI 设备)要做什么、怎么做,如演奏音符、加大音量、生成音响效果等。MIDI 不是声音信号,它是发给 MIDI 设备或其他装置让其产生声音或执行某个动作的指令。MIDI 标准使不同厂家生产的电子合成乐器可以互相发送和接收音乐数据。随着 MIDI 标准的施行,计算机成为电子合成乐器间的控制环节,出现了大量可进行记录、存储、编辑和播放乐谱(音符表或音符序列)的计算机软件。

MIDI 音频的处理过程如图 5-4 所示。

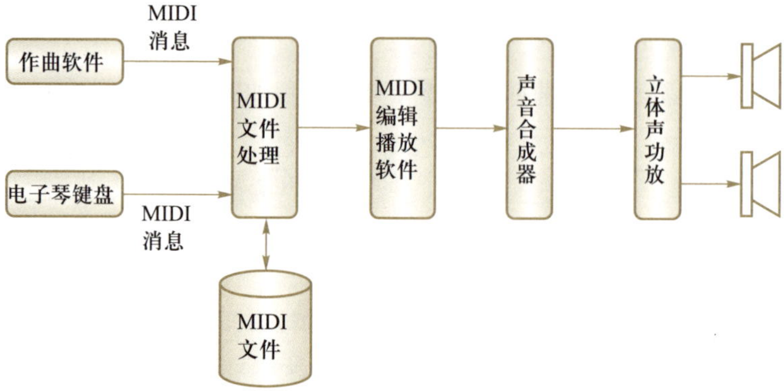

图 5-4　MIDI 音频的处理过程

MIDI 音频与数字音频主要有以下区别:

1. 数字化声音用采样得到的声音经数字化后的数值来表示,而 MIDI 文件是让合成器发声的指令。与数字化声音相比,MIDI 文件更紧凑,所占空间小,其大小与回放的质量完全无关。通常,MIDI 文件所占空间是 CD 质量的数字化声音文件的 1/1000~1/200,比较节省内外存空间和 CPU 资源。在某些情况下,如果用的 MIDI 声源较好,MIDI 音频有可能发出比数字化声音质量更好的声音。

2. 在不需要改变音调或降低音质的情况下,可以改变 MIDI 的文件长度(通过改变其速度)。MIDI 数据是可编辑的,可以用多种方法来处理它的每一个细节(可达亚毫秒的精度),甚至可修改音乐的乐谱。而在处理数字化声音时,这些方法完全用不上。但是,因为 MIDI 数据并不是声音,当 MIDI 回放设备与产生时所指定的设备相同时,回放的结果才是精确的。另外,MIDI 不适合回放对话等语音。

3. 数字化声音可根据需要调整采样的大小和频率,以获得不同质量的声音,因此其质量的一致性和可靠性都比较好,而 MIDI 在这一点上就比较差。另外,数字化声音有更多的应用软件和系统支持,创建数字化声音不需要掌握许多音乐理论知识,而 MIDI 则要求掌握比较多的音乐理论知识。

第二节　数字语音处理技术

语音是人类沟通和交流的最便捷方式,在数字媒介传播中也具有十分重要的地位和作用。数字语音处理主要包括语音获取、语音合成、语音增强和语音识别等。

一、语音获取

数字语音的获取方式主要有三种:一是从视频中截取,二是从内存卡或光盘等存储媒介中转换而来,三是计算机现场录制。由于第一、二种方式都比较简单常用,下面我们主要介绍第三种方式。

首先,录制前我们需要做一些准备工作,包括计算机软件和硬件两方面:硬件有麦克风、耳机、音箱;软件有 Windows 自带的“录音机”程序或 Cooledit 等音频处理软件。

如果是通过 Windows 系统自带的“录音机”程序录制语音,打开“录音机”程序,找到音量控制里面的录音控制,调节好麦克风音量,鼠标点击界面中红色的圆点即录音键就可录制语音了。

如果是通过 Cooledit 等软件进行录音,打开相应软件界面,调整到单轨模式,同样点击圆点按键就可录音。和“录音机”程序不同的是,它会弹出对话框,要求设置采样率,一般默认即可。

语音采集过程中要注意监听,以保证音效;还要注意话筒朝向,以减少干扰。

二、语音合成

语音合成的目的是让计算机模仿人类的语言发音来将普通文本转换为语音。它涉及声学、语言学、计算机科学等多个学科技术。

常用的语音合成方法主要有以下几类:

(一) 波形编码合成法

波形编码合成法类似于语音编码中的波形编解码方法,该方法直接把要合成的语音的发音波形进行存储或者进行波形编码压缩后存储,合成重放时再解码组合输出。其特点是实现相对简单,但所需的存储容量太大,词汇量不能很多,通常只能合成有限词汇的语音段。目前主要用于自动报时、报站和报警等场合。

还有另一种波形编码语音合成法,即通过选取音库中采用自然语言的合成单元的波形,对这些波形进行编辑拼接后输出。它采用语音编码技术,存储适当的语音基元,合成时,通过解码、波形编辑拼接、平滑处理等方式输出所需的短语、语句或段落。

(二)参数合成法

也称为分析合成法,是早期语音合成的常用方法,可分为发音器官参数合成和声道模型参数合成。发音器官参数合成法是对人的发音过程直接进行模拟。它定义了唇、舌、声带的相关参数,如唇开口度、舌高度、舌位置、声带张力等,由发音参数估计声道截面积函数,进而计算声波。参数合成法的缺点是合成语音的质量不理想,优点是音库一般较小,并且整个系统能适应的韵律特征的范围较宽,这类合成器数据率低,音质适中。为了提高音质,近几年发展出混合编码技术,以改善激励信号的质量。

(三)规则合成方法

规则合成方法通过语音学规则产生语音,可以合成无限词汇的语句,是一种高级的合成方法。合成的词汇表不是事先确定的,系统中存储的是最小语音单位的声学参数,以及由音素组成音节、由音节组成词、由词组成句子和控制音调、轻重音等韵律的各种规则。其中较有代表性的算法是基音同步叠加技术(PSOLA)。这种技术在语音波形片段拼接之前,首先根据语义,用 PSOLA 算法对拼接单元的韵律特征进行调整,使合成波形既保持了原始语音基元的主要音段特征,又使拼接单元的韵律特征符合语义,从而获得很高的可懂度和自然度。

表 5-1 为三种语音合成方式的比较。

表 5-1　三种语音合成方式的比较

项目		波形合成方式	参数合成方式	按规则合成方式
语音质量	可懂度	高	高	中
	自然度	高	中	低
词汇量		小(500 字以下)	大(数千字)	无限
合成方法		PCM、ADPCM	LPC、LSP、共振峰	LPC、LSP、共振峰
数码率		9.6~64 kbit/s	2.4~9.6 kbit/s	50~75 kbit/s
1 兆比特可合成的语音长度		15 秒~100 秒	100 秒~7 分	无限
合成基元		音节、词组、句子	音节、词组、句子	音素、双音素、音节
装置		简单	比较复杂	复杂
硬件主体		存储器	存储器和处理器	处理器

(四) 文语转换(Text To Speech,TTS)技术

文语转换技术是语音合成技术的一个重要应用,能将任意文字信息实时转化为标准流畅的语音朗读出来,相当于给计算机装上了人工嘴巴。在文语转换系统中,必须事先对文本进行分析,根据上下文的关系来确定每个字发音的声调,然后用这些声调变化参数去控制语音的合成。文本分析、韵律控制和语音合成这三个模块是文语转换系统的三个核心部分,其结构如图 5-5 所示。

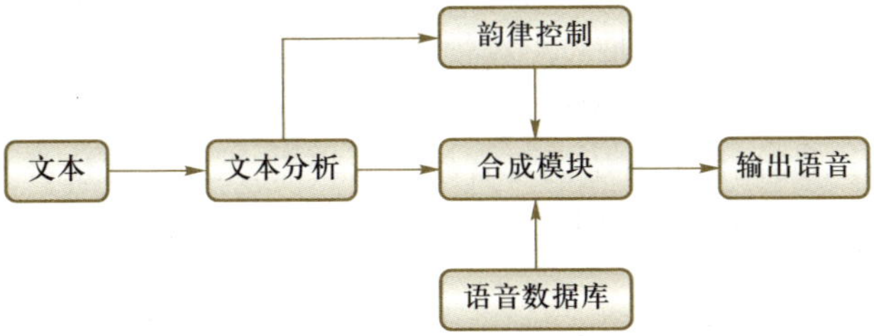

图 5-5　TTS 系统基本框图

三、语音增强

语音编码和语音识别研究通常是在实验室条件下进行的,也就是在信噪比很高或无噪声的环境中进行的。因此当语音处理从实验室走向实际应用时,由于实际环境噪声与干扰的存在,会使许多方法无法使用,性能急速下降。语音增强是指当语音信号被各种各样的噪声干扰、甚至淹没后,从噪声背景中提取有用的语音信号,从而抑制、降低噪声干扰。也就是说要从含噪语音中提取尽可能纯净的原始语音。

语音增强主要有两方面的目的:一是改善语音质量,消除背景噪声,提高语音可懂度,使收听者易于接收不觉疲劳;二是提高语音处理系统(识别器、声码器、手机等)的识别率和抗干扰能力。

语音增强基于语音信号处理理论,而且涉及人的听觉感知和语音学。噪声来源众多,随应用场合不同而特性各异,因此难以找到一种通用的语音增强算法可以适用于各种噪声环境,必须针对不同环境下的噪声采取不同的语音增强策略。

实际应用中语音遇到的噪声干扰可以分以下几类:① 周期性噪声,例如电气干扰,发动机旋转引起的干扰等,这类干扰表现为一些离散的窄频峰;② 冲激噪声,例如一些电火花、放电产生的噪声干扰;③ 宽带噪声,这是指高斯噪声或白噪声等,它们的特点是频带宽,几乎覆盖整个语音频带;④ 语音干扰,例如话

筒中拾入其他人的说话声，或者传输时遇到串音引起的语音干扰。

周期性噪声可以用滤波方法滤除，而使用的滤波器在滤除干扰的同时不应产生影响语音可懂度的副作用，一般可以采用固定滤波器、自适应滤波器和傅里叶变换滤波器等。冲激噪声可以通过相邻的样本值，采取内插方法将其除去，或者利用非线性滤波器滤除。宽带噪声是难以消除的一种干扰，因为它与语音具有相同的频带，在消除噪声的同时将影响语音的质量，现在常用的方法有减谱法、自相关相减法、最大似然估计法、自适应抵消法，以及其他一些自适应技术。此外还可以利用一些试验性能改善听觉效果，这类方法是基于听觉感知器官的某些特性来增强语音的。但是对于宽带噪声，尽管使用了很复杂的处理技术，改善听觉效果却是有限的，只是使噪声不再吵人而已。语音噪声的消除也是很困难的，一般利用不同说话人有不同基音频率的特点，采用自适应技术跟踪某说话人的基音，形成梳状滤波器，这种方法对元音语音处理效果显著，但是处理过程很费时。

常用的语音增强算法分为如下几类：基于谱相减的语音增强算法、基于小波分析的语音增强算法、基于卡尔曼滤波的语音增强算法、基于信号子空间的增强方法、基于听觉掩蔽效应的语音增强方法、基于独立分量分析的语音增强方法、基于神经网络的语音增强方法。

四、语音识别

语音识别，也称为自动语音识别(Automatic Speech Recognition，ASR)，其目标是将人类语音中的词汇内容转换为相应的文本或命令。近 20 年来，语音识别技术取得显著进步，开始从实验室走向市场，应用于人类社会的各个领域。语音识别技术所涉及的领域包括信号处理、模式识别、概率论和信息论、发声机理和听觉机理、人工智能等。语音识别技术主要包括特征提取技术、模式匹配准则及模型训练技术三个方面。语音识别过程如图 5-6 所示。

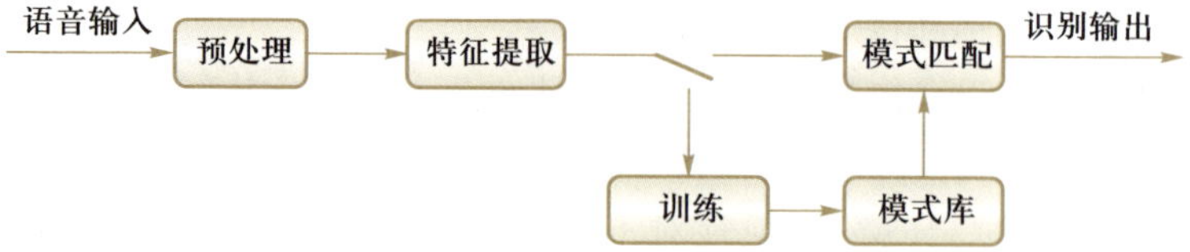

图 5-6　语音识别过程

1. 预处理部分包括语音信号的采样、反混叠滤波、自动增益控制，目的是去除声门激励和口唇辐射的影响以及设备、环境引起的噪声影响等，并涉及语音识别基元的选择和端点检测等关键性问题。

2. 特征提取部分的作用是从语音信号波形中提取一组或几组能够描述语音信号特征的参数，如平均能量、过零数或平均过零数，共振峰、倒谱、线性预测系数，以及音长、音调、声调等超音段信息函数等，特征提取是模式识别的关键。

3. 训练部分和模式库部分是一个不可分割的整体，训练是建立模式库的必备过程，在识别之前进行，通常是让不同类型的讲话人多次重复相同的语音发音，系统从这些原始的语音样本中去除冗余，保留关键数据并按一定规则对数据加以分类，从而形成作为语音识别判断标准的语意等。

4. 模式库的内容除现场训练提取以外，通常还包括建立在以往经验基础上的语音专家知识库信息。

5. 模式匹配部分是整个系统的核心，其作用是根据语音和不同的层面，按照相应的准则求取待测语音特征参数和语音信息与模式库中相应模板之间的测度，从而形成系统认为最佳的识别输出。

语音识别需要注意以下五个问题：

1. 对自然语言的识别和理解。首先必须将连续的讲话分解为词、音素等单位，其次要建立一个理解语义的规则。

2. 语音信息量大。语音模式因人因时而异，不同的说话人有不同的语音模式，同一说话人在不同场景下的语音模式也是不同的，例如，一个说话人在随意说话和认真说话时的语音信息是不同的。

3. 语音的模糊性。说话者在讲话时，不同的词可能听起来是相似的，这种现象在英语和汉语中都很常见。

4. 单个字母或词、字的语音特性受上下文的影响，以致改变了重音、音调、音量和发音速度等。

5. 环境噪声和干扰对语音识别有严重影响，致使识别率降低。

第三节 数字广播

数字广播（Digital Broadcasting）是指将数字化的音频信号以及各种数据信号，在数字状态下进行一系列的编码、调制、传递等处理。与人们熟知的传统AM、FM的广播技术不同，数字广播是通过地面发射站，以发射数字信号来达到广播以及数据资讯传输目的。

随着网络和传输技术的发展，数字广播不仅能传输音频信号，还可以传送包括视频、数据、文字、图形等在内的各种多媒体信号。目前数字广播已经进入数字多媒体广播时代，受众通过手机、电脑、便携式接收终端、车载接收终端等多种接收装置，就可以收看到丰富多彩的数字多媒体节目。利用数字广播技术，还可提供非实时的推送式广播服务，带给广大广播用户全新的收听体验。

一、数字广播的发展

20世纪80年代末期在德国诞生了世界最早的数字声音广播——数字卫星广播(Digital Satellite Radio, DSR)，1995年欧洲正式启用数字音频广播(Digital Audio Broadcasting, DAB)，90年代中期诞生其他形式的数字卫星广播，如阿斯特拉数字卫星广播(Astra Digital Radio, ADR)，目前的主流为数字多媒体广播(Digital Multimedia Broadcasting, DMB)。

21世纪以来，数字广播正朝着全面数字化、多媒体化、便携与移动接收、形式多样化等方向发展。全面数字化意味着音频信息都是以数字记录、存储、交换，数据压缩技术的发展，使得从演播室直到用户的传输全数字化成为可能。各种模拟广播(FM、AM)逐步向数字过渡。多媒体化意味着全部媒介融合在一起，数字声音广播和数字电视广播的界限越来越模糊，二者融合为数字综合广播(Digital Integrated Broadcasting, DIB)。便携和移动接收是数字广播的一大优势。在移动接收时，模拟FM广播由于无线电信道同时存在频率选择性和时间选择性(多普勒频移)，衰落严重，因此接收质量差；新的数字声音广播系统，例如DAB采用新的传输方法(COFDM)和一些其他措施，既可固定接收，也可便携和移动接收，允许车速高至250 Km/h，便携和移动接收为大多数用户带来方便，满足了现代社会的信息需要。形式多样化表现为：地面广播、卫星广播、电缆(光缆)广播、互联网广播，以及各种形式的电视广播中的声音广播都可以使用数字广播。

传统的模拟信号广播技术抗干扰能力弱、移动接收干扰大以及频带占用过密，已经不能适应现代信息社会人们对广播服务的需求。随着数字音频技术及现代通信技术的发展，数字广播已经成为数字媒介传播手段的必然选择之一。

数字广播与传统的模拟信号广播相比有极大的优势：

(1) 抗干扰和抵制噪声的能力强，无失真与噪声积累，传输质量高。

(2) 传输可靠性高。

(3) 发射机功率可以降低。

(4) 节约频谱。

(5) 数字信号便于处理、存储、交换，容易延时和加扰。数字信号便于和计算机连接，经过适当处理，可以通过计算机网络实现互联和资源共享。

(6) 便于实现多媒体广播和移动式收听。

二、数字广播分类及特点

（一）世界上最早的数字声音广播——数字卫星广播（DSR）

DSR于1989年8月24日启用，通过卫星DFS1 Kopernikus和TV SAT 2传输，在德国范围内可以接收16套节目的数据包。在初期，接收机和天线设备大约为1000马克①。1994年TV SAT 2停止发射，DSR只能通过Kopernikus和德国电信的宽带网接收。从1995年起，接收机价格降至200马克，总共卖出了大约20万部。DSR于1999年1月15日关闭。

（二）阿斯特拉卫星数字声音广播（ADR）

ADR于90年代中期启用，广播节目通过东经19.2°的卫星系统发射，与模拟电视节目（图像和伴音）一起传送。在这个系统中的广播信号可直接接收，也可以通过卫星转发器接收。

ADR使用了数字压缩技术，频谱利用率较高，但不适合移动接收，不包含数据业务。

（三）数字音频广播（DAB）

数字音频广播来源于欧洲，始于20世纪80年代的EU项目“Eureka 147”，1995年DAB的正式规范（EN300 401）出台，1995年9月英国BBC首先开始了DAB的正式广播，紧随其后的有挪威、瑞典、法国、德国等国。非欧洲国家有加拿大、新加坡、中国、韩国、印度、澳大利亚等。

DAB的主要特点是固定、便携和移动接收均可，可利用地面、电缆和卫星进行覆盖，声音质量可达到CD水平，并且是单频网（SFN）运行，节约频谱，可以很好地抵抗多径传播引起的衰落，非常适合多媒体广播。

DAB与在其基础上发展出的DMB被誉为最完美的结合移动视频和移动音频的数字地面广播协议。目前随着芯片技术的进步，DAB/DMB芯片可以做得很小，适合装载在智能手机和平板电脑中，有许多智能手机已经开发了数字广播接收应用程序。很多汽车厂商也开始集成支持DAB/DMB的车载系统，一些欧洲厂商如奥迪、宝马等已经将其作为标配。截至2011年，中、西、北欧已经完全覆盖。DAB/DMB是目前全球采用最广泛的数字广播标准。

---

① 德国货币单位。

（四）数字多媒体广播（DMB）

DMB是一种通过卫星（S-DMB）或地面无线网络（T-DMB）为移动接收设备（例如手机）传送数字化的多媒体数据与电视信号的传输系统。DMB继承了DAB的所有功能，因此既保留了传统的DAB业务和格式，也可与新的DMB视频业务相结合来混合运行。每个接收机可以辨别出所接收到的数据涉及的是什么业务，并且可以决定是否应用或不予理睬。这样，在一个多路复用中可以用三套DAB音频节目（MPEG1 Audio Layer2编码）和一套DMB规范的视频业务。DMB优势在于带宽相对较窄，功耗要求低，最新产品如解码终端功耗可小于50 mW，移动接收性能优良，业务携载能力较强，可实现准视频点播（NVOD）、节目定制等。

本章即测即评

第六章 数字视频技术

数字视频技术的出现与普及，给影视内容制作方式和视觉媒体都带来了深刻的变化。数字视频的发展与计算机所能处理的信息类型密切相关，随着电子元器件的发展，尤其是各种图形、图像设备和语音设备的问世，计算机逐渐进入多媒体时代，信息载体扩展到文、图、声等多种类型，使计算机的应用领域进一步扩大进而产生了视频技术。

第一节 视频技术基础

视频（Video）是指内容随时间变化的一组动态图像，也称运动图像、活动图像或时变图像。按处理方式的不同，视频分为模拟视频和数字视频。模拟视频是一种用于传输图像和声音的、随时间连续变化的电信号，它的记录、传播及存储都以模拟的方式进行。数字视频处理的对象是已数字化的视频，适于在网络上使用，易于编辑处理，具有较好的再现性。

一、视频的基本概念

人的视觉与人眼的主观亮度感觉和光的作用时间有关。光像一旦在视网膜上形成，在它消失后，视觉对这个光像的感觉会维持一个有限的时间（约 1/20～1/10 秒），人眼的这种特性称作视觉暂留。任何视频都是由多幅连续的画面构成的，沿着时间轴每一幅画面保持一定时间，在人眼感觉不到的情况下顺序地更换另一幅画面，连续不断地切换使得本来并不连续的画面给人以真实连续的感觉。视频技术的基础是早期的电视技术以及图像和音频技术，具体应用涉及帧频等概念。

（一）帧频和分辨率(Frame Rate & Resolution)

帧频是指每秒钟放映或显示的帧或图像的数量。如果想表现自然的移动，至少需要每秒 10 帧，如果低于 10 帧，画面就会出现不连贯，失去自然感；相反，如果帧频较高，虽然可以播放出更自然的移动，但是数据量会较大。

以我们经常接触的媒体为例，电影是每秒 24 帧，而电视节目大概是按照每秒 30 帧（或 25 帧）制作。实际上，根据使用的标准不同，每个国家的帧频都是不一样的。不过，仅仅依靠提高帧频是不可能表现出完美的画质的，每个帧的质量也很重要，这就是分辨率。分辨率一般指屏幕上的像素数，用水平像素数×垂直像素数（比如 640×480，720×480）来表示。分辨率和帧频越高，图像的品质就会越高，但值得注意的是，这需要同等程度的配置或者内存与带宽。

（二）像素(Picture Element 或 Pixel)

像素是数码图像的最小单位，也可以把它叫作画素（画面元素）。实际上，如果把图像持续放大，就会发现图像是由一些小方块集合形成的，这些小方块即像素。而像素则是无法再分的最小单位，用纵横比来表示。所谓纵横比，就是一个像素的横长和竖长的比率。以苹果机为代表的大部分个人计算机，都是以纵横比 1∶1 的正方形像素作为基本单位的。

在视频系统中，也有使用矩形像素或三角形像素的情况。另外，每个像素都拥有坐标，可以通过 x 和 y 轴组成的二维坐标中的一点来表示。

由像素组成的图像就叫作位图（也称作点阵图像或栅格图像），由像素阵列的排列来实现其显示效果。每个像素都有自己的颜色信息，在对位图图像进行编辑操作的时候，可操作的对象是每个像素，我们可以改变图像的色相、饱和度、明度，从而改变图像的显示效果。

像素的色彩分辨率（也称作色彩位数）是由像素具有几个比特的色彩属性来决定的，如 1 比特可以表现白色和黑色两种颜色，2 比特则可以表现 4 种色彩。目前，大部分计算机显示器的像素色彩分辨率都是 24 比特，也就是说它具有 2^{24}（=16777216）种色彩属性的显示能力。

（三）带宽(Band Width)

传送信号或传送媒体的容量取决于信号所占据的频率范围（Spectrum，即波长）的大小，或者传送媒体可以容纳的频率范围的大小。而带宽一般指的是在给定的时间里能够传送的信息的量，通常以每秒的比特（Bit）或者字节（Byte）数来表示。为了能够显示高画质的图像，就必须增大传送能力，也就需要同等程度的带宽。一般来说,数码图像系统都需要很大的带宽,所以很多保存系统和传送系统都依赖于能够容纳更多信号的压缩技术。

(四) 交错方式的视频(Interlaced Video)

交错扫描(隔行扫描)指的是在阴极射线管(CRT,早期家庭用TV或者PC显示上使用最多的表示方式)画面中通过电子波束来扫描画面的时候,分两次对画面上的线条进行扫描。一般模拟电视都是通过交错方式的视频来显示的。

在一个画面上,包含全部扫描线的画面的信号就是帧,通过画面的信号就是场(Field)。

电子波束在对电视的线条一个一个进行跳跃扫描以后,再回到最初的地方,对上一遍跳过的线条进行扫描。在电视信号中,上边偶数场和下边奇数场指的就是偶数行和奇数行各自的线条。因此,每秒表示30帧的电视实际上是每秒表示60场。使用计算机制作动画或者活动的文本的时候,要想制作出最自然的移动,就必须要对两个场和各个视频帧的图像进行计算。视频编辑软件或者相关程序都可以准确地运行这个操作。与帧/场相关的问题只出现在电视显示屏上,而计算机显示器不是交错方式扫描,所以如果视频只在计算机上显示,就没有这类问题了。

二、模拟视频技术

现在,大部分的视频或者音乐都是通过数字方式进行录制、编辑和传输的。但在前数字时代,视频编辑经常需要依靠磁带转录,传送影像或者声音也大多是通过模拟方式进行,例如当时使用的盒式磁带录像机(VCR)、便携式摄像机等,甚至一些专业节目所用的昂贵设备也是如此。

模拟电视等终端在收到视频信号后,一般将其恢复为RGB模式进行显示,但传输中的杂音也会被播放出来,因此,设备之间的连接方式就非常重要了。模拟视频设备的连接方式主要有Composite、S-Video和Component三种,如图6-1所示,所对应的模拟视频格式和特点如表6-1所示。

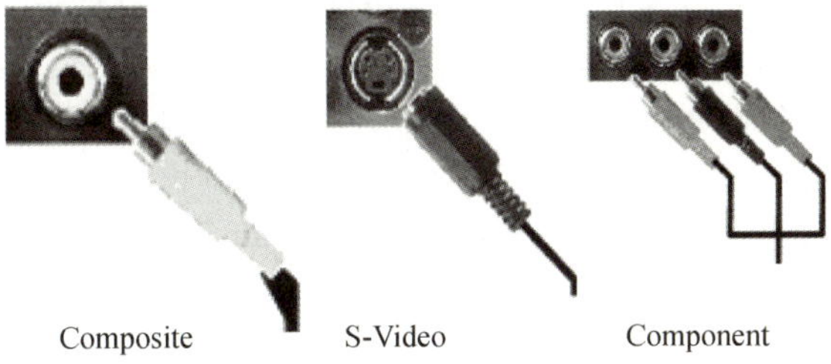

图6-1　模拟视频的连接类型

表 6-1 模拟视频格式和特点

磁带形式	连接方式	画质	应用领域
VHS	Composite	好	家庭视频
S-VHS、Hi-8	S-Video	较好	商业
Beta-SP	Component	最好	商业、广播

（一）Composite（复合视频信号）

模拟视频最简单的连接方式就是 Composite 电缆连接。它在传送视频信号的时候使用一条电缆，把亮度信号（Luminance）和色度信号（Chrominance）合成以后，同时进行传送。因为是把两个信号合成后传送，所以在模拟连接方式中，这是品质降低最多的方式。Composite 信号多用于传送电视节目，是一种高效、经济的方法。

（二）S-Video（S-端子）

S-Video 是将视频信号分成两个单独信号（光亮度和色度）进行发送的模拟信号，S 为 Separate 的简称。它不像复合视频信号是将所有信号打包成一个整体进行发送，避免了信号之间互相干扰。

（三）Component（分量视频信号）

Component 视频信号是由 Y、Cr、Cb 三个分量组合而成的，其中 Y 是亮度信号，Cr 和 Cb 是色度或彩度信号。这种方式具有最大的亮度和颜色带宽。Component 输出的画质表现比 S-Video 清晰得多，已经比较接近数字信号，作为一种最优秀的连接方式，它可以通过各个电缆传送各个 YCC 信号。一般来说，录制的画质越好，使用 Component 连接方式的效果也越好。

模拟视频信号的格式与便携式摄像机、VCR 以及计算机间的连接方式是非常重要的。如果不能充分发挥不同设备各自的优点，在数据传送过程中就会降低画质的水准。如：便携式摄像机虽然在 DV 方式的视频上具有 1394 端口，但是，如果计算机或者 VCR 的连接端口不能支持 1394 端口，就无法使用 S-Video 端口或者 Composite 端口（RCA），这就必然会降低画质。特别是在构建新系统时，不只是目前支持的接口标准，对以后要支持的界面也要做好准备。

三、电视制式

电视信号的标准简称制式，可以简单地理解为一个国家或地区播放节目时所采用的特定制度和技术标准。各国的电视制式不尽相同，制式的区分主要在于其帧频（场频）、分解率、信号带宽、载频不同，以及色彩空间的转换关系不同等。当前，国际通用的三大电视标准制式是 NTSC、PAL 和 SECAM，具体标准如表 6-2 所示。

表 6-2　电视标准制式

制式	国家	水平线数	帧数（帧/秒）
NTSC	韩国、美国、加拿大、日本、墨西哥	525 line	29. 97
PAL	中国、澳大利亚、欧洲大多数国家、南非	625 line	25
SECAM	法国、中东地区、非洲大多数国家	625 line	25

在以国际流通为目的制作内容或者使用国外制作的节目时，需要特别注意，因为不同的传送标准，其分辨率或者帧频都是不一样的。此时，虽然可以通过特定的传送标准把制作好的节目转换成适合的制式，但是在画质上就会出现一些损失。

（一）NTSC 制式（National Televison Standards Committee）

NTSC 制式最初是为了黑白电视的接收规格而创建的，1953 年，扩展为彩色电视机系统规格的国际电视传送协议，开始在美国使用。这种制式的特点如下：

1. 使用 525 线（Lines per Frame），29. 97 帧/秒，副载波①（Subcarrier）3. 58 MHz。
2. 把 RGB 色彩分离成亮度信号（Y）和 2 个色度信号（U，V）进行传送。
3. 具有与黑白 TV 的互换性，根据不同的亮度信号和色度信号的分离方式，可以获得高分辨率；但有一个缺点，即会出现颜色的偏色。

（二）PAL 制式（Phase Alternate Line）

PAL 制又称为帕尔制，其英文意为逐行倒相，也属于同时制。它是为了克服 NTSC 制式对相位失真的敏感性，在 1962 年由联邦德国在综合 NTSC 制式的技术成就基础上研制出来的一种改进方案。“PAL”有时亦被用来指 625 线，每秒 25 帧，隔行扫描，PAL 色彩编码的电视制式。PAL 制式的特点如下：

1. 这种方式可以对 NTSC 颜色传送方式的缺点进行补足。
2. 最多使用的是 PAL-B 和 PAL-M 方式。
3. 与 SECAM 相比，在音质方面更加优秀。

---

①　副载波是在黑白电视的基础上改进的。亮度信号调制在高频射频，亮度信号是载波；色度信号又调制在亮度信号上，所以色度信号是副载波。

（三）SECAM 制式

SECAM 是法语 Sequential Couleur A Memoire（顺序传送彩色与存储）的缩写。它是为了克服 NTSC 制的色调失真而出现的另一彩色电视制式。SECAM 制的主要特点是逐行顺序传送色差信号 R-Y 和 B-Y。由于在同一时间内传输通道中只传送一个色差信号，因而从根本上避免了两个色差发量的相互串扰。亮度信号 Y 仍是每行都必须传送的，所以 SECAM 制是一种顺序-同时制。

SECAM 制式的帧频每秒 25 帧，每帧 625 线，隔行扫描，画面比例 4∶3，分辨率为 720×576，约 40 万像素，亮度带宽 6.0 MHz；彩色副载波 4.25 MHz；色度带宽 1.0 MHz（U），1.0 MHz（V）；声音载波 6.5 MHz。

第二节　视频的数字化

要使计算机能够对视频进行处理，必须把来自电视机、模拟摄像机、录像机、影碟机等视频源的模拟视频信号进行数字化，形成数字信号。视频信号数字化以后，具有再现性好、便于编辑处理、适合网络应用等模拟信号无可比拟的优点。

一、数字视频的获取

要让计算机处理视频信息，首先要解决的是视频数字化问题。数字化视频的来源主要有以下三种渠道：VCD 和 DVD 等光盘载体、网络下载，通过数码相机、数码摄像机等数码设备进行采集。模拟视频的数字化过程要经过采样、量化和编码三个步骤。下面主要介绍如何利用视频处理软件 Premiere 来获取数字视频。

（一）硬件的要求

如果有视频采集卡和视频源（如录像机或摄像机等），就具备了在计算机上录制视频信号的硬件设备。若要录制音频信号，还必须提供音频卡及相应的驱动程序。有些视频采集卡本身就具有数字化能力。

使用 Premiere 进行视频数字化时，选用的视频采集卡必须与应用软件 Video for Windows 兼容，并安装相应的 Video for Windows 驱动程序，然后再将视频源的输出端连接到视频采集卡对应的输入端。

（二）输入捕获视频文件

用 Premiere 进行采样时，所捕捉的视频文件被临时保存在硬盘中，直到以

AVI 文件格式储存为止。如果硬盘的空间有很多碎片，则采样时就需要一定时间去寻找剩余的磁盘空间，这样可能会丢失一些帧。针对这种情况，可以在硬盘中预先分配一个连续空间，用于存储被捕获的视频文件。Premiere 多次采样时，可以重复使用这一连续硬盘空间，在进行下一次视频采样之前，必须保存当前捕获的视频信息，否则它将被覆盖。可在工具栏中选择 Movie Capture File 菜单命令，此时屏幕上出现 Capture File Options 对话框。在该对话框中，选择 Use Preal Located File 单选框，单击“OK”按钮。这时出现 Create Capture File 对话框，从中可以设置捕获视频文件的大小，并指定该文件名及其路径。

（三）视频的采集

通过监视电影捕获窗口，可以实时采集视频到硬盘上以记录所需要的片段。这一方式的效率有赖于 CPU 的速度、视频采集卡的性能以及所捕获帧的大小，在采样之前应关闭所有其他应用程序。

要采集视频信息，首先应从 File 菜单中选择 Capture 命令，这时屏幕上出现电影捕获窗口和 Movie Capture 菜单。选择菜单中的有关命令，可以打开相应的对话框。在这些对话框中，可以选择一个视频源以及设置视频图像的效果；可以选择视频信号的类型，如是 NTSC 制式还是 PAL 制式等；可以选择 8 位或 16 位单声道或立体声，选择采样频率或压缩类型；还可以选择捕捉电影时的帧速率、视频图像的大小和质量，采集视频的总秒数等。

二、数字视频文件的压缩

在对视频进行数字化处理的时候，大部分情况下都要进行压缩，否则视频数据量会过大。

视频文件数据压缩的目的是在保证图像品质的同时，提高数据传送速度。要进行多大程度的压缩，是由压缩视频的用途决定的。DV 格式的视频按照5∶1进行压缩；如果是要上传到网上的视频，一般按照 50∶1 或更高的比率来进行压缩。

根据解压后数据能否完全复原（保真度），视频的压缩方法可以分为无损失压缩方法和损失压缩方法；也可以分为依靠软件进行的压缩（Indeo、Cinepak 等）和依靠硬件进行的压缩（MPEG，P * 64 等）（详见第二章第四节数据压缩技术）。无损失压缩方法为了能够恢复为原来的影像，在压缩时对数据质量非常重视，压缩比率不能超过 3∶1，它被广泛应用在 X-ray、电脑断层摄影法（CT）等医用领域。与它不同，损失压缩方法就如同其名字一样，指的是影像画质的一部分受到损失的同时进行压缩的方法。这种压缩方法在复原压缩信息的时候，允许与原始信息有一定偏差。

压缩视频的方法有很多,减少视频帧的大小和降低视频的帧频都是比较容易的方式。但是,如果想表现出自然的移动,还需要了解一下其他压缩方式。如果同时使用帧内压缩(在视频中把各个帧分别进行压缩)和帧间压缩(把帧之间不需要的信息删除)的方式,可以大大提高压缩率。

多媒体数字信号编解码器(CODEC)同时支持压缩(Compression Encoding)和解压(Decompression Decoding),它可以把数据从模拟信号转换为数字信号,反之亦可。CODEC 包括硬件和软件两种。它们的差别是,硬件 CODEC 要求有另外的程序和配套硬件;而软件 CODEC 则需要有把影像保存到硬盘上的捕获卡(Capture Card)。

CODEC 具有不同的数据编解码速度,可以根据内容的量,把各个帧按照不同的比率进行压缩,也可以根据时间变化调节数据编解码速度。也有的 CODEC 可以根据画质改变数据编解码速度。CODEC 的这种特性在视频编辑上是非常实用的,可以根据不同的视频特性选择压缩与编解码方法和速度。

三、数字视频文件格式

数字视频文件格式的使用一般与应用软件有关,例如 AVI 适配 Video for Windows,MOV 适配 Quick Time for Windows,而 VCD 和 MPEG 则使用自己专用的软件等。常见视频文件按照格式不同又可分为本地视频格式(如 AVI、MPEG、DivX、MOV 等)、网络视频格式(或称为流媒体文件格式,如 ASF、WMV、RM、RMVB 等)。

(一)本地视频格式

1. AVI

AVI(Audio Video Interleave),即音频视频交叉存取格式。1992 年初微软公司推出了 AVI 技术及其应用软件 VFW(Video for Windows)。在 AVI 文件中,运动图像和伴音数据以交织的方式存储,并独立于硬件设备。这种交叉组织音频和视像数据的方式可使得读取视频数据流时能更有效地从存储媒介得到连续的信息。一个 AVI 文件的主要参数包括视像参数、伴音参数和压缩参数等。AVI 文件用的是 AVI RIFF 形式,由字符串“AVI”标识。所有的 AVI 文件都包括两个必需的 LIST 块,这些块定义了流和数据流的格式。AVI 文件可能还包括一个索引块。只要遵循这个标准,任何视频编码方案都可以使用在 AVI 文件中,这意味着 AVI 有着非常好的扩充性。这个规范由微软制定,因此微软全系列的软件包括编程工具 VB、VC 等都为它提供了最直接的支持,奠定了 AVI 在 PC 上的视频霸主地位。此外，由于AVI本身的开放性，还获得了众多编码技术研发商的支持，不同的编码使得AVI不断完善，现在几乎所有运行在PC上的通用视频编辑系统都是以支持AVI为主的。AVI的出现宣告了PC上哑片时代的结束，代表了多媒体在PC上的兴起。说到AVI就不能不提起英特尔公司的Indeo Video系列编码，Indeo编码技术是一款用于PC视频的高性能、纯软件的视频压缩/解压解决方案。Indeo音频软件能提供高质量的压缩音频，可用于互联网、企业内部网和多媒体应用方案等。它既能进行音乐压缩也能进行声音压缩，压缩比可达8∶1而没有明显的质量损失。Indeo技术能帮助构建内容更丰富的多媒体网站，是目前使用最广泛的一种AVI编码技术，主要用于动态效果演示、游戏过场动画、非线性素材保存等领域，现在Indeo编码技术及相关软件产品已经被Ligos Technology公司收购。随着MPEG的崛起，Indeo面临着极大的挑战。

2. MPEG

和AVI相反，MPEG不是简单的一种文件格式，而是编码方案。MPEG-1（标准代号ISO/IEC11172）制定于1991年底，处理的是标准图像交换格式（Standard Interchange Format，SIF）或者称为源输入格式（Source Input Format，SIF）的多媒体流。它是针对1.5 Mbps以下数据传输率的数字存储媒质运动图像及其伴音编码（MPEG-1Audio，标准代号ISO/IEC11172-3）的国际标准，伴音标准后来衍生为今天的MP3编码方案。MPEG-1规范了PAL制（352×288，25帧/秒）和NTSC制（352×240，30帧/秒）模式下的流量标准，提供了相当于家用录像系统（VHS）的影音质量，此时视频数据传输率被压缩至1.15 Mbps，其视频压缩率为26∶1。

使用MPEG-1的压缩算法，可以把一部120分钟长的多媒体流压缩到1.2 GB左右。常见的VCD就是MPEG-1编码创造的杰作。MPEG-1编码也不一定要按PAL/NTSC规范标准运行，可以自由设定影像尺寸和音视频流量。随着光头拾取精度的提高，有厂家把光盘的信息密度加大，并适度降低音频流流量，于是出现了只要一张光盘就能存放一部电影的DVCD。DVCD碟其实是一种没有行业标准，没有国家标准，更谈不上有国际标准的音像产品。20世纪90年代初，当VCD开始向市场普及时，计算机正好进入了486处理器时代，当年不少人都梦想拥有一块硬解压卡，来实现在PC上看VCD的夙愿，今天回过头来看看，会觉得不可思议，但当时的现状就是上万元486的系统不借助硬解压就无法流畅播放VCD，MPEG-1一度被打上了贵族的标志。随着“奔腾”处理器的发布，PC开始“奔腾”起来，直到后来Windows Media Player也直接提供了MPEG-1的支持，至此MPEG-1使用在

PC 上已经完全无障碍了。

MPEG-2(标准代号 IOS/IEC13818)于 1994 年发布了国际标准草案(DIS),在视频编码算法上基本和 MPEG-1 相同,只是做出一些小小的改良,例如增加隔行扫描电视的编码。它追求的是大流量下的更高质量的运动图像及其伴音效果。MPEG-2 的视频质量看齐 PAL 或 NTSC 的质量,事实上 MPEG-1 也可以做到相似效果,MPEG-2 更多的改进来自音频部分的编码。目前最常见的 MPEG-2 相关产品就是 DVD,此外,SVCD 也采用了 MPEG-2 的编码。MPEG-2 还有一个更重要的用处,就是让传统的电视机和电视广播系统往数字的方向发展。

MPEG-3 最初为 HDTV 制定,由于 MPEG-2 的快速发展,MPEG-3 还未彻底完成便宣告淘汰。MPEG-4 于 1998 年公布,和 MPEG-2 不同,MPEG-4 追求的不是高质量而是高压缩率以及适用于网络的交互能力。MPEG-4 提供了非常惊人的压缩率,如果以 VCD 画质为标准,MPEG-4 可以把 120 分钟的多媒体流压缩至 300 M。MPEG-4 标准主要应用于视像电话(Video Phone)、视像电子邮件(Video Email)和电子新闻(Electronic News)等,其传输速率要求较低,在 4800~64000 bps 之间,分辨率为 176×144。MPEG-4 利用很窄的带宽,通过帧重建技术压缩和传输数据,力求以最少的数据获得最佳的图像质量。表 6-3 比较了三种 MPEG 视频压缩格式。

表 6-3　三种 MPEG 视频压缩格式的比较

类型	MPEG-1	MPEG-2(DVD)	MPEG-4
画面尺寸	PAL:352×288 NTSC:320×240	PAL:720×576 NTSC:720×480	可调
带宽	1~1.5 Mbps	4~8 Mbps	可调
应用	VCD	DVD	网络视频
常见后缀	MPG	MPG	DIVX(.AVI) WMV　ASF RMVB　MOV
目标	CD-ROM	数字电视	交互式、多媒体、低码率视频
时间	1992 年	1994 年	1998 年
压缩情况	一部 120 分钟长的电影压缩为 1.2 GB 左右的大小	一部 120 分钟长的电影压缩为 4~8 GB 的大小	保存接近于 DVD 画质的小体积视频文件

除此以外还有一种 MJPEG，它并不是专门为 PC 准备的，而是服务于专业级甚至广播级的视频采集与在设备端回放。MJPEG 包含了为传统模拟电视优化的隔行扫描电视的算法，如果在 PC 上播放 MJPEG 编码的文件，效果会很差（如果显卡不支持 MJPEG 的动态补偿），一旦输出到电视机端，就立刻会获得清晰度很高的视频图像。

3. MOV

MOV 格式是美国苹果公司开发的一种视频格式，具有很高的压缩比率和较高的视频清晰度，其最大的特点是跨平台性，不仅能支持 MacOS，同样也能支持 Windows 系列操作系统。在所有视频格式当中，也许 MOV 格式是最不知名的，但也许你听说过 QuickTime，MOV 格式的文件正是由它来播放的。采用了有损压缩方式的 MOV 格式文件，存储空间要求小，画面效果较 AVI 格式要稍微好一些。目前为止，MOV 格式共有 4 个版本，其中 4.0 版本的压缩率最高。这种编码支持 16 位图像深度的帧内压缩和帧间压缩，帧率每秒 10 帧以上。现在有些非线性编辑软件也可以对 MOV 格式的音视频进行处理，包括 Adobe 公司的专业级多媒体视频处理软件 After Effects 和 Premiere。

（二）流媒体文件格式

流媒体文件格式是目前流媒体技术的应用文件格式。所谓流媒体技术就是把连续的影像和声音信息经过压缩处理后上传网站服务器，让用户一边下载一边观看/收听，而不用等到整个压缩文件下载到自己的计算机上才可以观看/收听的网络传输技术。该技术先在使用者端的计算机上创建一个缓冲区，在播放前预先下载一段数据作为缓冲，在网络实际连线速度小于播放所需的速度时，播放程序就会去用一小段缓冲区内的数据，这样可以避免播放中断，也使得播放品质得以保证。

可以说，从本质上看，流媒体广播更接近于传统媒体的广播。它不但能减少用户等待的时间，而且也不会占用大量的硬盘空间，这种特性还可以用来进行有效的版权保护，防止媒体文件未经授权被复制与使用，这也正是流媒体受欢迎之处。

流媒体具有交互特性，可以提供非线性的媒体访问方式。用户在观看流媒体的时候，可以方便地根据需要选择内容点播、直播，也可以随时进行暂停、回放与跳转等操作，还可以参与内容互动等。

流媒体技术不是一种单一的技术，它需要网络技术和视音频技术的有机结合，以解决流媒体的制作、发布、传输和播放等方面的问题。

流媒体主要有以下文件格式：

1. ASF

ASF(Advanced Streaming Format),字面意思是高级流格式,由此可看出这个格式的用处。ASF是微软为了和Realplayer竞争而开发的一种可以直接在网上观看视频节目的文件压缩格式。由于它使用了MPEG4的压缩算法,所以压缩率较高,图像的质量也不错。因为ASF是以一个可以在网上即时观赏的视频“流”格式存在的,所以它的图像质量比VCD稍差一点,但比同是视频“流”格式的RAM要好。不过如果不考虑在网上传播而压缩文件的话,其生成的视频文件质量可以优于VCD(MPEG1),但这样的话,就失去了ASF本来的发展初衷,还不如干脆用DivX。ASF的另一优势是适用于各类软件,兼容性好。

2. WMV

WMV (Windows Media Video)是微软推出的一种采用独立编码方式并且可以直接在网上实时观看视频节目的文件压缩格式,它是在ASF格式上的升级和延伸,在大多数情况下WMV文件都是用ASF容器格式来封装的。WMV视频格式的主要优点有:体积小、适合网络传输、支持本地或网络回放,属于可伸缩的媒体类型、多语言支持,便于不同流媒体格式间的转换以及具有良好的扩展性,等等。

3. RMVB

RMVB格式是由RM视频格式升级延伸出的新型视频格式,其先进之处在于打破了原先RM格式使用的平均压缩采样的方式,在保证平均压缩比的基础上更加合理利用比特率资源,也就是说对于静止和动作场面少的画面场景采用较低编码速率,从而留出更多的带宽空间,这些带宽会在出现快速运动的画面场景时被利用掉。这就在保证静止画面质量的前提下,大幅提高了运动图像的画面质量,从而在图像质量和文件大小之间找到平衡。同时,与DVDrip格式相比,RMVB视频格式也有着较明显的优势,一部大小为700 MB左右的DVD影片,如将其转录成同样品质的RMVB格式,最多也就400 MB左右。不仅如此,RMVB视频格式还具有内置字幕和无须外挂插件支持等优点。

4. 3GP

3GP是一种由3GPP (第三代合作伙伴项目计划)开发的针对3G流媒体的视频编码格式,主要是为了配合3G网络的高传输速度而开发的,但也能在一些2G和4G手机上播放。3GP格式的优点是文件体积小,移动性强,适合移动设备使用。但为了获得较小的文件体积,3GP分辨率低、帧数低的缺点也较明显。随着4G的普及和5G的快速发展,网络传输速度越来越快,文件体积大小不再是手机流媒体发展的一个瓶颈,因此3GP流媒体编码格式开始边缘化,现有智能手机支持的网络视频格式越来越丰富,差不多已经与PC同步,视频格式不再是手机视频播放的障碍。

5. FLV

FLV 格式是 Flash Video 格式的简称,随着 Flash MX 的推出,Macromedia 公司开发了属于自己的流媒体视频格式——FLV 格式。FLV 流媒体格式是一种新的视频格式,由于它形成的文件极小、加载速度也极快,适于在网络上观看。FLV 视频格式的出现有效地解决了视频文件导入 Flash 后,导出的 SWF 格式文件体积庞大,不能在网络上很好地使用等缺点。FLV 是在 Sorenson 公司的压缩算法的基础上开发出来的,该公司也为 MOV 格式提供算法。FLV 格式的文件不仅可以轻松地导入 Flash,几百帧的短片仅需一两秒钟;同时也可以通过 RTMP(实时消息传输协议)从 FlashCom 服务器上流式播出,因此目前国内外主流的视频网站都使用这种格式实现视频在线观看。

第三节　数字视频编辑与处理

一、视频编辑的相关概念

视频编辑是指将摄影机摄录的或者其他方式获取的影像按照既定的目标在计算机上用视频编辑软件进行编辑处理的过程。在视频编辑过程中经常涉及如下相关概念:

(一) 剪辑

剪辑是将影片制作中所拍摄的大量素材,经过选择、取舍、分解与组接,最终完成一个连贯流畅、含义明确、主题鲜明并有艺术感染力的作品。美国导演格里菲斯最早采用分镜头拍摄的方法,然后把这些镜头组接起来,由此产生了剪辑艺术。剪辑既是影片制作过程中一项必不可少的工作,也是影片艺术创作过程中进行的一次再创作。

(二) 非线性编辑

非线性编辑是相对传统上以时间顺序进行的线性编辑而言的。非线性编辑借助计算机来进行数字化制作,几乎所有的工作都在计算机里完成,不再需要那么多的外部设备,对素材的调用也可瞬间实现,不用反反复复在磁带上寻找,突破了单一的时间顺序编辑限制,可以按各种顺序排列,具有快捷、简便、随机的特性。非线性编辑只要将素材上传一次就可以多次编辑,信号质量始终不会变低,节省了设备、人力,提高了效率。

（三）镜头

镜头在影视术语中有两种指向，一是指电影摄影机、放映机用以生成影像的光学部件；二是指前期拍摄中从开机到关机所拍摄下来的一段连续的画面，或后期编辑时两个剪接点之间的一组画面。为了区别两者的不同，常把前者称光学镜头，后者称镜头画面。上文提到的非线性编辑就是对镜头画面的重新组接和裁剪编辑处理。

（四）景别

景别是指由于摄影机与被摄体的距离不同，而造成被摄体在摄影机寻像器中所呈现出的范围大小的区别。景别可分为五种，由近至远分别为特写（指人体肩部以上）、近景（指人体胸部以上）、中景（指人体膝部以上）、全景（人体的全部和周围背景）、远景（被摄体所处环境）。在电影中，导演和摄影师利用复杂多变的场面调度和镜头调度，交替使用各种不同的景别，可以使影片剧情的叙述、人物思想感情的表达、人物关系的处理更具有表现力，从而增强影片的艺术感染力。

景别的变化要采用循序渐进的方法。在拍摄同一个场面的时候，景别的变化不宜过分剧烈，否则就不容易连接起来。相反，景别的变化不大，同时拍摄角度变换亦不大，拍出的镜头容易出现画面雷同，或在相似背景中变换位置的个别人物、事物产生跳动的视觉效果，破坏画面的连续性。因此，应循序渐进地变换不同景别，才可以形成顺畅的连接，形成各种蒙太奇句型。

（五）运动拍摄

运动拍摄是指在拍摄一个镜头时摄影机的持续性运动，即在一个镜头中通过移动摄像机机位，或者改变镜头光轴，或者变化镜头焦距所进行的拍摄。通过这种拍摄方式所拍到的画面称为运动画面，如由摄像机推、拉、摇、移、跟、升、降所拍摄的推镜头、拉镜头、摇镜头、移镜头、跟镜头、升降镜头和综合运动镜头等。在后期的编辑处理过程中，可以通过缩放和位移等特效模拟摄像机镜头运动，形成运动镜头画面效果。

（六）镜头组接

镜头组接是指将镜头画面按照一定的逻辑和构思，有意识、有创意和有规律地连接在一起。一部视频作品是由许多镜头合乎逻辑地、有节奏地组接在一起，从而阐释或叙述某件事情的发生和发展的。镜头组接的一般规律有动接动、静接静、声画统一等。

镜头组接必须符合观众的思维方式和影视表现规律，要符合生活的逻辑、思维的逻辑，否则观众就看不懂。镜头组接还要符合影视节目的主题与中心思想，做到合理、自然、流畅。

二、数字视频编辑与处理软件

Adobe Premiere 是一个非常优秀的桌面视频编辑软件，编辑画面质量较高，有较好的兼容性，且可以与 Adobe 公司推出的其他软件相互协作，最新版本为 Adobe Premiere Pro CC 2019，其他常用版本有 CS4 ~ 6、CC2014 ~ 2019 等。Premiere 可以通过多轨的影像与声音合成与剪辑来制作 AVI 和 MOV 等格式的动态影像，目前这款软件广泛应用于广告制作和电视节目制作中。Adobe Premiere 提供了各种功能和操作界面来满足专业化的剪辑需求。它提供了采集、剪辑、调色、美化音频、字幕添加、输出、DVD 刻录的一整套流程。在 Adobe Premiere 中把要制作的影视节目称为一个项目(Project)，由它来集中管理所用到的原始片段、各片段的有序组合、各片段的叠加与转换效果等，并生成最终的影视节目。

因为 Adobe Premiere 是用来编辑视频的，处理的数据量很大，所以运行设备的配置应该高一些，对软件系统的要求也较高。

Premiere Pro 的简单编辑功能有：

（一）素材的组织与管理

在视频素材处理的前期，首要的任务就是将收集起来的素材引入项目窗口，以便统一管理。实现的方法是，执行菜单 File 的子菜单 New 下的 Project 命令，进行设置后，单击 OK 按钮，此时便完成了新项目窗口的创建。通过执行菜单 File 的 Import File 命令，可对所需的素材文件进行选择，然后单击 OK 按钮即可。重复执行这一操作逐个将所需素材引入后，就完成了编辑前的准备工作。

（二）素材的剪辑处理

执行 Timeline 命令，打开时间线窗口，将项目窗口中的相应素材拖到相应的轨道上。如将引入的素材相互衔接放在同一轨道上，就实现了将素材拼接在一起的播放效果。若需对素材进行剪切，可使用剃刀图标工具在需要割断的位置单击鼠标，则素材被割断，然后选取不需要的部分按 Delete 键予以删除即可。同样，对素材也允许进行复制，形成重复的播放效果。

（三）过渡效果

实践中，往往采用过渡的方式来衔接两个片段，而非直接生硬地拼接在一起。Premiere 提供了多达 75 种特殊过渡效果，通过过渡窗口可见这些丰富多彩的过渡样式。

（四）滤镜效果

Premiere 同 Photoshop 一样也支持滤镜的使用，Premiere 共提供了近 80 种滤镜效果，可对图像进行变形、模糊、平滑、曝光、纹理化等处理。此外，还可以使用第三方提供的滤镜插件，如好莱坞的 FX 软件等。

使用滤镜时，在时间线窗口选择好待处理的素材，然后执行 Clip 菜单下的 Filters 命令。在弹出的滤镜对话窗口中选取所需的滤镜效果，单击 Add 按钮即可，还可对所选滤镜进行参数的设置和调整。

（五）叠加叠印

在 Premiere 中可以把一个素材置于另一个素材之上来播放，称为叠加叠印处理，所得到的素材称为叠加叠印素材。叠加的素材透明度可以调整，允许下面的素材透射过来放映。

（六）作品输出

作品制作完成后，需借助 Premiere 的输出功能将作品合成、输出。执行菜单 File 的子菜单 Export 的 Movie 命令可以对输出的规格进行设置。指定好文件类型后，单击 OK 按钮，即会自动编译成指定的影视文件。

第四节　流媒体技术

流媒体技术是伴随互联网发展的需要而产生的。在流媒体技术出现之前，人们在互联网上欣赏音视频必须先将音视频文件下载到本地计算机，而传统下载方式的时延很长，同时音视频文件一般都较大，需要的存储容量也较大，受到网络带宽的限制，下载一个文件很耗时，甚至几小时才可以看到或听到音视频内容。令人欣慰的是，在流媒体技术出现之后，人们无须再等待音视频文件完全下载完成便可观看。

一、流媒体的概念

流媒体（Streaming Media）也称流式媒体，简单说就是应用流媒体技术在网络上传输多媒体文件的媒体。

所谓流媒体技术就是把连续的影像和声音信息经过压缩处理后放在网站服务器,由视频服务器向用户计算机顺序或实时地传送各个压缩包,让用户一边下载一边观看、收听,而无须等整个压缩文件下载到自己的计算机上才可以观看的网络传输技术。这一过程中数据包像流水一样发送,因而被形象地称为流媒体技术。该技术先在使用者端的计算机上创建一个缓冲区,在播放前预先下一段数据作为缓冲,在网络实际连线速度小于播放所需的速度时,播放程序就会取用一小段缓冲区内的数据,这样可以避免播放中断,也保证了播放品质。

流媒体技术的出现极大地改善了在网络上观看和传输影音的体验。网络传输速度的不断提升推动了流媒体技术的发展,改变了传统互联网的内容表现形式,从而让音视频应用成为互联网应用的主流。

二、流式传输基础

流式传输是打造流媒体的关键技术。有两种实现方法:实时流式传输(Real Time Streaming)和顺序流式传输(Progressive Streaming)。

(一)顺序流式传输

顺序流式传输是顺序下载,在下载文件的同时用户可观看在线媒体,但在给定时刻,用户只能观看已下载的部分,而不能跳到还未下载的部分。顺序流式传输不像实时流式传输在传输期间根据用户连接的速度做调整。由于标准的HTTP 服务器可支持这种形式的传输,也不需要其他特殊协议,因此也被称作HTTP 流式传输。顺序流式传输比较适合高质量的短片段,如片头、片尾和广告等。由于顺序流式文件在视频播放前观看的部分是无损下载的,这种方法能保证视频网站的广告收益,即强制用户必须收看广告而不能跳过。如果是 VIP 用户的话则前面的广告传输就相应转换为实时流式传输从而不再强制用户收看。此类文件是放在标准 HTTP 或 FTP 服务器上,易于管理,基本上不会受到用户设置的防火墙影响。顺序流式传输不适合长片段和有随机访问要求的视频,如讲座、演说与演示。它也不支持现场广播,严格说来,它是一种点播技术。

(二)实时流式传输

实时流式传输能保证媒体信号带宽与网络连接带宽匹配,使媒体可被实时观看到。实时流式传输与 HTTP 流式传输不同,需要专用的流媒体服务器与传输协议。实时流式传输总是实时传送,特别适合现场事件直播,也支持随机访问,用户可快进或后退以观看前面或后面的内容。实时流式传输必须匹配连接带宽,这意味着在网络带宽较低时观看视频会由于丢失数据而导致图像质量较差或出现明显卡顿。如欲保证视频质量,顺序流式传输相对更好。

三、流媒体技术中要解决的问题

流媒体技术不是一种单一的技术,其制作、发布、传输及播放等方面的问题需要利用视音频技术和网络技术来解决。

(一)格式方面需解决的问题

在网上进行流媒体传输,所传输的文件必须制作成适合流媒体传输的流媒体格式文件。用通常格式存储的多媒体文件容量较大,若要在带宽较窄网络上传输要花费大量时间,若遇网络繁忙,还将造成传输中断。另外,通常格式的媒体文件也不能按流媒体传输协议进行传输,因此,需要对进行流媒体格式传输的文件作出预处理,将文件压缩生成流媒体格式文件。这里应注意两点:一是选用适当的压缩算法进行压缩,这样生成的文件容量较小;二是需要向文件中添加流式信息。

(二)传输方面需解决的问题

实时流式传输需要合适的传输协议,在 Internet 上的文件传输大部分都是建立在 TCP 协议的基础上,也有一些采用 FTP 传输协议,但采用这些传输协议都不能实现实时方式的传输。随着流媒体技术的深入发展,比较成熟的流媒体传输一般都是采用建立在 UDP 协议基础上的 RTP/RTSP 实时传输协议。

为何要在 UDP 协议而不在 TCP 协议上进行实时数据的传输呢?这是因为 UDP 和 TCP 协议在实现数据传输时的可靠性有很大的区别。TCP 协议中包含了专门的数据传送校验机制,当数据接受方收到数据后,将自动向发送方发出确认信息,发送方在接收到确认信息后才继续传送数据,否则将一直处于等待状态。而 UDP 协议则不做任何校验。由此可以看出,TCP 协议注重传输质量,而 UDP 协议则注重传输速度。因此,对于对传输质量要求不是很高,而对传输速度则有很高要求的视音频流媒体文件来说,采用 UDP 协议则更合适。

(三)传输过程中需要的支持

因为 Internet 是以包为单位进行异步传输的,因此多媒体数据在传输中要被分解成许多包,由于网络传输的不稳定性,各个包选择的路由不同,所以到达客户端的时间次序可能发生改变,甚至产生丢包的现象。为此,必须采用缓存技术来纠正由于数据到达次序发生改变而产生的混乱状况,利用缓存对到达的数据包进行正确排序，从而使视音频数据能连续正确地播放。缓存中存储的是某一段时间的数据，数据在缓存中的存放是暂时的，缓存中的数据也是动态的、不断更新的。流媒体在播放时不断读取缓存中的数据进行播放，播放完后该数据便被立即清除，新的数据将存入缓存中，因此，在播放流媒体文件时并不需占用太大的缓存空间。

（四）播放方面需解决的问题

流媒体播放需要浏览器的支持。通常情况下，浏览器采用 MIME 来识别各种不同的简单文件格式，所有的 Web 浏览器都是基于 HTTP 协议，而 HTTP 协议都内建有 MIME，所以 Web 浏览器能够通过 HTTP 协议中内建的 MIME 来标记 Web 上众多的多媒体文件格式，包括各种流媒体格式。

四、流媒体系统的组成

基本的流媒体系统主要包括 3 个组件：播放器、服务器和编码器。

（一）流媒体播放器

流媒体播放器通常指能把视频文件通过流式传输的方式在 Internet 上播放的播放器。流媒体播放器也是一种解码器，用它来播放用户想要收看的流媒体服务器上的视频节目。早期的流媒体播放器有 RealPlayer、Windows Media Player 和 QuickTime 等，现在主要使用的流媒体播放器为 Adobe 公司的 Flash Player。

（二）流媒体服务器

流媒体服务器是流媒体应用的核心系统，是运营商向用户提供视频服务的关键平台。流媒体服务器的主要功能是对流媒体内容进行采集、缓存、调度和传输播放。流媒体应用系统的主要性能取决于流媒体服务器的性能和服务质量。因此，流媒体服务器是流媒体应用系统的基础，也是最主要的组成部分。

流媒体服务器的主要功能是以流式协议（RTP/RTSP、MMS、RTMP 等）将视频文件传输到客户端，供用户在线观看；也可通过视频采集、压缩软件接收实时视频流，再以流式协议直播给客户端。典型的流媒体服务器有微软的 Windows Media Service（WMS），它采用 MMS 协议接收、传输视频，采用 Windows Media Player（WMP）作为前端播放器；RealNetworks 公司的 Helix Server，采用 RTP/RTSP 协议接收、传输视频，采用 Real Player 作为播放前端；Adobe 公司的 Flash Media Server，采用 RTMP（RTMPT/RTMPE/RTMPS）协议接收、传输视频，采用 Flash Player 作为播放前端。值得注意的是，随着 Adobe 公司的 Flash Player 播放器的普及,越来越多的网络视频开始采用 Flash Player 播放器作为播放前端,因此,许多企业开始采用兼容 Flash Player 播放器的流媒体服务器,而逐渐淘汰其他类型的流媒体服务器。

(三) 流媒体编码器

在观看或收听流媒体之前,原始音视频文件必须先转换为流媒体文件,以便在 Internet 上传播,这项工作由流媒体编码器(音视频格式转换软件)完成。编码过程包括两项工作:一是在尽可能保证文件原有声音影像质量的情况下尽量降低文件的数据量;二是按照容错格式将转换后的文件打包,这种处理方式能避免数据传输时发生丢失。

本章即测即评

第七章 网络传播技术

网络传播技术是网络新媒体技术的基础和重要组成部分，它是以计算机通信网络为基础，进行信息传递、交换和利用，从而达到信息传播目的的传播形式。网络传播技术主要包括互联网技术、移动互联网技术以及基于互联网的信息搜索技术。

第一节 互联网技术

媒介史上，没有任何一项技术如互联网技术一样，将无数科学家的梦想变为现实，它的历史是一部以共享和开放精神为主旨的，凝聚着无数人智慧和心血的传奇。

一、互联网的起源和发展

当楚泽(Konrad Zuse)制造出世界上第一台使用二进制、可自由编程的 Z1 计算机时，这台计算机仅仅只是凭借其优异的数学运算性能为德国飞机研究所服务，而那台在历史书上记载的占地面积约 170 平方米的埃尼阿克(ENIAC)，同样只是在美国军方的实验室里用于快速计算弹道。20 世纪三四十年代，不论是 Z1 还是 ENIAC，此时的计算机只是“高速运行的计算器”，还没有人揭示出其作为强大精神劳动工具的本质，即计算机是一种新的通信媒介。

直到 20 世纪 60 年代，利克莱德(J. C. R. Licklider)第一次描绘出“银河间的计算机网络”：它允许任何人利用世界上任何地方的任何一台计算机访问数据，这一充满革命性的预见开始激发无数科学家进入“连接”的魔法世界。作为美国国防高级研究计划局(DARPA)研究计划的第一位主持人，利克莱德带领 DARPA 在各部门的不同计算机系统之间进行标准化，寻求将不同的计算机进行互联的解决方法。利克莱德在他撰写的《人类与计算机的共生》一书中指出，人类创造出计算机的目的应该是“使得人和计算机在进行决策和控制复杂局面时能够相互协作”，正是他这些大胆的充满幻想色彩的想法拉开了互联网“连接一切”的序幕。

（一）分组交换：阿帕网的诞生与互联网发展前十年

几乎与利克莱德提出超前的“互联”想法同时，彼时还在麻省理工学院读研究生的克兰罗克（Leonard Kleinrock）就想着做一些其他人没做过的事情，他在一篇标题为“大型通信网中的信息流”的研究论文中论述了利用分组交换发送数据的设想。1969 年 9 月，当克兰罗克在加州大学洛杉矶分校的主机被选为因特网的第一个节点时，没有人预见到他的“分组交换”理念历经十年才被因特网接纳，后来分组交换网被视为计算机网络新时代的开始。克兰罗克不是唯一提出分组交换思想的人，20 世纪 60 年代早期，巴兰（Paul Baran）和戴维斯（Donald Davies）也提出了同样的网络原理，这一思想体现了网络数据共享的基本特点，也是互联网最核心的设计思想。

1965 年，马里尔（Thomas Maril）和罗伯特（Lawrence Roberts）将位于圣莫妮卡的 Q-32 计算机和位于 MIT 林肯实验室的型号为 TX-2 的计算机成功连接，这是因特网史上第一次实现不同计算机之间的数据共享。尽管当时已有不少人提出了分组交换的理念，但是业界普遍认为应该使用中央控制的线路交换网来建立电脑网络。这次实验用电话线架起了计算机之间沟通的桥梁，但是由于线路长而不稳定，这种联网方式的实际速度只有几百波特率，即便只是传递很短的一段信息也要花费很长时间，再加上传递信息要占用整条线路，在传递过程中很容易造成信号的损失。尽管这次实验成功了，但也从侧面证实了巴兰的理论——长距离传输数据应该使用分组交换网络。

1966 年，泰勒（Robert Taylor）加入 ARPA 主持 ARPA NET（中译阿帕网，由美国国防部高级研究计划局组织建立的计算机网络）的研究工作。他认真思考了利克莱德的想法，最终决定将 ARPA 及其资助的所有研究机构的计算机连接起来，以便大家能够共享资源，进行必要的数据传输。为此，他请来了罗伯特管理这一项目。加入 ARPA 后，罗伯特雷厉风行地提出了 ARPA NET 网络构想。此时，他面临的第一个棘手的问题就是：怎样将不同型号的计算机连接起来？他意识到应该在信息传输和转换之间找到一个中介物，有了这种中介物，所有提供资源的大型主机不必亲自参与联网，只需通过中介物进行“对话”。随后他将这种中介物命名为“接口信号处理机（Interface Message Processor，IMP）”，这就是网络路由器的雏形。除此之外，罗伯特还面临着传输信息可靠性的质疑，为此，他专门向巴兰请教分组交换理论，并利用该理论进一步完善了 ARPA NET 计划。

20 世纪 60 年代的最后一年,迎来了人类历史上最不可思议的“连接”。传输的实现不再限制于特定的电话线路两端,阿帕网的科学家们将信息送进了独立的中转站。1969 年 10 月 29 日 22 点 30 分,阿帕网加州大学洛杉矶分校第一节点与斯坦福研究院第二节点连通,实现了远程通信。这与 1965 年那次连接不同:本次实验采用了分组交换技术,标志着互联网络正式诞生,人类社会正式迈向网络时代。

(二) TCP/IP 协议的出现:互联网发展史上最激动人心的进步

1970 年 ARPA NET 已初具雏形,四个结点采用分组交换技术通过专门的接口信号处理机和专门的通信线路相互连接。也是在这时,科学家们开始不约而同地尝试将更多不同型号、不同数据格式、不同终端的计算机连接在一起实现资源共享。

虽然早期的阿帕网是美国军事部门出于共享研究和资源的目的建立的网络,但是阿帕网最终选择了向非军事部门开放。仅用了一年时间部署,1971 年 4 月,阿帕网上的节点就从 4 个扩大到了 15 个,一共有 23 台主机联结在一起。阿帕网采用分组交换技术的这一特点吸引了很多科学家的注意,同年,供职于 BBN 的汤姆林森(Ray Tomlinson)发明了通过分布式网络发送信息的 E-mail 程序。

阿帕网最初采用的是克罗克(S. Crocker)制定的“网络控制协议(Network Controt Program,NCP)”,随着加入阿帕网的计算机越来越多,发送信息的计算机很难在庞杂的网络中定位到目标计算机,再加上不同的组织机构内部建立了许多新的网络,这些网络使用不同的协议、硬件、软件,不兼容问题再一次给网络技术带来挑战。人们开始研究怎样建立一个共同的标准,使得不同网络背后的计算机可以自由沟通。这期间,涌现了很多后来被称为“互联网之父”的科学家,其中最受瞩目的当属 TCP/IP 协议的发明者卡恩(Robert Kahn)和文顿·瑟夫(Vinton Cerf)。

1972 年,卡恩在国际计算机通信大会上演示了用 ARPA NET 连接的 40 台计算机,这是 ARPA NET 首次在全世界被人们广泛认识。很快,全世界兴起了各式各样的网络,卡恩和瑟夫立刻意识到,他们需要某种类型的“设备”,使得快速涌现的所有独立网络能够相互通信。要连接无数个“各自为政”的网络在当时看来是不可能的,然而卡恩和瑟夫提出了让人眼前一亮的想法,他们认为在不同的网络协议间应该制定一个统一的标准协议。1973 年,他们在联名发表的论文《一种用于分组网络间通信的协议》中对 TCP 协议进行了描述。1974 年,人们亲眼见证了该协议的成功。在这场实验中,科学家将数据包在卫星网络和陆地电缆之间反复传输,贯穿欧洲和美国的电脑系统,全程 9.4 万公里,没有丢失一个数据位。1975 年基于 TCP 协议的互联网开始布设，世界范围内的互联网浪潮随之兴起，至此国际互联网网际协议“TCP/IP”协议正式推出。以 TCP/IP 网络协议联结众多网络形成的计算机网络，就是我们通常所说的因特网（Internet）。

（三）PC 的出现：互联网进入寻常百姓家

1971 年，在 PC（Personal Computer，个人计算机或者个人电脑）大规模出现的十年前，英特尔公司在《电子新闻》杂志上刊登的“一块芯片上的计算器”广告，正式向全世界宣告集成电子的新纪元来临。体积微小的芯片却包含着一台电脑所具有的计算功能和逻辑电路，其计算能力比 ENIAC 还要强大得多。但此时的芯片只是用于计算器和交通灯控制，而没有挖掘出其创造性的用途。直到 1975 年，住在新墨西哥州的罗伯特（Ed Roberts）基于英特尔的 8080 芯片，制造了历史上第一台袖珍型计算机——Altair 8800。这台没有监视器、键盘、打印机、软件的微型计算机，仅仅依靠一个提供编程开关的面板，运算速度有时比实验室里的机器还快，关键是它还非常便宜。

早期的计算机由于技术门槛太高，使用者仅限于实验室中的科学家，计算机操作系统和编程语言的晦涩，让很多惊叹计算机“超能力”的业余爱好者只能望洋兴叹。Altair 的问世改变了这一局面，这款微型计算机仅在 1975 年就销售了 2000 余台，其中购买者多是初出校门的青年学生。微型计算机的风靡，引来了众多信息弄潮儿的关注。

20 世纪 80 年代，PC 的快速发展奠定了互联网进入寻常百姓家的基石。1981 年，IBM PC 问世，这是网络发展中的重要里程碑，它让美国的商业人士对 PC 有了新的认识，开始积极探索 PC 在商业领域的可能性。PC 的商业化使得计算机不再只是爱好者和工程师的“专属玩具”了。1983 年，Novell Data Systems 公司推出 Netware 软件，实现了 PC 间的相互交流和资源共享，局域网应运而生。同年，阿帕网上的所有主机同时从 NCP 过渡到 TCP/IP，越来越多的组织和机构开始建立局域网并与阿帕网进行连接。1984 年，IBM 兼容机和 Apple Macintosh（第一台内建联网的计算机）的出现，激发了越来越多的大众需求。同年，计算科学家莫卡派乔斯（Paul V. Mockapetris）发明域名系统（Domain Name System，DNS），之后被 Internet 正式引入，提供我们如今熟悉的域名系统如 . net，. com，. gov 等。而在此之前，人们要访问网络上特定的计算机，必须记住由 IP 协议规定的 4 组枯燥的数字，DNS 就是专门用于 IP 地址和对应域名之间的转换的。1986 年，美国国家科学基金会创建了 NSF NET，该网络服务于所有高等教育团体，TCP/IP 协议的使用成为主流。NSF NET 成为国际互联网中枢后，阿帕网的重要性大大减弱。

（四）商业化：互联网的快速发展

进入 20 世纪 90 年代，互联网迎来了商业化的快速发展。1991 年，NSF NET 取消了对互联网的商业限制，为互联网的快速发展提供了机会。90 年代伊始，伯纳斯李（Tim Berners-Lee）创建了 WWW（World Wide Web，万维网）计划。该计划包括 HTML、HTTP、URL 等基础技术，克服了当时互联网中的不兼容性，使信息能被所有人访问。从此互联网不再是精英人士享有的特权，普通大众也可以在互联网世界自由翱翔。万维网的架构分为 Web 客户端和服务器，这种结构也常被称为互联网的 B/S 架构，也就是中心型架构。这个架构是目前互联网最主要的架构，包括谷歌、Facebook、腾讯、阿里巴巴、亚马逊等企业都采用了这个架构，进入 21 世纪，这一架构又应用于云计算，成为互联网中枢神经系统的核心。

与 TCP/IP 协议的发明者卡恩和瑟夫一样，伯纳斯李并没有将自己的发明占为己有。1994 年，他建立了万维网联盟，旨在让每一个人都能对 Web 加以利用，该联盟由麻省理工学院计算机科学实验室负责运作，为发展迅速的万维网制定相关标准和规范。

20 世纪 90 年代早期的互联网处于快速发展的黄金时期，随着初期大量风险投资基金进入相应的客户端/服务器、网络基础结构等产业，互联网正式开启了其“军用转大众”的进程。NSF 取代 DARPA 接管互联网；1992 年 1 月，由瑟夫领导的“互联网协会”（Internet Society）成立。然而，互联网在技术上的进步和用户人数上的激增远远超过了管理机构的变革。1993 年，Mosaic（第一个提供图形界面的浏览器）在伊利诺斯大学研制成功。Mosaic 浏览器提供了导航工具和发现资源的方法，内容提供商也可以向用户提供具有视觉吸引力的 Web 服务，而不是不加修饰地在灰色的背景上显示文本。之后，Mosaic 的开发商对其进行了进一步的改写，开发了 Netscape Navigator 浏览器。强者催生了更强大的竞争对手，微软的 Internet Explorer 应运而生。

1991 年到 1994 年，伴随着万维网、浏览器的引入，互联网内容也从原来的局限于政府部门和教育科研向商业领域发展。1998 年，新计算机加入互联网的速度达到平均每秒钟一台，经过 20 余年的快速发展，截至 2019 年 6 月，全球互联网用户数已经超过 45.1 亿①。

---

① Internet World Stats 网，2019 年 7 月。

（五）互联网在中国的发展历程及现状

1986 年，北京计算机应用技术研究所和德国卡尔斯鲁厄大学合作，启动了名为 CANET（Chinese Academic Network）的国际联网项目，并于 1987 年 9 月建成我国第一个电子邮件节点。1987 年 9 月 20 日，王运丰教授和李澄炯博士向德国发出了内容为“Across the Great Wall we can reach every corner in the world.”（越过长城，走向世界）的第一封来自北京的电子邮件。1990 年 11 月 28 日，在王运丰教授和措恩（Werner Zorn）教授的努力下，中国的顶级域名 .CN 完成注册，钱天白任行政联络员。从此在国际互联网上中国有了自己的身份标识。由于当时中国尚未实现与国际互联网的全功能连接，中国 .CN 顶级域名服务器暂时设在德国卡尔斯鲁厄大学。[①]

1994 年 4 月 20 日，中关村地区教育与科研示范网络 NCFC（The National Computing and Networking Facility of China，中国国家计算机与网络设施）工程通过美国 Sprint 公司连入互联网的 64K 国际专线开通，实现了与互联网的全功能连接。从此中国正式成为真正拥有全功能互联网的国家。同年 5 月 21 日我国最高领域 .CN 主服务器设置完成，实现了和 TCP/IP 的连接，从而可向 NCFC 的各成员组织提供互联网服务。之后，中国科技网（CSTNET）、中国教育和科研计算机网（CERNET）、中国公用计算机互联网（CHINANET）、中国金桥信息网（ChinaGBN）等多个网络项目在全国范围相继启动，互联网开始进入公众生活，并得到了迅速的发展。至 1996 年底，中国互联网用户数已达 20 万，利用互联网开展的业务与应用逐步增多。

从 1997 年起，互联网在我国高速发展。1997 年 1 月 1 日，人民网的前身——人民日报网络版，正式进入国际互联网。1998 年，中国互联网门户网站纷纷涌现，马化腾等五位创始人共同创立了中国深圳市腾讯计算机系统有限公司（腾讯），后来成为中国最大的互联网综合服务提供商之一，也是中国服务用户最多的互联网企业之一。1999 年，腾讯推出 QQ（时名 OICQ），新浪、搜狐等推出新闻及内容频道，奠定了综合门户网站的雏形，开启了中国互联网门户时代。2000 年，新浪、网易、搜狐纷纷在纳斯达克挂牌上市。

中国在千禧年来临之前，敏锐地意识到信息技术即将带来的发展机遇，毅然融入互联网的发展浪潮中。截至 2020 年 3 月，我国网民规模达 9.04 亿，互联网普及率达 64.5%。据《世界互联网发展报告 2018》显示，中国已经成为互联网发

---

① CNNIC：《1986 年～1993 年互联网大事记》，2009 年 5 月 26 日。

展的新兴大国,互联网的发展水平仅次于美国。①

二、互联网的基本概念

计算机如何接入互联网？计算机之间如何进行数据传递？作为网络中的网络,互联网是如何敞开胸怀招纳来自世界各地的网络的？

(一) Internet 的定义

两个以上的网络通过路由器连接而成,以完成通信和资源共享的网络都可以称为互联网,而 Internet(中文名为因特网或国际互联网)则是特指以 TCP/IP 协议将各种不同类型、不同规模、位于不同地理位置的物理网络连接成的整体,是当前全球最大的计算机网络,是借助于现代通信和计算机技术实现全球信息传递的一种快捷、有效、方便的工具。没有单独的个人、群体或组织机构来负责运营 Internet。Internet 可以连接各种各样的计算机和各种网络,不论它们处于世界上什么地方,具有何种规模,只要遵循共同的信息协议 TCP/IP 协议,都可以连接到 Internet 中。可以认为,Internet 是由网络路由器和通信线路连接的,基于 TCP/IP 构成的当今信息社会的基础结构。

Internet 是由多个网络互联而成的一个庞大的网络集合,即它是建立在计算机网络之上的网络;在组织结构上,Internet 由众多计算机网络所组成,这些计算机由路由器连接起来。各种各样的计算机,如个人计算机、UNIX 系统工作站、大中型计算机以及各种计算机局域网、广域网都可以通过统一的 TCP/IP 协议与 Internet 连接,成为 Internet 的一部分。

(二) Internet 的语言——TCP/IP 协议

协议是用户间共同遵循的规则、标准或约定的集合,以此可以实现相互通信。正如两个人在交谈时,必须使用相同的语言和通信规则一样,两台计算机间的相互通信也要遵守相同的协议和规则。TCP/IP 协议是开放系统的协议,即提供基于标准的计算环境的系统,它使不同型号、不同操作系统的计算机可以相互通信。

TCP/IP 是 Transmission Control Protocol/Internet Protocol(传输控制协议/因

---

① “Internet 起源与发展”的参考资料:

[美]Stanford H. Rowe、Marsha L. Schuh:《计算机网络》,清华大学出版社 2006 年版,第 340—353 页。

用户 283830411:《网络的发展史》,豆丁网 2012 年 5 月 18 日。

《技术往事:改变世界的 TCP/IP 协议》,51CTO 网 2016 年 9 月。

吉林文史出版社:《阿帕网的诞生与历史沿革》,史记通鉴网 2017 年 4 月 17 日。

计红梅:《以太网 40 年:不老传奇的启示》,科学网 2013 年 6 月 5 日。

特网协议）的缩写。这些字母只是表示出了最重要的两种协议，但实际上TCP/IP是包含很多协议的协议组。TCP/IP 作为互联网通信的通用语言，是将因特网和万维网捆绑在一起的黏合剂。TCP/IP 的开放性，使得各种类型的网络都可以轻松接入 Internet，促使更多的资源加入这个大型“资源池”中，形成一个全球性的资源宝库。

TCP/IP 协议作为最常见和应用最广的网络通信协议，不是建立在某一标准化组织的详细说明的基础上，而是伴随互联网发展从连接计算机系统的实际需求中成长起来的。[①] 网络发展的早期，国际标准化组织（ISO）和国际电报电话咨询委员会（CCITT）共同推出了开放系统互联的 ISO/OSI 七层参考模型。TCP/IP 模型组与 ISO/OSI 虽有相似之处，但两者是从完全不同的基础出发的。如今，TCP/IP 的发展更加迅猛，并且逐渐吸收了 OSI 模型的优点。

（三）Internet 的结构

1. Internet 的逻辑结构

因特网的逻辑结构虽然非常复杂，并且在地理上覆盖了全球，但从其工作方式上看，可以划分为以下两大块[②]（如图 7-1 所示）：

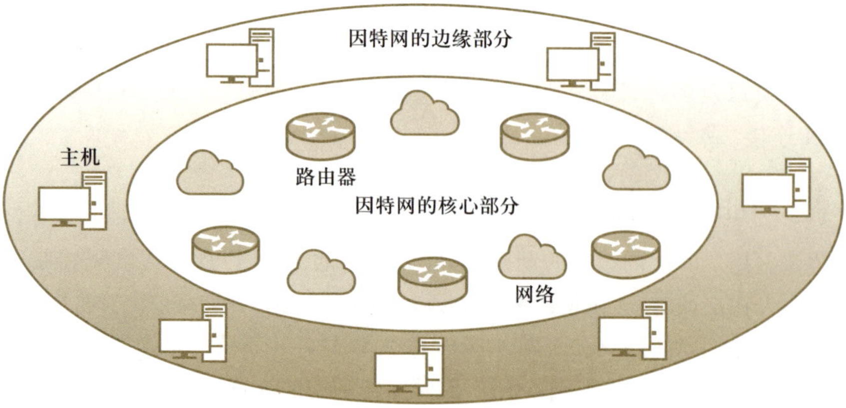

图 7-1　Internet 逻辑结构

（1）边缘部分。边缘部分又称资源子网部分，由所有连接在因特网上的主

① ［德］迈内尔、萨克：《WWW——Internet、Web 技术及应用》，于晨超译，北京科学出版社 2008 年版，第 64 页。

② 谢希仁：《计算机网络》（第六版），电子工业出版社 2013 年版，第 8 页。

机组成,主机又称为端系统(End System),“端”即“因特网的末端”。端系统在功能上有很大差别,小的端系统可以是一台普通个人电脑或是一部具有上网功能的手机,也可以是一个连网的车载记录仪;而大的端系统可以是一台非常复杂和昂贵的大型计算机,如那些在“云端”工作的大型云计算服务中心的超级计算机。端系统的拥有者可以是个人、组织、企业,也可以是某个专门的 ISP(Internet Service Provider,互联网服务提供商)。其中 ISP 不仅向端系统提供服务,自己也可以拥有一些端系统。边缘部分利用核心部分所提供的服务,使众多主机之间能够互相通信并交换或共享信息。

在网络边缘的通信方式一般可以分为两大类:客户/服务器模式(Client/Server 模式,简称 C/S 模式)和对等模式(Peer to Peer 模式,简称 P2P 模式)。客户服务器模式是因特网上最常用的通信方式,描述的是进程之间服务和被服务的关系。客户(Client)和服务器(Server)都是指通信中设计的两个应用进程,客户端是服务请求方,服务器是服务提供方。随着 Internet 特别是 Web 技术的兴起,B/S 模式一举成为当今最流行的网络服务模式。B/S 模式是对 C/S 模式的一种改进,它统一了客户端,客户端只用安装一个浏览器,使用、维护和升级都非常方便。而在对等模式中,两个主机在通信时并不区分服务请求方和服务提供方,只要两个主机都运行了对等连接软件(P2P 软件),它们就可以进行平等的通信,双方都可以下载对方已经存储在硬盘中的共享文档。对等连接方式可支持大量对等用户同时工作。

(2) 核心部分。核心部分又称通信子网部分,由大量通信线路和连接这些线路的路由器组成,为边缘部分提供通信服务,使众多主机之间能够互相通信并交换信息或共享信息。核心部分中起重要作用的是路由器,它是实现分组交换的关键构件,其任务是转发收到的分组。

2. Internet 的“管理机构”

与 Internet 颇具共享和开放精神的发展历史契合的是,Internet 并没有完全意义上的“组织管理”机构。但是,由成千上万个“各自为政”的网络汇集而成的 Internet,需要一个通用的协议和标准来保证网络之间的互联。

在 Internet 发展史上,有很多组织为了统一标准做了大量的工作。这其中最重要的就是 Internet 学会(Internet Society,ISOC)——一个以平等、互利、合作、安全为原则的非营利民间团体。这个团体监管和管理 Internet 标准的建立、发布和更新,其目的是通过 Internet 促进全球信息交流。[①]

Internet 学会管辖的一个主要部门是 Internet 体系结构委员会(Internet Architecture Board,IAB),该组织为 Internet 发展提供长期的技术指导,处理 Internet

① 曲大成、王小勇、许建强编:《Internet 技术与应用教程》,高等教育出版社 2000 年版,第 7 页。

幕后体系结构问题，确保 Internet 不断成长和发展，成为全球通信和创新的平台。IAB 下属多个工作组，其中 Internet 工程任务组（Internet Engineering Task Force，IETF）致力于 Internet 架构的演进和平稳运行，负责设计和监督管理 TCP/IP 协议和全球 Internet 等，并提出相应的解决方案提交给 IAB。IETF 被分为若干个组区，每个组都有一个管理者，并向所有感兴趣的人开放。

Internet 上的域名用来表示一个单位、机构，如果用户要注册域名，需要到专门的机构办理。国外通常是由一些民营的公司负责域名的申请和注册，这些机构彼此之间相互合作，同时与国际 InterNIC（Internet's Network Information Center，Internet 网络信息中心）组织保持联系。在国内也有一些类似的域名注册机构，国家二级域名由中国互联网络信息中心（CNNIC）负责。用户可以到该中心在各省市的分支机构进行注册，或者由一些专业的公司代理申请。

三、IP 地址与域名

IP 地址和域名是 Internet 中的重要资源，也是 Internet 的运行基础。IP 地址是为了使连入 Internet 的众多主机在通信时能够相互识别，实现不同网络之间计算机的相互通信必须有相应的地址标识。但对于一般用户来说，IP 地址太抽象了，而且它用数字表示，不容易记忆，因此 TCP/IP 为方便人们记忆而设计了一种字符型的计算机命名机制——域名。

（一）IP 地址

互联网上有无数台电脑主机，为了区分这些主机，人们给每台主机都分配了一个专门的“地址”作为标识，这个地址就是 IP 地址。IP 地址是 IP 协议提供的一种统一的地址格式。在 TCP/IP 协议中，IP 协议规定每个 Internet 中的每个节点都要有一个统一格式的地址，IP 地址就是给 Internet 上的每台主机分配一个唯一的 32 位地址。

IP 地址具有固定、规范的格式。由 32 位二进制数组成，分为四段，其中每 8 位构成一段，这样每段能表示的十进制数的范围最多不超过 255，段与段之间用“.”隔开。IP 地址不是随机的，处在某一网络范围的所有计算机都有相同的地址前缀，这主要是为了提高数据路由选择的效率。生活中我们说的 IP 地址，通常指的是 IPv4（IP 协议的第 4 个版本）。每一个 IP 地址包括两部分：网络号和主机号。如：

192.168.0.12

↓ ↓

网络号 主机号

IP 地址根据网络 ID 的不同分为 A、B、C、D、E 五类，其中 A、B、C 三类是比较常用的 IP 地址，D、E 类为特殊地址。

1. A 类 IP 地址

一个 A 类 IP 地址由 1 个字节的网络地址和 3 个字节主机地址组成，它主要为大型网络而设计，网络地址的最高位必须是 0，地址范围从 1.0.0.0 到 127.0.0.0。可用的 A 类网络有 127 个，每个网络能容纳 1600 余万（16 777 214）台主机。其中 127.0.0.1 是一个特殊的 IP 地址，表示主机本身，用于本地机器的测试。

2. B 类 IP 地址

一个 B 类 IP 地址由 2 个字节的网络地址和 2 个字节的主机地址组成，网络地址的最高位必须是 10，地址范围从 128.0.0.0 到 191.255.255.255。可用的 B 类网络有 16 382 个，每个网络能容纳 6 万多个主机。

3. C 类 IP 地址

一个 C 类 IP 地址由 3 个字节的网络地址和 1 个字节的主机地址组成，网络地址的最高位必须是 110。范围从 192.0.0.0 到 223.255.255.255。C 类网络可达 209 万余个，每个网络能容纳 254 个主机。

4. D 类 IP 地址

D 类 IP 地址第一个字节以 1110 开始，地址范围从 224.0.0.0 到 239.255.255.255，它是一个专门保留的地址，并不指向特定的网络。目前这一类地址被用在多点广播（Multicast）中，多点广播地址用来一次寻找、标识共享同一协议的一组计算机。

5. E 类 IP 地址

E 类 IP 地址按 IP 协议规定留作将来使用，其中 4 个最高的二进制位按顺序分别设置为 1111。

所有的 IP 地址都由国际组织 InterNIC（负责美洲地区）、ENIC（负责欧洲地区）、APNIC（负责亚太地区）按级别统一分配，目的是为了保证网络地址的全球唯一性，机构用户在申请入网时可以获取相应的 IP 地址。我国网络用户申请 IP 地址要经过 APNIC 审批。申请时要考虑申请哪一类的 IP 地址，然后向国内的代理机构提出，主机地址由各个网络的管理员统一分配。因此，网络地址的唯一性与网络内主机地址的唯一性确保了 IP 地址的全球唯一性。全球 IPv4 地址数已于 2011 年 2 月分配完毕，自 2011 年开始我国 IPv4 地址总数基本维持在 3.8 亿~3.9 亿之间。

（二）下一代 IP 地址：IPv6

20 世纪 90 年代，家用计算机的价格开始下降，同时万维网服务爆炸式增长，仿佛一夜之间，人人都开始接入互联网。21 世纪初，除了个人计算机外，出现了更多的智能手机、平板电脑等智能设备。随着物联网技术的快速发展，越来越多的设备可以接入互联网，这使得所有设备有且只有一个独属的 IP 地址变得更加困难。2015 年，负责在美国分配互联网地址的机构 ARIN 宣布，他们已经用尽了其基于 IPv4 标准的地址库，这加速了从 IPv4 向 IPv6 即下一代网际协议的转型。

20 世纪 90 年代初，Internet 工程任务组就认识到 IPv4 存在地址空间有限、路由选择效率不高、缺乏服务质量保证、地址分配不便等问题，而要解决这些问题的唯一办法就是设计一个新版本来取代 IPv4，于是成立了名为 IPng（IP next generation）的工作组，主要的工作是定义过渡的协议，确保当前 IP 版本和新的 IP 版本长期的兼容性，并支持当前使用的和正在出现的基于 IP 的应用程序。

IPng 工作组的工作开始于 1991 年，先后研究了几个草案，最后提出了 RFC（Request For Comments，请求说明）所描述的 IPv6，从 1995 年月 12 月开始进入 Internet 标准化进程，1998 年 IPng 工作组正式公布 RFC2460 标准。IPv6 继承了 IPv4 的端到端和“尽力而为”的基本思想，其设计目标就是要解决 IPv4 存在的问题，并取代 IPv4 成为下一代互联网的主导协议。为实现这一目标，IPv6 增加了以下特征：

1. 128 位地址空间

IPv6 的地址长度由 IPv4 的 32 位扩展到 128 位，128 位地址空间包含的准确地址数是 340 282 366 920 938 463 463 374 607 431 768 211 456 个。IPv6 地址的无限充足意味着在人类世界，每件物品都能分到一个独立的 IP 地址。也正是因此，IPv6 技术的运用，将会使人机对话的信息时代进入到机器与机器互联的时代，让物联网成为现实，所有的家具、电视、相机、手机、电脑、汽车……全部都可以成为互联网的一部分。另一个改进是地址分配。IPv4 时代互联网地址分配的教训使人们意识到即使有 128 位的地址空间，一个良好的分配方案仍然非常关键，因此，有理由相信在 IPv6 时代 IP 地址可能会得到更充分的利用。

2. 改进的路由结构

IPv6 采用类似无类别域间路由的地址聚类机制层次的地址结构。为支持更多的地址层次，网络前缀可以分成多个层次。一般来说，IPv6 的管理机构对 TLA（Top Level Aggregation，顶级聚合标识符）的分配进行严格管理，只将其分配给大型骨干网 ISP，然后骨干网 ISP 再灵活地为各个地区/中小 ISP 分配 NLA（Next Level Aggregation，次级聚合标识符），而用户从中小 ISP 获得地址。这样不仅可以定义非常灵活的地址层次结构，同时，同一层次上的多个网络在上层路由器中表示为一个统一的网络前缀，这样可以显著减少路由器必须维护的路由表项。

3. 实现IP层网络安全

IPv6要求强制实施互联网安全协议IPSec（Internet Protocol Security），并已将其标准化。IPSec在IP层可实现数据源验证、数据完整性验证、数据加密、抗重播保护等功能；支持验证头协议、封装安全性载荷协议和密钥交换IKE协议，这3种协议将是未来Internet的安全标准。另外，病毒和蠕虫是最让人头疼的网络攻击，但它们的传播方式在IPv6的网络中就不再适用了，因为IPv6的地址空间实在是太大了，如果这些病毒或者蠕虫还想通过扫描地址段的方式找到有可乘之机的其他主机，犹如大海捞针。在IPv6的世界中，按照IP地址段进行网络侦察将不再可能。

4. 无状态自动配置

IPv6通过邻居发现机制能为主机自动配置接口地址和缺省路由器信息，使得从互联网到最终用户之间的连接不经过用户干预就能够快速建立起来。

5. 新特点

IPv6还增加了许多新的特性，如服务质量保证、自动配置、支持移动性、多点寻址、安全性高等。

基于以上改进和新的特征，IPv6可以为互联网换上一个便捷、高效的引擎，不仅可以解决IPv4目前的地址短缺难题，而且可以使国际互联网摆脱日益复杂、难以管理和控制的局面，变得更加稳定、可靠、高效和安全。

IPv6协议的以上特性同时为移动网络提供了广阔的前景。目前移动通信正在试图从基于电路交换提供语音服务向基于IP提供数据、语音、视频等多种服务转变，IPv4很难对此提供有效的支持：移动设备入网需要大量的IP地址，移动设备的全球漫游问题也必须由附加的移动IPv4协议加以支持。IPv6的地址空间、对移动性的支持、服务质量保证机制、安全性和灵活性很好地满足了移动网络的需求。

IPv6的另一个重要应用就是网络实名制下的互联网身份证。目前基于IPv4的网络之所以难以实现网络实名制，一个重要原因就是因为IP资源的共用：不同的人在不同的时间段共用一个IP，IP和上网用户无法实现一一对应。但IPv6可以直接给每一用户分配一个固定IP地址，这样就实现了实名制。

尽管IPv6自1999年就已经做好了大规模部署的准备，但直到2015年，全球1000个顶级网站中仅有约14%的网站，如脸书、谷歌和维基百科等部署了这一协议。部署如此缓慢主要是因为IPv6并不向下兼容IPv4设备，两个版本无法兼容。

（三）域名及其层次结构

如果每次上网都要输入复杂的 IP 地址，显然不是一件容易的事，为此，引入了域名系统(Domain Name System，DNS)的概念。通过为每台主机建立 IP 地址与域名之间的映射关系，用户在网上可以避开难于记忆的 IP 地址。

域名系统是一个遍布在 Internet 上的分布式主机信息数据库系统，存储着文本地址和与之关联的 32 位 IP 地址。域名系统确保大多数域名在本地与 IP 地址进行解析，仅少数需要向上一级域名服务器请求，使得系统高效运行。域名系统具有高可靠性，即使某台计算机发生故障，解析工作仍能进行。

按照 Internet 上的域名管理系统规定，入网的计算机应具有类似于下列结构的域名(不是固定的)[①]：计算机主机名．机构名．网络名．顶级域名。例如武汉大学新闻与传播学院的主机域名为：

journal. whu. edu. cn

这台主机的名称　　武汉大学　　教育　　中国

目前互联网上的域名体系中共有三类顶级域名：第一类是地理顶级域名，共有 243 个国家和地区的代码，如：. CN 代表中国，. JP 代表日本，. UK 代表英国，. HK 代表中国香港，等等；第二类是类别顶级域名，共有 7 个：. COM(公司)，. NET(网络机构)，. ORG(组织机构)，. EDU(美国教育)，. GOV(美国政府部门)，. ARPA(美国军方)，. INT(国际组织)。由于互联网最初是在美国发展起来的，最初的域名体系也主要供美国使用，所以 . GOV，. EDU，. ARPA 虽然都是顶级域名，但只有美国使用，而 . COM，. NET，. ORG 才是供全球使用的顶级域名。相对于地理顶级域名来说，这些顶级域名都是根据不同的类别来区分的，所以称为类别顶级域名。随着互联网的不断发展，新的顶级域名也根据实际需要不断被扩充到现有的域名体系中来，产生了第三类新增顶级域名。新增加的顶级域名是：. BIZ(商业)、. COOP(合作公司)、. INFO(信息行业)、. AERO(航空业)、. PRO(专业人士)、. MUSEUM(博物馆行业)、. NAME(个人)等。

在这些顶级域名下，还可以再根据需要定义次一级的域名，如在我国的顶级域名 . CN 下又设立了 . COM，. NET，. ORG，. GOV，. EDU 以及我国各个行政区划的字母代表，如 . BJ 代表北京，. SH 代表上海等。

域名与 IP 地址的关系如同人的姓名与身份证号码的关系。Internet 上有很

---

① 曲大成、王小勇、许建强编：《Internet 技术与应用教程》，高等教育出版社 2000 年版，第 40 页。

多负责将主机地址转为 IP 地址的服务系统——域名服务器，这个服务系统会自动将域名翻译为 IP 地址。域名服务器实际上就是装有域名系统的主机。域名是分层结构，域名服务器也是对应的层级结构。每个层的域名上都有自己的域名服务器，最顶层的是根域名服务器。数千台称为域名服务器的计算机位于组织的网络中或遍布在整个 Internet 的 ISP 中。在浏览器中输入一个域名，一种称为解析器的特殊软件便做出响应，并查询网络的主域名服务器，该服务器是在设置本地主机的 TCP/IP 信息时指定的。如果本地域名服务器的缓存中有这些信息，那么它会将这些信息返回给发出请求的主机计算机。如果本地域名服务器无法从它的数据库提供信息，便向更高的服务器发出请求，如果这台服务器也无法提供信息，它将向更高层查询信息，每一级域名服务器都知道下级域名服务器的 IP 地址，直到从 Internet 上的其他域名服务器中联系到一台权威服务器（指不需要请求更高层来提供信息的服务器）为止。

为了提高解析效率，减少查询开销，每个域名服务器都维护一个高速缓存，存放最近解析过的域名和对应的 IP 地址。当用户下次再查找该主机时，可以跳过某些查找过程，直接从本地域名服务器中查找到该主机地址，大大缩短了查找时间，同时也减轻了根域名服务器的查询压力。①

一般情况下，1 个域名对应 1 个 IP 地址，但并不是每个 IP 地址都有 1 个域名和它对应，对于那些不需要他人访问的计算机只有 IP 地址，而没有域名。

四、互联网信息发布技术

20 世纪 80 年代末，万维网的出现改变了互联网的面貌，使互联网得到飞速的发展，从此在全世界范围内共享和发送信息成为可能。截至目前，虽然万维网的诞生仅 30 余年，但是在互联网平台上的信息发布技术却已经进行了多次更新换代。从传统的 C/S 模式到 B/S 模式，再到今天广泛使用的 CDN 数据分发网络以及 P2P 网络。

（一）传统的信息发布技术

1. C/S 模式

C/S（Client/Server）模式，即大家熟知的客户机和服务器模式，它可以充分利用两端硬件环境的优势。服务器负责管理数据库的访问，为多个客户程序管理数据，并对数据库进行检索和排序，此外还要对客户机/服务器网络结构中的数据库安全层加锁，进行保护。客户机负责与用户交互，收集用户信息，通过网

① 曲大成、王小勇、许建强编：《Internet 技术与应用教程》，高等教育出版社 2000 年版，第 43 页。

络向服务器请求对诸如数据库、电子表格或文档等信息的处理工作。

最简单的C/S模式由两部分组成，即客户程序和服务器程序，可分别称为前台程序与后台程序。服务器程序启动后就随时等待响应客户程序发来的请求；客户程序在客户使用的计算机上运行，客户使用的计算机称为客户机。当需要对服务器中的数据进行访问时，客户程序就会自动寻找服务器程序，并向其发出请求，服务器程序根据预定的规则进行应答，送回结果。①

C/S模式是一种"胖客户机"或"瘦服务器"的结构，其优点是：(1) C/S模式具有强大的数据操作和事务处理能力，且开发模型简单，易于理解和接受。系统的客户程序和服务器构件分别运行在不同的计算机上，易于扩充和压缩。(2) 在C/S模式中，各功能构件充分隔离，客户程序的开发集中于数据的查询浏览，而服务器的开发则集中于数据的管理，分工具体，且利于保障系统的安全性。客户端与服务器直接相连，因此实时性较好。(3) 能充分发挥客户端PC的处理能力，客户端响应速度快，而服务器运行数据负荷较轻。然而，由于在C/S模式中，表现层和事务层都放在客户端，而数据逻辑层和数据存储层则置于服务器端，这种组织安排也带来了诸多限制：(1) 维护和升级成本非常高，客户端程序做一次升级，则所有客户端都需要改变。(2) C/S结构的软件需要针对不同的操作系统开发不同版本的软件，很难适应大量用户同时使用，而且代价高、效率低。② (3) 用户群相对固定，受限，客户端程序需要安装才可使用，且安装需要符合一定的条件，未安装客户端程序的用户不能使用。

2. B/S模式

随着Internet的普及，安装有Web浏览器程序的计算机可以查询星罗棋布的Web服务器中的各种信息内容。综合C/S体系结构和Web的信息发布与检索技术，使得信息系统的网络体系结构跨入B/S模式阶段。

B/S(Browser/Server)模式，即浏览器和服务器模式。B/S模式主要是利用WWW浏览器技术，结合浏览器的多种脚本语言，用通用浏览器就实现了原来需要复杂的专用软件才能实现的强大功能。B/S模式是一种典型的3层结构模式：表示层、功能层和数据层。表示层为浏览器，浏览器仅承担网页信息的浏览功能，以超文本格式实现信息的浏览和输入，没有任何业务处理能力；功能层由网页服务器承担业务处理逻辑和页面的存储管理，接收客户浏览器的任务请求，并根据任务请求类型执行相应的事务处理程序；数据层由数据库服务器承担数

---

① 邓子云：《JSP网络编程从基础到实践》(第三版)，电子工业出版社2009年版。

② 李云云：《浅析B/S和C/S体系结构》，《科学之友》2011年第1期。

据处理逻辑，其任务是接受网页服务器对数据库服务器提出的数据操作的请求，由数据库服务器完成数据的查询、修改、统计、更新等工作，并把对数据的处理结果提交给网页服务器。①

相比 C/S 模式，完全基于 Internet 的 B/S 模式具备很多优点：（1）客户端简化。同传统的 C/S 模式相比，B/S 模式无须安装特定的客户端程序而只需要一个浏览器即可，这使得用户在不同的地点可以以不同的方式使用应用。（2）在传统的 C/S 方式下，当需要添加新的功能或者升级系统时，必须将所有的客户端程序进行统一升级，非常不便。而对于 B/S 来讲则没有这样的问题，只需要在服务器端进行一次升级即可。（3）基于 Internet 的 B/S 模式更加适合网上信息发布。因为该模式使用的都是浏览器客户端，非常方便新用户的学习与使用。②

在互联网技术不断发展的背景下，传统的 B/S 模式技术已经不能完全满足现有的要求，暴露出了很多问题：（1）随着人们对 B/S 应用的要求提高，受限于传统 HTML，B/S 模式无法提供丰富的客户端体验。（2）在传统 B/S 模式设计中，采用了一种线性的方式，即请求—响应—返回，然而这种方式存在着很多弊端，用户在请求过程中无法进行其他操作，只能等待服务器的响应。（3）在传统 B/S 中，大部分运算都是在服务端进行的，客户端的计算能力并没有得到利用，服务器端收到请求处理后返回整个页面数据，造成服务器负担过重，对网络带宽等硬件资源的消耗也比较大。（4）由于 B/S 应用程序的复杂性不断提高，功能不断增多，传统的 B/S 技术已经无法满足其需要。③

（二）内容分发网络技术（CDN）

CDN 是 Content Delivery Network 的简称，即内容分发网络。CDN 是通过在不同地点缓存内容，利用负载平衡技术将用户请求定向到最近的缓存服务器上获取内容，以提高用户访问网站的响应速度。CDN 系统主要由数据内容的分布式保存、服务节点的负载均衡、用户请求的重定向和数据内容的有效管理 4 个部分构成。服务请求重定向以及整体的网络流量控制是 CDN 的关键。通过用户的地域就近原则以及边缘节点的当前负载来选择服务节点，CDN 能够为请求服务的用户提供非常有效的服务。一般来讲，CDN 提供具体服务的是边缘节点，它位于主干网的边缘，与用户的间隔较近，但是边缘节点是作为中心服务节点的一个透明镜像而存在，用户并不知道现在

---

①③ 郝光星：《B/S 模式下基于内容的发布/订阅系统的设计与实现》，北京邮电大学硕士论文，2013 年。

② 李云云：《浅析 B/S 和 C/S 体系结构》，《科学之友》2011 年第 1 期。

为它提供服务的是边缘节点。①

如图 7-2 所示，当有用户向 CDN 系统请求数据时，首先用户将连接到网络的中心节点，中心服务节点根据用户的相关信息获取离用户“最近”的当前连接最少的边缘节点，并将用户的请求导向到该边缘节点。这样就成功地避开了主干网络，减轻了主干网络的负载。中心节点将负载分摊到了各个边缘节点，使得中心节点能够处理更多的用户请求，成功地缓解了中心节点的压力。

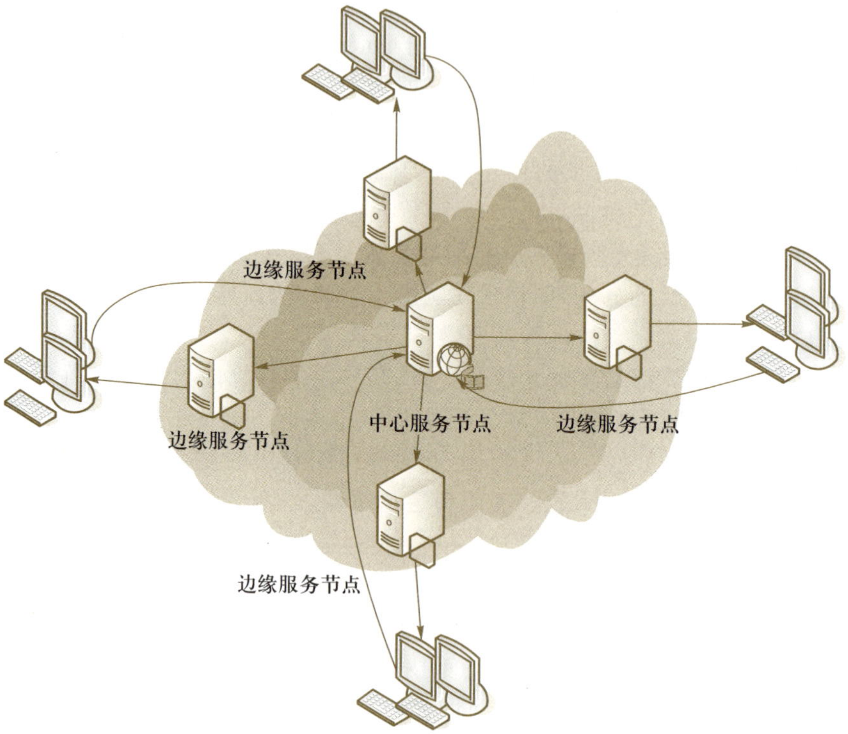

图 7-2　CDN 系统结构示意图

CDN 的内容分发机制是 CDN 的核心技术，如何高效地把内容由中心节点分发传送给用户是 CDN 研究的重点内容。CDN 的高效分发，指的是在有限的资源下能实现用户就近服务最大化、网络消耗最小化。目前内容分发的机制主要有三种：Pull 方式、Push 方式和混合分发方式。

① 许建：《基于 CDN 与 P2P 的视频点播服务器的设计与实现》，电子科技大学硕士论文，2013 年。

目前 CDN 服务的类型主要有网页加速、流媒体服务、文件传输加速等。[1]

（三）对等网络（P2P）技术

P2P 是“Peer To Peer”的缩写，通常被译为对等网，网络中的各个节点称为对等体。与传统的 C/S 模式中服务都由几台服务器提供不同，在 P2P 网络中，每个节点的地位是对等的，具备客户端和服务器双重特性，可以同时作为服务使用者和服务提供者。P2P 网络利用客户端的处理能力，实现了通信与服务器端的无关性，改变了互联网以服务器为中心的状态，重返“非中心化”。P2P 网络打破了互联网中传统的以服务器为中心的 C/S 结构，令各对等体具有自由、平等通信的能力，体现了互联网自由、平等的本质。[2]

1. P2P 的优点

与 C/S 结构相比，P2P 的优势体现在以下几个方面：

（1）非中心化。网络中的资源和服务分散在所有节点上，信息传输和服务的实现都直接在节点之间进行，无须中间环节和服务器的介入，避免了可能的瓶颈。非中心化的基本特点带来了 P2P 在可扩展性、健壮性等方面的优势。

（2）可扩展性。在 P2P 网络中，节点在获取其他节点资源的同时也为其他节点服务。随着用户的加入，不仅服务的需求增加了，系统整体的资源和服务能力也在同步扩充，始终能较好地满足用户的需求。

（3）健壮性。P2P 网络通常都是以自组织的方式建立起来的，并允许节点自由地加入和离开。P2P 架构天生具有耐攻击、高容错的优点。由于服务是分散在各个节点之间的，部分节点或网络遭到破坏对其他部分的影响很小。P2P 网络一般在部分节点失效时能够自动调整整体拓扑，保持其他节点的连通性。P2P 网络还能够根据网络带宽、节点数、负载等变化不断地做自适应式的调整。

（4）高性能/价格比。性能优势是 P2P 被广泛关注的一个重要原因。采用 P2P 架构可以有效地利用互联网中散布的大量普通节点，将计算任务或存储资料分布到所有节点上。利用其中闲置的计算能力或存储空间，达到用更低的成本提供更高性能的计算和海量存储的目的。

（5）隐私保护。在 P2P 网络中，由于信息的传输分散在各节点之间而无须经过某个集中环节，用户的隐私信息被窃听和泄漏的可能性大大缩小。此外，在

---

① 梁洁、陈戈、庄一嵘等编著：《内容分发网络（CDN）关键技术、架构与应用》，人民邮电出版社 2013 年版，第 231—232 页。

② 蔡康、唐宏、丁圣勇、郑贵锋：《P2P 对等网络原理与应用》，科学出版社 2011 年版，第 1—2 页。

P2P 网络中，所有参与者都可以提供中继转发的功能，因而大大提高了匿名通信的灵活性和可靠性，能够为用户提供更好的隐私保护。

（6）负载均衡：P2P 网络环境下每个节点既是服务器又是客户机，减少了对传统 C/S 结构服务器计算能力、存储能力的要求，同时因为资源分布在多个节点，更好地实现了整个网络的负载均衡。[①]

2. P2P 技术的发展

实际上，P2P 的概念出现很早。20 世纪 60 年代后期的 ARPA NET 和 80 年代出现的 USENET 都具有 P2P 网络的性质：它们都是在分布的、分散的用户之间实现文件传输和共享的系统。[②]另一个早期 P2P 的典型应用是由詹宁斯（Tom Jennings）在 1984 年开发的 FidoNet，该软件用来在不同的电子公告系统（BBS）或电子消息中心的用户之间进行信息交换，通常服务于一些兴趣组并通过解调器进行访问。[③]

随后万维网诞生，它作为一种新兴的分布式系统逐渐代替了早期的 P2P 系统，使互联网逐步形成了以少数服务器为中心的 C/S 结构。随着互联网的逐渐普及，普通用户希望更全面地参与到互联网的信息交流中，在此背景下 P2P 再一次受到了广泛关注。

然而 P2P 真正流行起来并得到大规模应用，则归功于 1999 年推出的 Napster。Napster 用户可以不受任何干涉地、对等地进行上传和下载。通过 Napster 提供的软件，乐迷可以共享自己硬盘上的音乐文件，同时可以搜索并下载其他用户共享的音乐文件。Napster 的成功使人们意识到 P2P 拓展到整个互联网领域的可能性。

3. P2P 网络体系结构

P2P 网络按照体系结构可以划分为三类：集中式、分布式和混合式。

（1）集中式 P2P

集中式 P2P 是最早出现的 P2P 应用模式，以目录服务器为中心形成星形拓扑结构。目录服务器主要负责节点的查找和资源的搜索，各对等节点则自己维护自己的资源。如果某个节点想加入 P2P 网络，节点首先要在目录服务器上注册，并将自己的资源和位置等信息上传到目录服务器。如果节点已经加入 P2P 网络且想请求某个内容，这个节点首先向目录服务器发出请求，目录服务器根据节点请求的内容查找目标节点，随后把目标节点的信息告诉请求节点，节点根据收到的信息直接与目标节点进行通信。[④] 集中式网络结构非常简单，但是它显示了 P2P 系统信息量巨大的优势和吸引力，同时也揭示了 P2P 系统本质上不可

---

①② 黄明杰：《P2P 环境下的内容分发机制研究》，华中科技大学硕士论文，2007 年。

③ 蔡康、唐宏、丁圣勇、郑贵锋：《P2P 对等网络原理与应用》，科学出版社 2011 年版，第 4 页。

④ 郭大芳：《CDN-P2P 环境下的内容副本放置方法研究》，电子科技大学硕士论文，2013 年。

避免的两个问题:资源浪费和法律版权的问题。当系统的中心服务器出现故障而瘫痪时,整个系统将会停止运行,而且当网络中的用户和资源增加时,中心服务器的维护、更新和查询的压力将随之增加,成本相应增加。此外,因为中心目录索引服务器为用户提供的相关资源信息是通过“自由”方式共享的,当涉及侵犯版权问题时,中心服务器将负有法律责任。①

P2P 网络的先驱,世界上第一个应用性 P2P 网络——Napster 是集中式 P2P 体系最杰出的代表,获得了巨大的成功,但由于侵犯版权而惹得官司缠身,最终不得不申请破产,这也体现出集中式 P2P 的版权问题。

(2)分布式 P2P

分布式 P2P 网络又可以分为非结构化和结构化两种类型。分布式非结构化 P2P 网络没有中心服务器,也没有严格的网络拓扑。每个用户随机接入网络,并与自己相邻的一组邻居节点通过端到端连接,构成一个逻辑覆盖的网络。非结构化 P2P 网络中的节点不仅要保存自己的资源和资源的索引,而且要辅助网络中其他节点查找资源。因此,在非结构化 P2P 网络中,节点和资源之间有严格的映射关系。网络中对于节点的查找和对资源的搜索一般采用盲目搜索算法或者泛洪查询。② 由于这样的方式不加节制的话会造成信息泛滥,因此一般通过 TTL(Time To Live)的减值来控制搜索信息的传输,当 TTL 值为 0 时,将不再继续发送。非结构化 P2P 网络结构松散,适用于波动较大的系统,网络也没有单点失效和性能瓶颈问题。但是使用搜索算法所带来的网络开销非常大,导致网络的可扩展性差。分布式结构化 P2P 网络基于分布式哈希表技术,其基本思想是将网络中所有资源整理成一张巨大的表,表内包含资源的关键字和所存放节点的地址,然后将这张表分割后分别存储到网络中的每一节点上。当用户在网络中搜索相应的资源时,它将能发现存储与关键词对应的哈希表内容所存放的节点,在该节点中存储了包含所需资源的节点地址,然后发起搜索的节点根据这些地址信息与对应节点连接并传输资源。分布式结构化网络具有扩展性、稳定性、动态适应性、自组织好等特点,并能够提供精确的查询。Chord、Tapstery、Pastry 和 Kademlia 等都属于分布式结构化 P2P 网络。③

(3) 混合式 P2P。

混合式 P2P 网络是指在局部上呈现集中式的体系架构,但是在整体上表现为分布式的结构。在局部集中式组网结构中,依据节点的资源和性能选择中心

① 黄明杰:《P2P 环境下的内容分发机制研究》,华中科技大学硕士论文,2007 年。

②③ 郭大芳:《CDN-P2P 环境下的内容副本放置方法研究》,电子科技大学硕士论文,2013 年。

节点组成局部星形结构，在整体分布式组网中，则将局部网络按照分布技术进行组网。混合式结构描述的只是一种组网特征，并不特指某一种组网技术。混合式 P2P 网络的最大特点在于综合了分布和集中架构的优势，能够根据节点能力和资源状况合理决定节点的地位，具有对异构网络的高度适应性。KaZaA 模型是混合式 P2P 网络的典型代表，其节点分为两类：超级节点和普通节点，它在分布式非结构化 P2P 网络的基础上引入了超级节点的概念，综合了集中式 P2P 快速查找和分布式 P2P 去中心化的优势。①

4. P2P 网络的关键技术

（1）覆盖网络。覆盖网络是搭建在物理网络之上的逻辑网络，其主要功能是提供资源发现与定位服务。覆盖网络的存在可以屏蔽底层细节，人们面对的不再是一个个的物理计算机，而是节点 ID 和已绑定通信方式的通信管道。这就意味着人们可以在覆盖网络上按照既有的规则发现节点、在任意的两个或多个节点间发送信息。② 覆盖网络的优劣直接影响查询效率。

（2）资源定位。资源定位指的是节点通过一定方式找到资源在网络中的存放位置。由于 P2P 系统的资源存储在各个节点中，因此需要为各个节点提供一种从其他节点中找到所需资源的方法。P2P 网络的资源定位主要有 3 种算法：集中索引算法、泛洪消息算法、文件路由算法。

（3）系统自适应。P2P 网络具有很强的动态性。动态性体现在不断地有新节点加入、旧节点离开、节点失效等情况发生。系统自适应是指当网络中节点增加或失效时，确保服务能够正常运行。

非结构式 P2P 网络的自适应所要做的工作主要是检验自己的邻居是否还在线，因此只需要简单的 Ping 消息探测就可以维持节点状态的更新，具有较强的适应能力。混合式 P2P 网络的自适应基本上依靠服务器的监控，用户之间的协作建立在服务器监控之上，因此只要服务器正常工作，网络和节点信息就能得到有效的维护。③

（4）容错性。容错性是指 P2P 网络中发生错误时的避免方法或补救措施，这里的“错误”主要有节点失效问题、节点引发的热点问题、安全问题、信誉问题等。

非结构化 P2P 网络具有连接度幂律分布和小世界特性，具有较短的平均路径长度和较高的聚类系数。网络中大多数节点连接数很少，少数节点连接数较

---

① 黄明杰：《P2P 环境下的内容分发机制研究》，华中科技大学硕士论文，2007 年。

② 刘佳琦：《P2P 覆盖网关键技术研究》，中南大学硕士论文，2008 年。

③ 裴国庆、彭月英等：《P2P 技术》，《大众科技》2009 年第 5 期。

多，换言之，在这种网络中虽然大部分的节点彼此并不相连，但经过少数几步就可到达，提高了对随机节点失效的高容错性。因此非结构式 P2P 网络是高容错的。结构化 P2P 网络的容错性较差。而混合式 P2P 网络的容错性高低只在于服务器的故障概率，如果使用多台服务器组成机群，并且提供冗余、替代机制使得一台服务器发生故障时它的任务可以被其他服务器所分担，那么这样的系统容错性会非常高。①

（5）激励机制。激励机制是指如何让 P2P 节点更"积极有效"的工作，提供更多的内容而采取的相关措施。关于这一问题的大多数研究是针对 P2P 文件系统中的搭便车问题提出的。针对搭便车问题，国内学者研究和发展了不同的激励机制：从是否需要中央服务器来看，可分为基于微支付的模型和基于互惠的模型；从激励机制的可靠性和复杂度来看，可以将基于互惠的模型进一步分为基于直接互惠和基于间接互惠（信誉）的模型。②

5. P2P 系统的媒体应用

（1）文件共享。文件共享是 P2P 最初的应用和功能之一，这一需求也直接引发了 P2P 技术热潮。传统的文件共享应用以 FTP 系统为主，它与 P2P 文件共享系统的主要差别在于参与文件共享的主机角色不同。FTP 系统通常只有一台主机担当服务器角色，其他主机仅作为客户端角色，也就是 C/S 模式；P2P 系统中，每台主机都可作为节点，它们的角色是一样的，同时作为服务器和客户端存在（如图 7-3 所示）。③

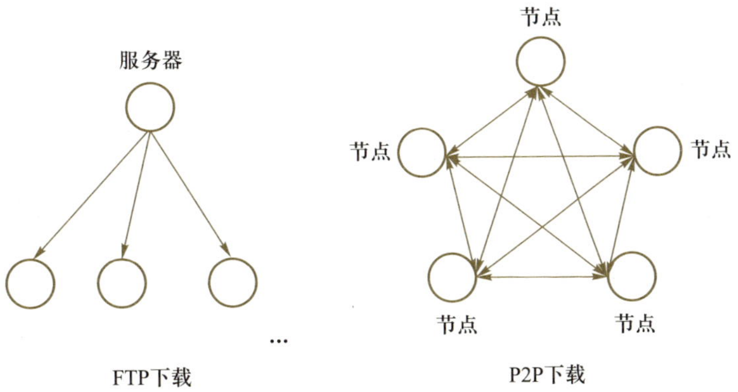

图 7-3　传统 FTP 文件共享系统和 P2P 文件共享系统

① 裴国庆、彭月英、杨立志等：《P2P 技术》，《大众科技》2009 年第 5 期。
② 万健、郑若艇、徐向华：《P2P 网络中激励机制研究》，《计算机应用》2007 年第 9 期。
③ 蔡康、唐宏、丁圣勇等：《P2P 对等网络原理与应用》，科学出版社 2011 年版，第 99 页。

P2P 文件共享系统提供了快速、高效的文件交换方式，如 BT、eMule 等应用，与此同时也带来了相应的问题，其中最受关注的就是侵权问题，在用户之间交换的资料中，有许多是受到版权保护的歌曲、电影以及软件等。此外还有带宽占用以及安全、隐私等问题。

（2）流媒体应用。P2P 诞生前的流媒体系统采用 C/S 模式，服务器以单播的方式和每个用户建立连接，随着用户数目的快速增长，服务器的资源很快被消耗完，形成系统瓶颈。而在 P2P 流媒体系统中，没有集中的中央流媒体服务器，每个节点既是服务的提供者，又是服务的享用者。任意一个节点都可以作为种子节点进行广播，每个节点在作为客户从别的节点接收媒体数据进行播放的同时，也要作为服务器向其他节点提供服务。①

根据源数据提供的方式，P2P 流媒体系统可以分为单源和多源两种。单源 P2P 流媒体系统是由一个节点向多个节点以组播方式发送数据，接受者有且只有一个数据源，所有节点组成组播树，组播树的中间节点接受来自父节点的媒体数据，同时以组播方式将数据传送给其子节点。单源 P2P 流媒体系统中比较有代表性的是 Peercast。多源的 P2P 流媒体系统则是由多个节点以单播方式同时向一个接受者发送媒体数据。在这种方式下，单个发送者提供的上行带宽不足以支持一个完整的流媒体回放时所需的带宽 R，将多个发送者的能力聚合在一起，使其上行带宽总和大于 R，就能够提供正常的流媒体服务。GnuStream 以及 PROMISE 就是比较有代表性的多源 P2P 流媒体原型。

第二节　移动互联网技术

移动新媒体成为近年来全球范围内传媒产业发展最为迅速的领域，移动互联网的建设、移动设备的丰富和普及、基于移动平台的内容开发等，成为近年来传媒产业格局中最为引人注目的部分。移动互联网将是未来十年内最有创新活力和最具市场潜力的新领域之一，21 世纪将成为移动互联网的时代。

一、移动互联网的组成

移动互联网是指移动通信终端与互联网的结合，用户使用手机、掌上电脑、平板电脑或其他无线终端设备，通过 2G、3G（WCDMA、CDMA2000、TD-SCDMA）、4G（TD-LTE、FDD-LTE）、5G 或者 WLAN 等移动网络，可以在移动状态下随时随地

① 蔡康、唐宏、丁圣勇等：《P2P 对等网络原理与应用》，科学出版社 2011 年版。

访问 Internet 以获取信息，使用商务、娱乐等各种网络服务。① 相对于传统互联网而言，移动互联网强调“随时随地”，并且可以在高速移动的状态中接入互联网并使用应用服务。

移动互联网是互联网技术、平台、商业模式、应用与移动通信技术结合并实践的活动总称，它包括移动互联网终端设备、移动通信网络、移动互联网应用服务和移动互联网相关技术四个部分（如图 7-4 所示）。其中，移动通信网络无须连接各终端、节点，通过无线电波将网络信号覆盖延伸到每个角落，就能让用户随时随地接入所需的移动应用服务。移动互联网终端是指通过无线通信技术接入互联网的终端设备。

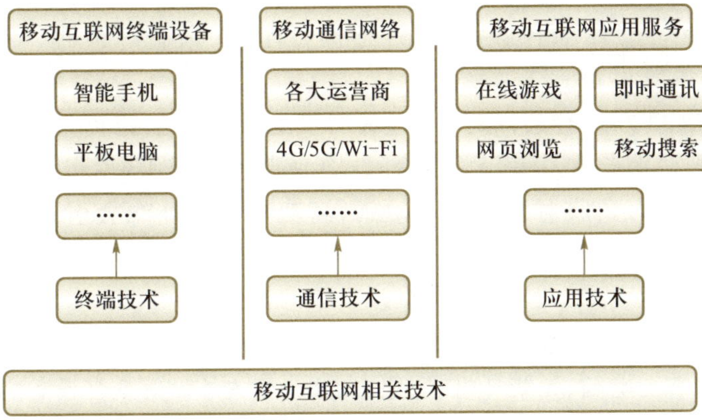

图 7-4　移动互联网的组成

二、无线移动通信技术

无线移动通信技术是移动互联网最重要的技术推动力。无线通信是利用电磁波信号可以在空间中自由传播的特性进行信息交换的一种通信方式。自 1901 年马可尼发明了越洋远距离无线电报通信，至今日移动无线通信技术的发展已经历了一个多世纪的时间。

（一）中短距离无线通信技术

对于中短距离的无线通信接入，可考虑的接入方式有红外线接入技术、蓝牙技术和 Wi-Fi 等。

---

① 梁晓涛、汪文斌：《移动互联网》，武汉大学出版社 2013 年版，第 3 页。

1. 红外线接入技术

红外线是波长在 750 nm 至 1 mm 之间的电磁波，它的频率高于微波而低于可见光，是一种人眼看不到的光线。红外通信一般采用红外波段内的近红外线，波长在 0.75 μm 至 25 μm 之间。红外线不仅成本低而且安全性较高，因此是一项适合于近距离点对点连接的技术，目前常用于笔记本电脑和手机等产品中，它属于近距离无线连接方式。

红外线是人们最早接触到的无线连接方式，电视机等家用电器的遥控器发送信号就是通过红外线，但仅限于简单信号。而计算机设备等采用的是红外线数据双向传输，也可以将个人的计算机以红外线方式连接到其他临近的计算机或设备上。微软从 Windows 98 以后便能完全支持"红外线数据协会"（IrDA）的标准和协议，允许连接打印机、调制解调器、蜂窝电话及手持式计算机等设备。

红外线连接方式有其固有缺陷，最明显的就是通信距离短，角度限制严格。另外，某些波长和功率下的红外线会使眼睛受到伤害，引起白内障、视网膜和角膜灼伤，角膜对温度相当敏感，高功率的红外线会引起眼睛剧烈的疼痛感。

2. 蓝牙技术

蓝牙是一种支持设备短距离通信（一般 10 m 内）的无线通信技术，能在包括移动电话、掌上电脑、无线耳机、笔记本电脑、相关外设等众多设备之间进行无线信息交换。利用蓝牙技术，能够有效地简化移动通信终端设备之间的通信，也能够成功地简化设备与互联网之间的通信，从而使数据传输变得更加迅速高效，为无线通信拓宽道路。

蓝牙技术采用分散式网络结构以及快跳频和短包技术，支持点对点和点对多点通信，工作在全球通用的 2.4 GHz ISM（即工业、科学、医学）频段，其基本数据速率为 1 Mbps，采用时分双工传输方案实现全双工传输。

蓝牙技术允许不同工业领域之间协调工作，例如计算机、手机和汽车行业之间可以协调工作。

无线数据和语音传输的开放式标准是蓝牙技术的最大特点，它以低成本的近距离无线连接为基础，为固定与移动设备通信环境建立一个特别连接，采用无线方式将各种通信设备、计算机等终端设备、各种数字数据系统甚至家用电器连接起来。除此之外，蓝牙无线技术还为数字网络和外设提供通用接口以组建特别连接设备群。由于它具有很强的移植性，适用于多种场合，加上该技术功耗低、对人体危害小，而且应用简单，所以易于推广。

蓝牙的方便使用体现了"Plonk and Play"的概念，可以解释成"即连即用"，类似“即插即用”。任意蓝牙技术设备一旦搜寻到另一个蓝牙技术设备，马上就可以建立联系，而无须用户进行任何设置。但是蓝牙也有其致命的缺陷，那就是安全性不高。

3. Wi-Fi 技术

Wi-Fi（Wireless Fidelity，无线保真）技术是一个基于 IEEE802.11 系列标准的无线网络通信技术品牌，由 Wi-Fi 联盟所持有，目的是改善基于 IEEE802.11 标准的无线网络产品之间的互通性。它可以将个人电脑、手持设备（如 Pad、手机）等终端以无线方式互相连接。

简单来说 Wi-Fi 就是一种无线联网的技术，以前通过网线连接电脑，而现在则是通过无线电波来联网。Wi-Fi 联盟成立于 1999 年，当时的名称叫作 Wireless Ethernet Compatibility Alliance（WECA），2002 年 10 月正式改名为 Wi-Fi Alliance。

与蓝牙技术一样，Wi-Fi 同属于在办公室、家庭等场所使用的短距离无线技术。该技术使用的是 2.4 GHz 附近的频段，该频段目前尚属不需要使用许可的无线频段。目前可使用的标准有两个，分别是 IEEE802.11a 和 IEEE802.11b。在信号较弱或有干扰的情况下，带宽可调整为 5.5 Mbps、2 Mbps 或 1 Mbps，带宽的自动调整有效地保障了网络的稳定性和可靠性。当前，“蹭 Wi-Fi”成为一项基本“生存技能”，但安全问题不容小觑，Wi-Fi 已经成为各种网络陷阱、钓鱼诈骗的重灾区。2015 年和 2016 年，中央电视台 3·15 晚会连续两年曝光了公共免费 Wi-Fi 导致的隐私泄露等安全问题，用户在享受便利的同时，要注意加强 Wi-Fi 上网的安全防范意识。

（二）第一代移动通信技术

第一代移动通信技术（1G）是指最初仅限语音的蜂窝电话标准，制定于 20 世纪 80 年代，主要用于提供模拟语音业务。美国摩托罗拉公司的工程师马丁·库珀于 1976 年首先将无线电应用于移动电话。同年，国际无线电大会批准了 800/900 MHz 频段用于移动电话的频率分配方案。到 20 世纪 80 年代中期，许多国家都开始建设基于频分多路复用技术（FDMA）和模拟调制技术的第一代移动通信系统。

在各种 1G 系统中，美国 AMPS 制式的移动通信系统在全球的应用最为广泛，它曾经在超过 72 个国家和地区运营，直到 1997 年还在一些地方使用。同时，也有近 30 个国家和地区采用英国 TACS 制式的 1G 系统。这两个移动通信系统是世界上最具影响力的 1G 系统。中国的第一代模拟移动通信系统于 1987 年 11 月 18 日在广东第六届全运会上开通并正式商用，采用的是英国 TACS 制式。从中国电信1987年11月开始运营模拟移动电话业务到2001年12月底中国移动关闭模拟移动通信网,1G系统在中国的应用长达14年,用户数最高曾达到660万。

由于采用的是模拟技术,1G系统的容量十分有限,这种先天不足使得它无法真正大规模普及和应用,价格更是非常昂贵,成为当时的奢侈品和财富的象征。与此同时,不同国家的"各自为政"也使得1G的技术标准各不相同,即只有"国家标准",没有"国际标准",国际漫游成为一个突出的问题。总之,第一代移动通信有很多不足之处,如容量有限、制式太多、互不兼容、保密性差、通话质量不高、不能提供数据业务和不能提供自动漫游等,因此第一代移动通信技术已经被淘汰。

(三)第二代移动通信技术

与第一代模拟蜂窝移动通信相比,第二代移动通信系统具有保密性强、频谱利用率高、能提供丰富的业务、标准化程度高等特点,使得移动通信得到了空前的发展,从过去的处于传统通信的补充地位,已毋容质疑地跃居通信的主导地位。我国目前应用的第二代蜂窝系统主要为欧洲的GSM系统。

随着人类社会逐步进入5G移动通信时代,越来越多的运营商也在关闭GSM等2G网络,以腾出无线电频率资源,用于建设4G和5G网络。在中国市场,中国移动和中国联通运营着全世界最大的两张GSM网络,国内尚有大量的老年人和学生用户使用基于GSM的非智能手机。截至目前,中国移动和中国联通公司均未传出将关闭GSM网络的消息。

1. GSM技术

GSM是全球移动通信系统的英文Global System for Mobile Communications缩写,是由欧洲电信标准组织(ETSI)制定的一个数字移动通信标准。它的空中接口采用时分多址技术。自90年代中期投入商用以来,被全球超过100个国家采用。GSM标准的设备占据当前全球蜂窝移动通信设备市场80%以上。我国于20世纪90年代初引进此项技术标准,此前一直是采用蜂窝模拟移动技术,即第一代TACS技术。目前,中国移动、中国联通各拥有一个GSM网。GSM系统包括GSM 900:900 MHz、GSM1800:1800 MHz及GSM-1900:1900 MHz等几个频段。

GSM是应用非常广泛的移动电话标准。全球超过200个国家和地区、超过10亿人使用过GSM电话。所有用户可以在签署了"漫游协定"的移动电话运营商之间自由漫游。GSM与第一代移动通信技术最大的不同是它的信令和语音信道都是数字式的,因此GSM被看作是第二代(2G)移动电话系统。GSM数据传输速率为 9.6 Kbps，使用的波段有 900 MHz 和 1 800 MHz，GSM 手机使用 SIM 卡。

2. GPRS 技术

GPRS 是通用分组无线服务技术的英文 General Packet Radio Service 缩写，它是一种基于 GSM 系统的无线分组交换技术，也是 GSM 移动电话用户可用的一种移动数据业务，理论最高数据速率为 171.2kbps。GPRS 可说是 GSM 的延续，因此 GPRS 经常被描述成"2.5G"，也就是说这项技术位于 2G 和 3G 移动通信技术之间。

3. EDGE 技术

EDGE 是英文 Enhanced Data Rate for GSM Evolution 的缩写，即增强型数据速率 GSM 演进技术。EDGE 是一种从 GSM 到 3G 的过渡技术俗称 2.75 G，它主要是在 GSM 系统中采用了一种新的调制方法，即多时隙操作和 8PSK 调制技术。EDGE 改进了 GSM 应用的性能和效率并且为将来的宽带服务提供了可能。EDGE 技术有效地提高了 GPRS 信道编码效率及其高速移动数据标准，它的最高速率可达 384 kbps。

4. WAP 技术

WAP 是无线通信协议的英文 Wireless Application Protocol 缩写，它是在数字移动电话、掌上电脑、个人电脑之间通过互联网进行通信的开放全球标准，目的是为了在各类无线设备上面传送和显示数据，以及提供各种电信服务。WAP 是移动通信与互联网结合的第一阶段的产物，这项技术让使用者可以用手机等无线设备浏览网页，而这些网页也必须以无线标记语言 WML（Wireless Markup Language）编写。

WAP 最初由 WAP 论坛开发。这项技术将无线移动通信技术和 Internet 结合起来，通过提供通用的平台，把目前 Internet 上用 HTML 描述的信息转换成用 WML 描述的信息，并显示在移动设备的显示屏上。

WAP 业务为用户提供移动互联网的体验，包括 WAP 浏览、下载服务以及基于 WAP Push 的各类服务。但随着智能手机的功能不断更新以及 HTML5 的应用，WAP 业务的市场份额逐渐减少，已逐渐退出历史舞台。

（四）第三代移动通信技术

第三代移动通信技术俗称 3G（3rd Generation），相对于第一代模拟制式手机（1G）和第二代 GSM、GPRS 等数字手机（2G），它是指将无线通信与国际互联网等多媒体通信结合的新一代移动通信系统。3G 与 2G 的主要区别是在数据传输的速度上大幅提升，它能够在全球范围内更好地实现无线漫游，并处理图像、音频、视频流等多种媒体形式，提供包括网页浏览、电话会议、电子商务等多种信息服务，同时也能良好地兼容已有的第二代系统。为了提供这种服务，无线网络必须能够支持不同的数据传输速度，也就是说在室内、室外和行车的环境中能够分别支持至少 2 Mbps、384 kbps 以及 144 kbps 的传输速度（此数值根据网络环境会发生变化）。

国际电信联盟（ITU）在 2000 年 5 月将 W-CDMA（宽频分码多重存取）、CDMA2000（多载波分复用扩频调制）和 TD-SCDMA（时分同步码分多址接入）确定为 3G 通信的三大主流无线接口标准，并写入 3G 技术指导性文件《2000 年国际移动通信计划》（简称 IMT-2000）；2007 年，WiMAX 亦被接受为 3G 标准之一。

1. W-CDMA

W-CDMA，全称为 Wideband CDMA，也称为 CDMA Direct Spread，意为宽频分码多重存取，这是基于 GSM 网发展出来的 3G 技术规范，是欧洲提出的宽带 CDMA 技术，它与日本提出的宽带 CDMA 技术基本相同。WCDMA 有 Release 99、Release4、Release5、Release6 等版本。WCDMA 采用直接序列扩频码分多址（DS-CDMA）、频分双工（FDD）方式，载波带宽为 5 MHz，基于 Release 99、Release 4 版本，码片速率 3.84 Mcps，可在 5 MHz 的带宽内，提供最高 384 kbps 的用户数据传输速率。

2. CDMA2000

CDMA2000 是由窄带 CDMAOne（CDMA IS-95）技术发展而来的宽带 CDMA 技术，也称为 CDMA Multi-Carrier，它是由美国高通北美公司提出，参与者有摩托罗拉、朗讯和后来加入的三星，韩国成为该标准的主导者。这套系统是从窄带 CDMAOne 数字标准衍生出来的，可以从原有的 CDMAOne 结构直接升级到 3G，建设成本低廉。但使用 CDMAOne 的地区只有日、韩和北美，所以 CDMA2000 的支持者不如 W-CDMA 多。

3. TD-SCDMA

TD-SCDMA 全称为 Time Division-Synchronous CDMA（时分同步 CDMA），该标准是由中国大陆独自制定的 3G 标准，1999 年 6 月 29 日由中国原邮电部电信科学技术研究院（大唐电信）向 ITU 提出。TD-SCDMA 具有辐射低的特点，被誉为绿色 3G。该标准将智能无线、同步 CDMA 和软件无线电等当今国际领先技术融于其中，在频谱利用率、对业务支持的灵活性、频率灵活性及成本等方面具有独特优势。另外，由于中国内地庞大的市场，该标准受到全球各大主要电信设备厂商的重视，全球一半以上的设备厂商都宣布可以支持 TD-SCDMA 标准。

4. WiMAX

WiMAX 是全球微波互联接入的英文 Worldwide Interoperability for Microwave Access 缩写，也叫 802.16 无线城域网。WiMAX 是一项新兴的宽带无线接入技术，能提供面向互联网的高速连接，数据传输距离最远可达50 km。WiMAX 还具有 QoS 保障、传输速率高、业务丰富多样等优点。WiMAX 的技术起点较高，采用了代表未来通信技术发展方向的 OFDM/OFDMA、AAS、MIMO 等先进技术，随着技术标准的发展，WiMAX 逐步实现宽带业务的移动化，而 3G 则实现移动业务的宽带化，两种网络的融合程度越来越高。2007 年 10 月 19 日，在日内瓦举行的国际电信联盟（ITU）无线通信全体会议上，经过多数国家投票通过，WiMAX 正式批准成为继 WCDMA、CDMA2000 和 TD-SCDMA 之后的第四个全球 3G 标准。

（五）第四代移动通信技术

信息网络技术发展日新月异，摩尔定律预示的技术更新换代周期不断缩短正在成为现实。现今移动环境下，4G 技术已得到应用和推广，而智能化可穿戴设备、便携超薄电子纸等也在 5G 技术的推动下逐步发展，带来信息传播新的变革。

第四代移动通信技术俗称 4G，这只是一个通用的名称，除此之外，还有 B3G、BeyondIMT-2000、IMT-Advanced 等名称。不同组织在对 4G 技术的设想上存在着很大的差异。随着数据通信与多媒体业务的发展，为了适应移动数据、移动计算及移动多媒体运作需要，关于 2G/3G/4G 的争论已经结束，所有的技术均向着满足业务需求及统一化的趋势发展，在用户对移动互联网带宽需求不断提升的背景下，第四代移动通信快速发展（如图 7-5 所示）。

第四代移动通信技术包括 TD-LTE 和 FDD-LTE 两种制式，但是严格意义上来讲，LTE 只是 3.9G，尽管被宣传为 4G 无线标准，但它其实并未被 3GPP 认可为国际电信联盟所描述的下一代无线通信标准 IMT-Advanced，因此确切地说它还未达到 4G 的标准，只有升级版的 LTE Advanced 才满足国际电信联盟对 4G 的要求。4G 集 3G 与 WLAN 于一体，能够快速传输数据以及高质量音频、视频和图像等。4G 能够以 100 Mbps 以上的速度下载，是目前的家用宽带 ADSL（均速 4 Mbps）的 25 倍，并能够满足几乎所有用户对于无线服务的要求。

（六）第五代移动通信技术

第五代移动通信技术不同于传统的几代移动通信，不再由某项业务能力或

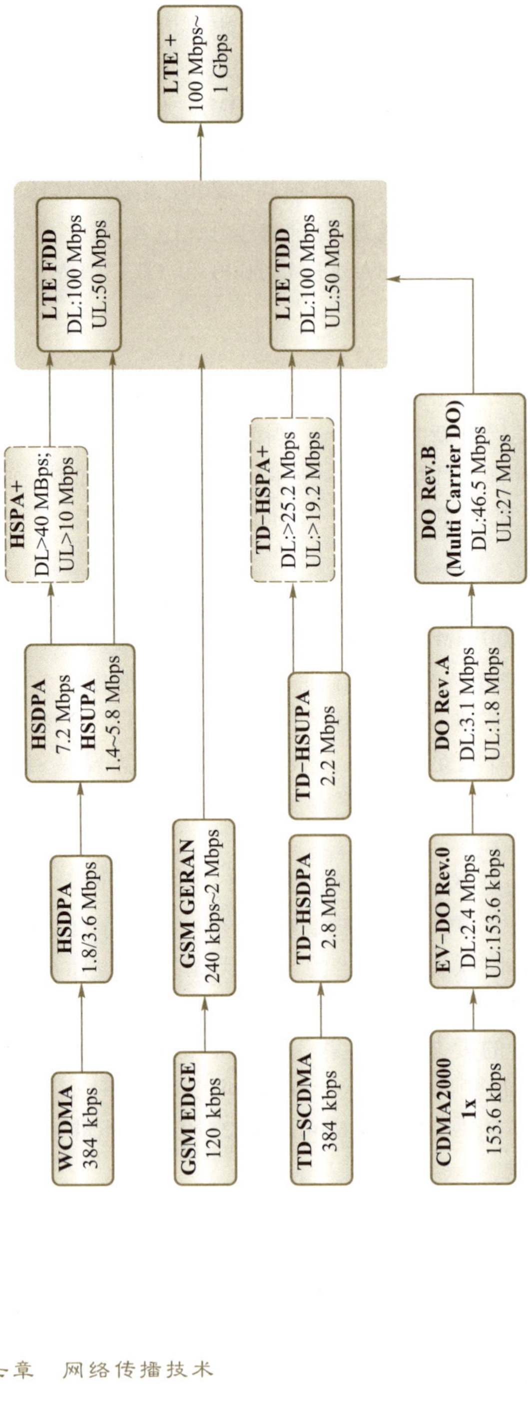

图 7-5 移动通信技术的发展

者某个典型技术特征所定义，它不仅是更高速率、更大带宽、更强性能的技术，而且是一个多业务多技术融合的网络，它具有较高智能化以及网络自感知、自调整的优点。5G 的峰值理论传输速度可达每秒数 Gb，比 4G 网络的传输速度快数倍，为移动互联网的进一步发展奠定了基础，是对其他无线通信技术的衔接，可以满足未来各方面对通信技术的要求。2019 年 10 月 31 日，国内三大运营商公布 5G 商用套餐，并于 11 月 1 日正式上线。

《5G 入门科普：一篇文章读懂5G原理与特征》

三、移动新媒体终端设备及系统平台

近年来，移动终端的内涵变得越来越宽泛，各类终端的定义边界越来越模糊，3C（计算机 Computer、通信 Communication 和消费类电子产品 Consumer Electrics）融合的趋势愈加明显，终端设备在功能上日渐交叠，基本上形成三个趋势：通信和内容逐渐数字化，处理能力逐渐增强，存储空间逐渐增大。[①] 与此同时，终端设备呈现出多网络特性和多重功能特性。多网络特性指个人移动终端设备除了能接入移动网络实现通信的固有功能之外，还被要求可以接入 Wi-Fi、WiMAX、接收 GPS 信号，甚至具备可以接收广播电视的特性。多重功能特性指各类终端基本具有以下多媒体特性：摄像头（拍照和录像）、音、视频播放、GPS 导航、游戏等娱乐及通信功能。因此，移动终端是移动互联网技术与用户体验连接最为紧密的环节，是移动互联网技术能成功实现的关键。

（一）移动新媒体终端设备

1. 智能手机

智能手机结合了掌上电脑和传统手机的功能，首要特征是具有开放性的操作系统，并且能够接入移动互联网，此外还具有速度快、人性化、扩展性等特征。国际移动互联网大会把智能手机定义为“像个人电脑一样，具有独立的操作系统，可以由用户自行安装各类第三方服务商提供的程序，通过此类程序来不断对手机的功能进行扩充，并可以通过移动通信网络来实现无线网络接入的这样一类手机的总称”。在移动互联网的支持下，智能手机的功能日趋强大，成为集合通话短信、购物消费、信息服务为一体的个人手持终端设备。

目前，大型移动终端商和互联网企业都开始涉足移动互联网产业，以各自手机终端平台和技术平台为支撑，以服务取胜，挖掘用户的需求，抢占市场，而这就必须依靠智能手机产品与移动应用服务之间的结合。在移动互联网时代，智能

---

① 杨旭、郑凤、胡一闻：《移动互联网技术架构及其发展》，人民邮电出版社 2013 年版。

手机终端已经化身为一种承载移动应用和用户体验的平台。

2. 平板电脑

平板电脑是指体形小巧、便携移动的个人电脑。平板电脑功能完善,特征是以数字板作为输入设备,可识别用户手势。目前的平板式电脑集电子商务、移动通信和移动娱乐为一体,具备手写识别和无线网络通信功能,主要用于消费内容。随着硬件功能的增强,平板电脑功能更具多样性。

具有代表性的苹果 iPad 横空出世后,平板电脑已成为功能丰富、富有个性的移动互联网终端。它比笔记本电脑更便携,比智能手机功能更强大,以其简便的触屏操作优势,使用户能更为便捷地使用移动互联网。乔布斯称 iPad 为"革命性的移动便携设备",它是为阅读、游戏和媒体消费而设计的,改变了传统的电脑使用方式,不再有文件和文件夹,也不再需要物理键盘和鼠标。以 iPad 为代表的平板电脑提供了一种十分流畅的直观体验,与当前移动上网占据主导、网络连接随处可见的时代特征吻合。平板电脑发展了移动互联网应用,应用程序商店的分类中包括生活服务、新闻、娱乐、社交等众多程序,为移动新媒体的发展提供了更广阔的市场和平台。

3. 可穿戴式智能设备

可穿戴式智能设备是经智能化设计、开发的日常穿戴设备的总称,如需要与手机配合使用的智能手环、智能头盔及谷歌眼镜等。随着用户需求的变化和技术的完善,可穿戴式智能设备的外观形态与应用功能也在不断更迭。

随着移动互联网的发展,以及高性能低功耗处理芯片的推出,部分可穿戴式设备已经从概念走向商用。当可穿戴式智能设备成为个体的一部分,作为媒介连通人与计算机的个性化数据渠道将更大地改变生活方式。例如,智能手环可对用户的日常活动进行跟踪和记录,并与移动设备同步,对用户健康状况作出判断和提醒。而谷歌眼镜则直接通过语音指令,将通过移动互联网搜寻到的实时信息叠加到用户视野中,利用 AR 技术加强人机互动。智能头盔分头部动作和脑电波传感两类,从而实现人对设备的操控。

手机屏幕的"平板化"与平板电脑屏幕的"手机化"使二者趋于融合。而智能穿戴设备的出现和发展所引发的人机交互革命,会继续引领对信息数据处理能力的追求。移动设备的发展并非单一追求产品性能的攀升,工具只是帮助人类提高自身能力的途径,对于移动产品,用户对产品体验的要求更高,在各种情况下都能方便快捷地得到自己想要的信息服务,这是大众对移动终端设备的未来定位。

智能穿戴设备的数据交互与计算向云端转移将成为未来的发展趋势,智能手表、眼镜等都将成为云终端设备。这类设备被认为是脱离手机独立运算、运行和联网的独立设备;具备与人深度交流的独特传感能力;使用智能操作系统,具备不断升级和扩展的能力。

(二)移动操作系统

随着智能手机等移动终端市场的扩张,移动终端操作系统之间的竞争也日趋白热化。目前应用在手机上的操作系统主要有 Android(谷歌)、iOS(苹果)、Windows Phone(微软)、Symbian(诺基亚)、BlackBerry OS(黑莓)等,其中谷歌 Android 和苹果 iOS 是现在应用较普遍的两大主流操作系统。此外,华为 2019 年 8 月 9 日在东莞举行华为开发者大会,正式发布操作系统鸿蒙 OS(英文名为 Harmony OS),称鸿蒙 OS 是一款"面向未来"的操作系统,也是一款基于微内核的面向全场景的分布式操作系统,它将适配手机、平板电脑、电视、智能汽车、可穿戴设备等多种终端。

1. iOS

iOS 是由苹果公司专门为移动操作开发的系统,使用基于 Xcode 的开发工具,可用于 iPhone、iPod touch、iPad 等产品。iOS 的最初版本"iPhone Runs OS X"公布于 2007 年的 Macworld 展览会,同年苹果发布了首个本地化 iPhone 应用程序开发包(SDK)。iPad 发布后,苹果重新设计了"iPhone OS"的系统程序。iOS 系统的更新换代也较为频繁,截至 2020 年 2 月,iOS 系统已经更新至 13.3 版本。2018 苹果秋季新品发布会上,苹果 CEO 库克表示,搭载苹果 iOS 系统的设备已达 20 亿部。

iOS 系统非常好地结合了移动设备的使用特点,用户界面的核心是能够使用多点触控直接操作,其中程序建立了集中通路的控制中心及 Siri 语音控制、Safari 移动网络浏览器等内置应用,可以提供智能交互和人性化服务。由于苹果公司同时制造多种设备的硬件和操作系统,软硬件的高度配合使应用充分发挥出 Multi-Touch 界面、加速感应器、三轴陀螺仪等更多硬件功能。如 FaceTime 可以在使用过程中调用前后两个摄像头,与显示屏、麦克风配合进入网络连接。

目前 iOS 是优化程度最好、最快的移动操作系统之一,但与此同时,iOS 也存在一些不足,如软件开发协议不允许应用程序后台运行、不支持 Flash 在线播放等问题;而 iPhone 自带的界面控件也无法满足用户日益增长的功能需要,只有通过用户创新控件来解决相关矛盾。

2. Android

Android 是由 Google 公司和开放手机联盟共同开发的移动设备操作系统,研发基于 Linux 的自由开放源代码,主要用于智能手机和平板电脑。目前在市场份额上大于 iOS 系统,但运营收入有所不及。2007 年 11 月,谷歌展示了 Android

系统及免费开源发放授权，并组建全球性的联盟组织来共同研发创新。

Android 由四大组件构成：用于表现功能的活动（Activity）、后台运行服务（Service）、广播接收器（Broadcast Receiver）、支持存取数据的内容提供商（Content Provider），其中 Activity 是所有程序的关键和基础。从 2008 年的 Android 1.0 版本，到目前最新的 Android 11 版本（截至 2020 年 2 月），手机系统与平板系统已经合并，并支持用户自定义添加第三方服务，系统整体功能更趋向于智能化和实用化，UI 界面也更具有现代感。目前，Android 系统已经成为智能手机领域市场占有率最高的系统。

在平台优势上，Android 具备丰富的资源和可开发性，其多样化的功能也能与其他系统良好兼容，便于接合各方服务。但同时由于应用的易开发，致使破坏性的程序难以控制；Android 本身稳定性方面的问题也亟待解决。

第三节 搜索引擎技术

随着互联网技术的蓬勃发展，信息产生、传播的速度和规模达到空前的水平，人们从以往面临信息匮乏的困境，转变为如今被信息的海洋包围。但是新的问题也随之而来：人们面对如海潮般涌现的信息通常会无所适从。要从这些海量的信息中准确且迅速地获取自己需要的信息，就需要借助信息搜索技术，搜索引擎应运而生。

搜索引擎是一个信息处理系统，以一定的策略在互联网中搜集、发现信息，对信息进行理解、提取、组织和处理，并为用户提供检索服务，从而起到信息导航的作用。从使用者角度看，搜索引擎提供一个包含搜索框的页面，在搜索框输入关键词，通过浏览器提交给搜索引擎后，搜索引擎就会返回与用户输入的内容相关的信息列表。互联网上的信息浩瀚如海，并且毫无秩序，如果将所有相关信息比喻成汪洋上的一个个小岛，那么网页链接是这些小岛之间纵横交错的桥梁，而搜索引擎则是为使用者绘制了一幅一目了然的信息地图，可以随时查阅。①

一、搜索引擎的发展历程

1990 年，加拿大麦吉尔大学计算机学院的师生开发了 Archie。当时，万维网（World Wide Web）具体的应用还没有出现，人们通过 FTP 来共享交流资源。Archie 能定期搜集并分析 FTP 服务器上的文件名信息，对分散在各个 FTP 主机中的文件提供查找。用户必须输入精确的文件名进行搜索，

---

① 陈丹：《网络搜索引擎的发展及使用技巧》，《办公自动化》2014 年第 1 期。

Archie告诉用户哪个 FTP 服务器能下载该文件。虽然 Archie 搜集的信息资源不是网页(HTML 文件),但和搜索引擎的基本工作方式是一样的:自动搜集信息资源、建立索引、提供检索服务,所以 Archie 被公认为现代搜索引擎的鼻祖。随后,搜索引擎技术伴随着万维网的发展越来越引人注目,从诞生至今,搜索引擎大致经历了三代的更新发展:

第一代搜索引擎,即目录式搜索引擎,诞生于 20 世纪 90 年代。以 Altavista、Yahoo 和 Infoseek 为代表,以“求全”为主要特征,注重搜索结果的数量。它主要依靠人工分拣的分类目录搜索,通常由网页制作人员自行建立网站名称、网站内容的文字摘要,并将其添加到搜索引擎的资料库中。搜索引擎根据用户键入的信息,根据预先设定的规则进行简单的匹配、排序和显示。这种方法只能进行简单的字符串匹配,无法进行全文搜索。

第二代搜索引擎,利用以超链接分析为基础的机器抓取技术,由搜索引擎在网络上撷取资料,并自动将得到的结果存入索引库中。搜索引擎根据用户键入的信息进行匹配、排序和显示。这一代引擎提高了查准率,体现出“求精”的优点,即不需要网站制作人员单独键入供搜索的信息,并且从理论上讲,可将任意网站的所有网页加入它的资料库中。但是第二代搜索引擎的大多数查询都会返回成千上万条信息,查询结果中无关信息太多,且显示比较混乱,使用者仍然难以找到真正想要的资料。

第三代搜索引擎是对第二代搜索引擎的改进,更注重智能化、互动化和用户使用的个性化,采用了文本自动分类、自动聚类等人工智能技术,文本内容分析技术以及区域智能识别技术,增强了搜索引擎的查询能力。第三代搜索引擎可搜索资源更加广泛,搜索方式也更加便捷有效,为用户使用搜索引擎获取信息带来更好的体验。

人们在进行信息检索时,总希望找到所有与兴趣相关的文档,可是在 Internet 这个开放的信息空间里实现这个目标非常困难。这就需要真正考虑用户的特点、动机和需求,以用户为中心来构建搜索的方法、技术、过程与结果。在这样的背景下,个性化成为未来搜索引擎发展的一大趋势。[①]

二、搜索引擎的分类

按照不同的划分标准,搜索引擎有不同的分类方法。

① 左楠:《个性化搜索引擎的设计与实现》,河北科技大学硕士论文,2013 年。

（一）基于内容的分类

根据检索内容，可以将搜索引擎划分为三类：基于文本的搜索、基于图片的搜索和基于多媒体的搜索。

基于文本的搜索，是通过输入诸如关键词、标题、字幕、作者等文本描述词来搜索图像、声音或视频信息，目前基于文本的搜索引擎已经很普及。

基于图片的搜索，也即图像搜索引擎，是按照一定的方式识别和分析互联网中的图像，对图像进行注释，并为图像建立数据库。目前应用比较广泛的图像搜索引擎技术有两种：一种是采用传统的基于关键词的精确匹配检索，搜索引擎系统为整个图像数据库中的图像数据添加关键词作为标识，用户通过关键词对图像进行搜索。另一种采用的是基于内容的图像搜索引擎技术，是通过对图像颜色、纹理等特征进行分析后对图像进行索引，用户通过图像搜索相似图像和与图像相关的信息。[①] 目前常用的图像搜索引擎有 VIRAGE、Excalibur、QBIC、eFind 等。

基于多媒体的搜索，查询时针对的是对象而不是标识，例如根据任何一个图像或声音的片段，分解出诸如色彩、形状、纹理、旋律、频率、音高等特征，作为检索入口来实施操作。如今已经出现专门搜索声音的声音搜索引擎。多媒体搜索比纯文本搜索要复杂许多，一般多媒体搜索包含 4 个主要步骤：多媒体特征提取、多媒体数据流分割、多媒体数据分类和多媒体数据搜索引擎。

（二）基于技术的分类

按照采用的技术划分，可分为四类搜索引擎。

目录式搜索引擎，也即第一代搜索引擎，使用网站分类技术，对网站进行树状归类，登录的网站属于至少一个类别，对每个站点都有简略的描述。这类搜索引擎主要依靠人工分拣，属于被动的搜索，更新慢、搜索能力不足，人工维护成本较高。

全文搜索引擎，也即基于网络机器人的搜索引擎，采用全文检索技术。全文检索技术处理的对象是文本，它能够对大量文档建立由字（词）到文档的倒排索引，在此基础上，用户使用关键词对文档进行查询时，系统将给用户返回包含该关键词的网页，大大地提高了信息检索的速度。

元搜索引擎，是一种调用其他独立搜索引擎的引擎。元搜索引擎在接受用户查询请求时，同时在其他多个引擎上进行搜索，并将结果返回给用户。

---

① 张志和：《基于文本和内容的图像搜索引擎的设计与实现》，电子科技大学硕士论文，2013 年。

智能化搜索引擎是指以自然语言理解技术为基础的新一代搜索引擎。它将信息检索从目前基于关键词层面提高到基于知识层面,对知识有一定的理解与处理能力,能够实现分词技术、同义词技术、概念搜索、短语识别以及机器翻译技术等。[①]

(三) 基于检索内容所处领域的大小分类

按照搜索引擎检索的内容所处领域的大小分类,搜索引擎可分为通用搜索引擎和垂直搜索引擎两种。通用搜索引擎检索内容面向整个互联网的所有门类,覆盖的信息包罗万象,没有明确的针对性和指向性,通常搜索时间较长,而搜索结果的相关性较低,有价值的信息比较有限,不能满足互联网用户日益增长的信息需求。垂直搜索引擎作为通用搜索引擎的一个细化和分支,面向某一个信息门类,具有明确的针对性和指向性,搜索结果的相关性较高、精度高,具备"专、精、深"的特点。垂直搜索引擎可以基于特定的需求,为互联网用户量身定做,更好地满足用户的需要,优化了用户体验。

此外,按照用户的应用需求还可以将搜索引擎分为聚类搜索、整合搜索、个性化搜索、自然语言搜索、音乐搜索、视频搜索、社会化搜索、跨语言搜索等。

三、搜索引擎基本工作原理与实施过程

搜索引擎的基本工作原理是:首先在互联网中发现、搜集网页信息;然后对信息进行提取和组织,建立索引库;最后由检索器根据用户输入的查询关键字,在索引库中快速检出文档,进行文档与查询的相关度评价,对将要输出的结果进行排序,并将查询结果返回给用户。

搜索引擎的实施过程包括以下三个步骤:

首先抓取网页。每个独立的搜索引擎都有自己的网页抓取程序——爬虫(Spider)。爬虫顺着网页中的超链接,从这个网站爬到另一个网站,通过超链接分析连续访问抓取更多网页,被抓取的网页称为网页快照。由于互联网中超链接的应用很普遍,理论上,从一定范围的网页出发,就能搜集到绝大多数的网页。

其次处理网页。搜索引擎抓到网页后,还要做大量的处理工作才能提供检索服务。其中最重要的就是提取关键词,建立索引库和索引。其他工作还包括去除重复网页、分词(中文)、判断网页类型、分析超链接、计算网页的重要度/丰富度等。

最后提供检索服务。用户输入关键词进行检索,搜索引擎从索引数据库中

---

① 陈丹:《网络搜索引擎的发展及使用技巧》,《办公自动化》2014 年第 1 期。

找到匹配该关键词的网页；为了便于用户判断，除了网页标题和 URL 外，还会提供一段来自网页的摘要以及其他信息。①

四、搜索引擎媒体化

在互联网时代，人们通过搜索引擎从海量信息中搜寻并甄别真正需要的内容，从而满足了节约信息搜索成本的需求，并缓解了过量信息带来的信息焦虑，搜索引擎成为受众有意图、有目的、有动机的选择内容策略之一。据中国互联网络信息中心（CNNIC）统计，截至 2020 年 3 月，我国搜索引擎用户规模达 7.50 亿，占网民整体的 83%；手机搜索引擎用户规模达 7.45 亿，占手机网民的 83.1%，搜索引擎成为仅次于即时通信的第二大互联网应用。对搜索引擎的媒介依赖，预示着搜索引擎作为媒体具有巨大的影响力。

搜索引擎起源于为信息检索提供服务的网络信息技术应用，它伴随着互联网信息内容的激增而受到注目，迅速发展成为一种交互式信息平台。当用户出于信息方面的需要而寻求特定内容时，搜索引擎使用户接触到更多的信息内容，从而让用户对信息产生更为强烈的使用和交互动机。随着搜索引擎的信息传播和扩散能力不断加强，它已逐渐由技术工具演化成为一种新型的、有影响力的媒介。

搜索引擎所蕴藏的巨大商业价值逐渐被挖掘，也成就了专业运营搜索引擎的企业组织，典型代表如全球最大的搜索引擎 Google、全球最大的中文搜索引擎百度等，这些互联网企业越来越发挥着举足轻重的作用。多项研究表明，受众对搜索引擎的依赖已经远远高于对任何一个门户网站的依赖，正因为如此，主流媒体的注意力经济效益逐渐在搜索引擎领域显现出来。当搜索引擎对信息的控制力足够大时，其媒体特性逐渐显现，相应所承担的媒体责任也亟待明确。正如麦奎尔所说：媒体不同于其他企业，要挑起公共责任的重担，无论它们喜不喜欢。而搜索引擎这一新型传媒的公信力，与它们的信息甄选机制的独立性和公正性有着密切的联系。②

本章即测即评

① 左楠：《个性化搜索引擎的设计与实现》，河北科技大学硕士论文，2013 年。

② 梁晓涛、汪文斌：《搜索》，武汉大学出版社 2013 年版。

第八章 云计算与区块链技术

技术的进步与革新给人类社会开创了一个又一个崭新的世界，每一个技术神话的出现，都在不同程度上冲击、调整、重塑着现实世界已有的结构。作为互联网时代不可不知的技术名词——“云计算技术”为各行各业带来了前所未有的发展机遇，特别是对于处于风口浪尖的新闻传媒行业来讲，云计算技术更是带来了新的希望和曙光。

第一节 云计算概述

2018 年 1 月 25 日，DeepMind 公布了其录制的 AlphaStar 在网络游戏《星际争霸 2》中与两位职业选手的比赛过程，AlphaStar 分别以 5∶0 的成绩战胜了两位职业选手 TLO 和 MaNa。这是 DeepMind 人工智能 AlphaStar 的第一次公开亮相，它与 1997 第一次亮相的深蓝计算机一样再次昭示了人工智能的强大。有业内人士指出，AlphaStar 挑战电竞选手背后是一个始于人工智能，却落脚在云计算竞争的故事，这是除了精进的人工智能算法外云算力的竞争。数据、算法、算力是人工智能的生长动力，数据是基础资源，算法是对问题寻解的过程，算力就是计算能力。云计算在推动数据量呈几何级增长的同时降低了算力成本。显然，云计算是日益激烈的人工智能竞争中最受关注的技术之一。

一、认识云计算

2006 年，谷歌首席执行官埃里克·施密特在搜索引擎大会上首次提出云计算概念，他指出现在出现了一种有趣的新模式，其前提在于数据服务及数据架构是建立在服务器之上的，我们称其为“云计算”。2007 年，谷歌与 IBM 制定在美国大学校园推广云计算的计划，这项计划希望能降低分布式计算技术在学术研究方面的成本，并为这些大学提供相关的软硬件设备及技术支持，而学生则可以通过网络开发各项以大规模计算为基础的研究计划。

2008年，谷歌宣布在中国台湾开启“云计算学术计划”；IBM宣布将在中国无锡太湖新城科教产业园为中国的软件公司建立全球第一个云计算中心；与此同时，雅虎、惠普和英特尔宣布一项联合研究计划，推进“云计算”技术落地。戴尔申请了“云计算”（Cloud Computing）商标，此举旨在加强对这一未来可能重塑技术架构的术语的控制权。2011年，乔布斯在苹果全球开发者大会上重提iCloud云服务概念，潜行多年的云技术开始逐渐渗透用户的日常生活。

（一）云计算的定义

1960年左右，“人工智能之父”约翰·麦卡锡第一次提出将计算机批处理方式改造成分时方式，这使得计算机能同时允许数十甚至上百用户使用。麦卡锡让计算机作为一种公共设施为公众提供公共服务。而云计算因基于“时间共享模式”被认为是“计算机公共设施”这一概念的延伸。所谓“时间共享模式”即中央电脑的使用时间由多个用户共享，众多公司和个人可以共享计算机能力，从而降低人们使用计算机的成本。信息技术作为公共设施提供公共服务时，在某种意义上任何人无论身在何方都能获取大量以在线形式呈现的信息资源和服务。① 云技术的出现将为公众带来更加不可思议的技术神话。

虽然云计算是一种新近提出的计算模式，但并不是一个新生事物，云计算本质上是分布式计算、并行计算和网格计算的发展，反映了物理数据中心向虚拟中心演进的过程。美国国家标准与技术研究所（NIST）将云计算定义为：一种能够随处可用、便捷、按需的网络访问，进入可配置计算资源（例如网络、服务器、存储、应用程序和服务）的共享池，并且消耗最少的管理成本和服务提供商互动成本来快速获取信息的模型。共享池中的资源可以根据不同的负载动态地重新配置，以达到更加优化的资源利用。② 维基百科将云计算定义为：云计算将IT相关的能力以服务的方式提供给用户，允许用户在不了解提供服务技术、没有相关知识以及设备操作能力的情况下，通过Internet获取需要的服务。梳理国内外权威文献对云计算做出的定义，可以总结出云计算的核心就是将大量用网络连接的计算机资源统一管理和调度，构成一个计算资源池向用户提供按需服务。

---

① ［加］文森特·莫斯可：《云端：动荡世界中的大数据》，杨睿、陈如歌译，中国人民大学出版社2017年版。

② Mell P，Grance T. *The NIST definition of cloud computing*，NIST Spec. Publ，vol.145，p.7，2011.

（二）云计算的特性和类型

1. 云计算的特性

云计算使计算分布在大量的分布式计算机上，而非本地计算机中，这使得用户能够将资源切换到需要的应用上，根据需求访问计算机和存储系统，就好像是从古老的单台发电机模式转向了电厂集中供电的模式。它意味着计算能力也可以作为一种商品进行流通，就像煤气、水电一样，取用方便，费用低廉，只不过它是通过互联网进行传输的。云计算主要有如下特点：

（1）超大规模。云具有相当的规模，Google 云拥有 100 多万台服务器，Amazon、IBM、Microsoft、Yahoo 等的云均拥有几十万台服务器，企业私有云一般拥有数百上千台服务器。云能赋予用户前所未有的计算能力。

（2）虚拟化。云计算支持用户在任意位置、使用各种终端获取应用服务。所请求的资源来自"云"，而不是固定的有形的实体。应用在"云"中某处运行，但实际上用户无须了解、也不用担心应用运行的具体位置。只需要一台电脑或者一个手机，就可以通过网络获取服务，甚至实现超级计算这样的任务。

（3）云服务多样性。云计算系统提供的是服务，服务的实现机制对用户透明，但用户无须了解云计算的具体机制，就可以按需获得多样的服务。

（4）高可靠性。云计算系统由大量商用计算机组成集群向用户提供数据处理服务。在没有专用的硬件支持下，采用软件的方式，即数据冗余和分布式存储来保证数据的可靠性。

（5）高可用性。通过集成海量存储和高性能的计算能力，云能提供较高的服务质量。云计算系统可以自动检测失效节点，并将失效节点排除，不影响系统的正常运行。

（6）编程模型高层次。云计算系统提供高层次的编程模型。用户通过简单学习，就可以编写自己的云计算程序，在云系统上执行，满足自己的需求。

（7）极其廉价。云由节点构成，不仅高容错而且服务廉价，云的自动化集中式管理使大量企业无须负担日益高昂的数据中心管理成本。云的通用性使资源的利用率较之传统系统大幅提升，因此用户可以充分享受云的低成本优势，往往只要花费几百美元、几天时间就能完成以前需要数万美元、数月时间才能完成的任务。

云计算技术的出现改变了计算资源与服务的交付模式。通过网络获取和访问非本地的计算资源与服务不仅具备显著的成本优势，而且具有灵活的按需提供与服务架构，同时云端百万台级服务器的超大规模也赋予了用户前所未有的计算能力。借助非本地虚拟化的云计算技术，数据分析处理可以实现海量信息和大数据背景下从信息到知识的转化。[①]

2. 云计算的服务类型

云计算包括以下几个层次的服务：基础设施即服务（IaaS），平台即服务（PaaS）和软件即服务（SaaS）。

（1）IaaS 是 Infrastructure as a Service 的缩写，意即“基础设施即服务”，用以描述基于云计算的基础设施架构，其关键是基于网络的基础设施的不断更新和完善。最大优势在于允许用户动态申请或释放节点，按使用量计费。运行该服务的服务器规模往往多达几十万台，几乎可以认为用户能够申请的资源是无限的，且供公众共享，使用率较高。

（2）PaaS 是 Platform as a Service 的缩写，意即“平台即服务”，指云计算提供的信息化服务平台及其相应的能力。该平台具有低成本、高可靠性、高可用性、高扩展性以及高安全性等特性，可以成为用户有效的工作和生活平台；具有开放的平台接口能力，提供应用开发环境和工具；并且可以轻松实现不同设备间的数据与应用共享。

（3）SaaS 是 Software as a Service 的缩写，意即“软件即服务”。用户只需一个网上终端和一个浏览器软件，就可以实现安全可靠的数据存储，以及不同设备间的数据和应用共享。通过该服务层出不穷的应用程序，用户能够与世界各地的人共同访问和处理数据信息，省去在服务器和软件授权上的开支。

二、云计算关键技术

云计算技术是一种以数据为中心的数据密集型的新型超级计算方式。它涉及众多技术，其自身特有的三种主要关键技术分别是：分布式编程模式、数据存储技术和数据管理技术。[②]

（一）分布式编程模式

云计算编程模式的主要目的是使用户能够简单地获取和调用云端资源。目前云计算主要采用的是 Google 的 Map Reduce 分布式编程模式，其工作方式为将一个大数据计算任务通过 Map 的方式拆分为若干相对较小的数据形式，并在不同的节点进行分析处理。各单元节点处理完成后再通过 Reduce 的方式汇总处理结果以达到快速处理大数据的效果。该处理方式将数据拆分并进行高度并行化处理，节省了大量时间并且能充分调用云端计算资源，具有非常优良的计算性

---

① 卢小宾、王涛：《Google 三大云计算技术对海量数据分析流程的技术改进优化研究》，《图书情报工作》2015 年第 3 期。

② 陈全、邓倩妮：《云计算及其关键技术》，《计算机应用》2009 年第 9 期。

能。现在大部分IT厂商提出的云计划中采用的编程模型,都是基于Map Reduce的思路开发的。

(二) 数据存储技术

云计算满足用户大数据并行计算需求的同时,还必须具备大容量存储和高速率读取的功能。为了高效地处理数据,在存储端需采取多副本的冗余存储模式。对于云存储来说,大规模的数据存储能力、存储安全的保障和数据读写的高速率是其承担的主要任务。以Google的GFS(Google File System)为例,它是一套可实现大数据完整计算的分布式文件控制系统和存储平台。GFS由一个主控单元和大量分服务器组成,其中主控单元存储了文件系统的元数据,每个数据在分服务器中都有若干备份,修改文件时会对所有当前备份文件进行一致更新。GFS的处理方式是:用户终端与主控单元进行信息通信后,确定目标数据单元的位置,并直接对目标数据单元服务器进行数据操作。

(三) 海量数据管理技术

数据管理技术是指对大数据集进行处理、分析以向用户提供高效服务的技术。管理技术中需要解决的两个关键问题是:高效管理大数据集、在海量数据中找到特定的数据。

云计算的特点是对海量的数据存储、读取后进行大量的分析,数据的读操作频率远大于数据的更新频率,云中的数据管理是一种读优化的数据管理。因此,云系统的数据管理往往采用数据库领域中列存储的数据管理模式,即将表按列划分后存储。云计算的数据管理技术中最著名的是Google提出的Big Table数据管理技术。这是一种为了管理结构化数据而设计的分布式存储系统,这些数据可以扩展到非常大的规模,例如在数千台商用服务器上达到PB(Petabytes)级。

除此之外,虚拟化技术也是云计算的一项重要技术,其主要作用是通过虚拟机的方式为用户提供一种“抽象”的服务,即通过将操作环境整体打包传输到其他物理节点上,将实际处理环境与物理环境相分离。虚拟化技术可将软件的应用与硬件的物理设备相分离,可为用户提供虚拟化的操作系统、存储和网络资源等。虚拟化技术具备超越物理平台、便捷高效地利用主机资源的优点。

第二节 云计算在传播领域的应用

正如英国哲学家培根所说,知识的力量不仅取决于其本身价值的大小,更取决于它是否被传播,以及传播的深度和广度。可见,传播的力量足以改变世界。随着信息技术的快速发展,每天传播的信息量剧增,人们往往要花费更多的时间才能在海量数据中获取自己想要的信息。云计算作为一种新型的计算模式,革新了基于PC计算的传统网络传播模式,而基于云计算的信息服务将为新闻传播领域带来发展的新机遇,云传播基于云服务将深刻影响网络用户的生活、娱乐和工作方式。

一、云传播三要素

云计算的出现将互联网和移动互联网有效地连接起来,实现了海量网络资源和计算能力的分布式共享。云传播是云计算环境下人们传递和分享信息的一种模式,是对人们通过"互联云"进行信息传播活动的社会总过程的总体描述。① 云传播可看作一个基于云计算的社会信息系统,云传播系统中,云终端是工具,云服务是媒介,云计算中心是基础平台。②

(一)工具——云终端

云终端通常是指云计算技术中的终端设备。广义的云终端是指连接到网络上,并与服务端交互提供业务的各类终端,如PC、手机、iPad等;狭义的云终端是指类似网络计算机这样的瘦终端,通过远程桌面协议与服务器相连。云计算将颠覆原有互联网的服务模式,终端的若干功能都被转移到网络上,终端仅仅用于完成简单的输入和输出操作,用户所需要的业务则全部是由终端后面的网络来提供。在云传播模式下,用户可把全部或部分私人信息存放在云端(服务器端),借助任何可上网的移动终端随时随地开展信息传播活动,打破用户对特定终端的依赖:用户可用不同终端维护同一份数据,确保用户数据同步,避免多终端多版本带来的数据冲突和数据不一致。理想状态下,云传播系统中的某节点可以根据自身的信息需求,跟任何一个节点建立直接连接或间接连接。

(二)媒介——云服务

如上文所述,云计算的服务类型主要有三种:IaaS、PaaS和SaaS;也可按照服务的提供者分为公共云(Public Cloud)、私有云(Private Cloud)及混合云(Hybrid Cloud)三种。公共云由政府和大型企业建设,面向公众提供计算、存储和软件等各类服务,公众如用水电等公共设施一样只为其使用付费,价格便宜、资源利用

---

① 李卫东、张昆:《云传播的概念模型和运行机制》,《当代传播》2016年第1期。

② 李卫东、张昆:《"云传播":人类信息传播的革命》,《图书情报工作网刊》2011年第10期。

率高，缺点是安全性相较私有云低。私有云是企事业单位利用虚拟云技术建设的自有数据处理中心，功能完全由其服务的企事业单位管理，由于私有云构筑在防火墙之后，数据安全性更高。混合云的云服务架构是公共云和私有云的结合体，企事业单位可以在需求高峰期以低成本使用公共云，避免数据传输不畅，也可将公共云作为备用平台。一般来说，媒体机构应选择公共云及混合云来提升自己的工作效率。

随着云计算技术为媒体广泛使用，“媒体云”的概念应运而生。媒体云是基于云计算技术的一种可用于提供媒体服务和应用的新兴服务。媒体云的建构，不仅可以储存海量的文本、图像、音频、视频等数据，还可以实现媒体在各地的分支机构之间、各媒体之间的数据整合与共享，提高新闻生产的效率，改进传统的新闻生产模式。[①] 在以终端计算为主的网络传播模式下，大部分网络应用都是在用户端或者局端数据库上运行，用户主要通过终端来实际体验互联网所提供的业务。云传播模式下，传播节点获取信息服务的模式将由终端系统模式转换成云服务模式，用户只需根据自身的需求获取云服务，无须关心该云服务由谁提供[②]，也无须在终端上运行应用服务；且使用完之后就可以释放所有资源，大大提高了资源利用率。

（三）平台——云计算中心

云平台作为云计算技术的支撑平台将无数个信息孤岛连通起来，其基本类型包括公共云计算中心和专有云计算中心。目前，很多国家都建设有国家云计算中心，如我国在天津、深圳、长沙、济南、广州、无锡、郑州已建成 7 家国家超级计算中心，另外各省市也在积极建设云计算中心；一些大型信息技术企业也已建设云计算中心，如亚马逊云、谷歌云、微软云、联想云、阿里云、百度云和腾讯云等；也有一些按照行业领域建设的云计算中心，如教育云、健康云、制造云等。[③]

云传播模式目前主流的实现方式是依托开放平台。开放平台是平台服务商邀请其他企业或用户在现有平台上构建应用程序以提供云服务的方式，即平台服务商会创建一个标准化的接口，能使其他公司或用户利用其提供的平台资源建立产品。开放平台可开放的内容包括开放客户和产品数据、开放功能和服务、开放应用程序接口和源代码三个层次。开放客户和产品数据主要是指提供平台和产品数据供第三方调用，以利于开展营销服务；开放功能和服务主要是指服务

---

① 常宇峰：《云计算对新闻生产模式的影响》，《中国传媒科技》2012 年第 21 期。
② 叶惠：《云计算：让服务触手可及》，《通讯世界》2009 年第 7 期。
③ 李卫东、彭静、张昆：《云生态：云传播的媒介生态变革》，《新闻与写作》2018 年第 1 期。

提供商开放某种功能和服务供第三方使用;开放应用程序接口和源代码是指通过开放应用程序接口和源代码帮助第三方开发者节约成本以及调用开放资源开发各种应用。①

在传统信息化模式下,多数企业服务器计算能力的使用率很低,政府数据中心也有大量闲置的服务器计算资源。在云计算环境下,企业组织可运用第三方云服务,建设具有成本小、灵活性高、可扩展性强的企业信息系统。政府组织可依托政府云计算中心搭建云中的电子政务系统,实现云传播。

二、云计算与新闻传播新方式

云计算作为当前业界最受关注的技术和业务理念之一,给传媒行业带来了新的希望。随着云计算技术在新闻生产中的应用,国内外大型媒体机构如新华社、纽约时报、路透社等,纷纷推出了基于云计算的云服务支持体系,不仅可以满足新闻生产过程中日益提高的数据处理要求,而且还可以减轻新闻工作者的负担,提高新闻生产的效率,降低媒体运营成本。

云计算包括硬件资源(如 CPU、存储器等)和软件资源(如应用软件、集成开发环境等)。本地设备只需要通过网络发送一个需求信息,远端就会有成千上万的计算机为你提供需要的资源并将结果返回到本地设备。② 如此一来,只需在本地设备上传原始数据和需求,所有的存储、处理都由云计算提供商所提供的计算机群来完成,由此可见云计算已成为改进新闻生产流程的核心。云计算对新闻生产的模式也产生了一定的影响,主要体现在新闻采集方面、数据处理方面、内容整合方面以及新闻发布方面。

(一)新闻采集:云计算实现海量数据存储

数据存储量庞大是传媒业固有的特征,主要表现为信息处理量巨大、数据格式化多样化、终端庞杂化,以及传媒数据共享所占取的空间巨大。③ 一家传媒公司日常运营所生成和积累的用户行为数据量数以亿计,以此带来的是存储、处理和分析的巨大压力。

在传统的新闻生产流程中,记者通常通过对口单位、热线、“跑街”等途径获取新闻线索,采用面对面的采访方式,采访时文字记者、摄影记者、出镜记者单独工作,获取的新闻内容数据量较少且协同工作一般仅限于同单位记者之间。在

---

① 胡世良:《移动互联网商业模式创新与变革》,人民邮电出版社 2013 年版,第 92—93 页、60—62 页。

② 谭凌:《基于物联网和云计算的新闻制播流程再造》,《声屏世界》2014 年第 S2 期。

③ 张君浩:《云技术环境下传媒业发展思路探析》,《中国出版》2015 年第 6 期。

数字技术快速发展的大环境中，随着物联网技术、移动互联网技术的出现，新闻采集的内涵有了进一步扩展，除了传统获取新闻线索的途径之外，社交媒体和自媒体也为新闻源的获取提供了更多途径，对于记者的要求也从原来单一技能发展到掌握多种技能。以新华社记者为例，他们的摄影记者外出采访，一般会带十张 4G 到 8G 的 SCD 卡，每次采访将产生 40G 到 80G 的数据量，如此庞大的数据会很快填满记者的个人电脑空间，新华社自身的服务器也满足不了所有记者的存储要求。[①] 无限增多的数据带来的存储、处理和分析的压力与日俱增，只有在云计算平台上，大数据才能发挥其力量。如新华社开发了“新华云”，记者可以随时随地将数据传往云端，由云中的计算机群进行海量数据存储。云技术在对数据资源的存储、性能扩展和处理速度等方面都具有显著优势，海量数据挖掘处理与大数据分析正在成为传媒业新的竞争方向。

（二）数据处理：云计算提高数据处理能力和新闻生产效率

以最快的速度将最准确的信息告知受众是新闻工作者追求的梦想。网络时代的记者需要掌握各种编辑文字、图片和视频的软件技术，但记者外出采访往往只能携带简单的设备，如笔记本电脑、手机等，这些设备的数据处理能力有限，尤其是遇到突发新闻时，无法在最短时间内完成新闻作品的制作。

云计算不仅可以进行大数据文件的快速存储、编辑和转码，还可以对不同新闻事件的数据进行有效整合，对相关人员有针对性地发布指令以提高生产效率。物联网技术的出现也有助于云计算技术实时感知接入物联网中的所有人员和设备的状态。媒体机构的云服务系统在接到记者传送到云中心的指令后，迅速地将数据处理完毕并进行下一步传送，节省了记者的时间和精力。云计算的出现，加速了内容流通，实现了不同媒体、不同国家、不同语言记者的协同作战，不仅加快了新闻的制作速度和传播速度，还丰富了新闻的内容。

（三）内容整合：云计算整合碎片化信息提高编辑效率

云计算技术将一切运算和存储都放在云端，个人不需要更多的资源，只需要一部手机或笔记本电脑，就可通过浏览器做各种即时运算和存储。云计算使得任何一个介入网络的个体都是具有同等地位的信息传递者和接收者。云计算带来了去中心化的对等传播，对等指在传播过程中不存在大量集中的、垄断的信息专业机构，没有专职向外传递信息的中心，也没有专门接受的受者。[②] 这种去中

---

① 常宇峰：《云计算对新闻生产模式的影响》，《中国传媒科技》2012 年第 21 期。

② 张君浩：《云技术环境下传媒业发展思路探析》，《中国出版》2015 年第 6 期。

心化使得人与人之间可以通过网络自由地联合。

去中心化的对等传播方式取代了传统新闻生产模式中单向的、线性的、面向受众的传播模式。当今媒体机构面对的是用户群体，包括各种移动新媒体的使用者。这些用户不仅是新闻的接收者，同时也是新闻的提供者和传播者。大量碎片化信息充斥在互联网和移动互联网上，云计算可以快速、高效、低成本地帮助媒体机构进行碎片化信息的整理，辨别信息的真假、来源，从中筛选出优质的新闻作品。

（四）新闻发布：云计算推动新闻订购

传统的新闻发布模式，是媒体将内容强制性地推送给受众，比如报纸将所有类型的新闻都放在一起，不论用户的兴趣点在哪里，一旦订阅报纸就意味着订阅所有的内容。新媒体技术的发展，使得新闻的提供模式发生了转变，受众变为用户且地位不断提高，用户获取新闻从被动接受转向主动订购，即用户根据自己的兴趣和需求从媒体订购某一主题的新闻，比如财经类新闻、娱乐新闻等。这就要求新闻编辑对用户进行深入的研究并进行用户关系管理，同时还要进行不同类型内容的收集、整理和分析。对于媒体用户来说，除了了解新闻事件，他们也想知道该新闻发生的背景、趋势以及国内外的反应和造成的影响等。这些信息的提供，需要对大量数据进行分析整理，对于人工编辑来讲难度不言而喻。

而基于云计算的新闻服务平台大大提高了媒体在数据处理、数据库构建等方面的能力，如新华云提供的云服务产品体系，使媒体能更好地为用户提供新闻信息定制服务，激发用户对某些专业或深度内容进行新闻订购的兴趣。媒体利用云计算进行新闻营销，不仅能提高新闻产品的质量，也为打造自己的新闻品牌提供了有力的支持。①

三、媒体的云技术应用

新闻媒体机构的变革与媒介技术的进步紧密相关，随着大数据、云计算、人工智能等技术蓬勃发展，智能终端技术也不断成熟，新兴媒介技术正逐渐覆盖新闻传播领域。云计算作为媒介融合环境下最热的技术之一，正在逐渐被新闻传播从业人员所了解和熟知，在传统媒体与新媒体领域都有着不同程度的应用和实践。

① 常宇峰：《云计算对新闻生产模式的影响》，《中国传媒科技》2012年第21期。

（一）传统媒体云技术尝试

在信息技术快速发展的今天，传统媒体因受制于理念和技术等原因似乎逐渐落后于新兴媒体，它们迫切需要拓展新闻源，强化互动与社交属性，提高信息整合与传播速度。

云服务技术的快速发展使得信息传播格局发生了翻天覆地的变化，在巨变面前，传统媒体的龙头——新华社，率先拥抱云服务技术。2012 年在 EMC 和易美云同步盘的协助下，新华社搭建完成了国内最先进的媒体素材库。2017 年 2 月 19 日新华社正式启动"现场云"全国服务平台，以与国内媒体共享成熟的"现场新闻"直播态产品，为国内媒体提供融合发展新平台。包含中央媒体、地方媒体、地方党政机关在内的首批 102 家机构同步入驻该平台。[①] "现场云"全国服务平台基于"现场新闻"技术平台，向全国新闻媒体开放"现场新闻"功能应用，提供"一站式"整体解决方案。通过"现场云"系统，记者只需一部手机就可实现素材采集和同步回传，后方编辑部可实时进行在线编辑和播发，从而大大增强报道全时性和即时性。

"随着以互联网为主的新媒体平台，构建了与传统媒体截然不同的信息生产与传播体系，意义分享、参与互动、用户生产与个性化传播成为主流方式，重构了信息共享的仪式空间，使得互动仪式传播成为可能。"[②]云服务相对摆脱了硬件的制约，进一步革新了传统视频、图文的单向传播方式，使得媒体机构可以第一时间获取用户的反馈，用户也可以第一时间收到回复，极大地增强了用户的参与热情。云技术削弱了以往权威传统媒体固有的距离感，这种距离感导致媒体与用户之间缺乏互动，现在传统媒体应用云服务技术，通过云存储和相关云平台打造多视角、多手段、全方位的新闻传播流程，在增强新闻呈现多样性的同时也极大实现了与用户之间的双向互动。

（二）新媒体云技术应用

随着传播技术的发展，大量互动式服务被开发出来并提供给用户，新的服务形式与传统的、单向的服务有根本区别，驱使着内容及其传播渠道发生质的改变。"去中心化""碎片化""内容定制"等用于描述当下新媒体用户对内容个性化和多样化要求的词汇不断被创造和使用，以往特定的内容提供已经无法满足现在的用户。

---

① 《新华社推出"现场云"全国服务平台——助力传统媒体"一站式"迈入直播时代》，《新华每日电讯》2017 年 2 月 20 日。

② 高丽华：《基于社会化媒体平台的互动仪式传播》，《中国出版》2014 年第 14 期。

云技术和大数据的结合是目前满足用户个性化信息需求的最好方法。在提供双向传播渠道和互动终端的基础上，媒体机构将通过客户端和服务器端采集的事件、交易和日志等数据，构建出全媒体环境下的用户消费行为分析模型，如观赏模式分析、舆情热点预测、内容市场细分等，从而对内容生产和服务提供有力的决策支持。

作为目前最受欢迎的智能推荐引擎之一，今日头条为用户推荐个性化、定制化的有价值的信息，提供连接人与信息的新型服务，其精准推送离不开云计算技术。众所周知，今日头条的算法分发是新兴媒介技术与新闻业结合的产物，基于数据挖掘、机器学习等人工智能技术，高度依赖对海量用户信息的收集与分析，这正是云计算的优势。

第三节　区块链技术

正如以太坊创始人，年仅 24 岁的布特林（Vitalik · Buterin）所说："区块链就像一台魔法计算机，任何人都能够上传程序并自我执行，程序执行前和执行后的所有状态都公开可见，密码经济学为程序严格按照协议执行提供了机制保障。"区块链不是一项新技术，而是一个新的技术组合。与云计算不同的是，区块链本身就是一种资源，有按需供给的需求，云计算的技术和区块链的技术是可以相互融合的。

一、区块链技术概述

（一）区块链技术发展与现状

1. 区块链和区块链技术

区块链的概念由中本聪（Satoshi Nakamoto）于 2008 年在《比特币白皮书》中提出。区块链是一种按照时间顺序将数据区块以顺序相连的方式组合成的一种链式数据结构，并以密码学方式保证的不可篡改和不可伪造的分布式账本（分布式数据库）。区块链技术是利用块链式数据结构来验证与存储数据，利用分布式节点共识算法来生成和更新数据，利用密码学的方式保证数据传输和访问的安全，利用由自动化脚本代码组成的智能合约来编程和操作数据的一种全新的分布式基础架构与计算范式。也就是说，区块链是一个分布式的链接账本，每个账本就是一个"区块"，基于分布式的共识算法来决定记账者，账本内交易由密码学签名和哈希算法保证不可篡改，账本按产生的时间顺序链接，当前账本含有上一个账本的哈希值，所有交易在账本中可追溯。

2. 区块链的特征

区块链是一种共享的分布式数据库技术。尽管不同报告中对区块链的介绍措辞都不完全相同,但以下四个技术特点是共识性的。

(1) 去中心化(Decentralization)。区块链由众多节点组成一个端到端的网络,不存在中心化的设备和管理机构,任一节点停止工作都不影响系统整体的运作。

(2) 去信任(Trustless)。系统中所有节点之间通过数字签名技术进行验证,无需信任也可以进行交易,只要按照系统既定的规则进行,节点之间不能也无法欺骗其他节点。

(3) 集体维护(Collectively Maintain)。系统是由其中所有具有维护功能的节点共同维护的,系统中所有人共同参与维护工作。

(4) 可靠数据库(Reliable Database)。系统中每一个节点都拥有最新的完整数据库拷贝,单个甚至多个节点对数据库的修改无法影响其他节点的数据库,除非能控制整个网络中超过 51%的节点同时修改,这几乎不可能发生。区块链中的每一笔交易都通过密码学方法与相邻两个区块串联,因此可以追溯到任何一笔交易的源头。

3. 区块链的分类

根据不同的分类标准,区块链有不同的分类方式。以参与方分类,区块链可以分为公有链、联盟链和私有链;从链与链的关系来分,可以分为主链和侧链。

区块链技术的深入科普

(1) 公有链(Public Blockchain)。公有链通常也称为非许可(Permissionless Blockchain),无官方组织及管理机构,无中心服务器,参与的节点按照系统规格自由接入网络、不受控制,节点间基于共识机制开展工作。公有链是真正意义上的完全去中心化的区块链,它通过密码学保证交易不可篡改,同时也利用密码学验证以及在经济上作出激励,在互为陌生者的网络环境中建立共识,从而形成去中心化的信用机制。公有链中的共识机制一般是工作量证明(Proof of Work,PoW)或权益证明(Proof of Stake, PoS),用户对共识形成的影响力直接取决于他们在网络中拥有资源的占比。公有链一般适合于虚拟货币、面向大众的电子商务、互联网金融等 B2C、C2C 或 C2B 应用场景,比特币和以太坊等就是典型的公有链。

(2) 联盟链(Consortium Blockchain)。联盟链是一种需要注册许可的区块链,这种区块链也称为许可链(Permissioned Blockchain)。联盟链仅限于联盟成员参与,区块链上的读写权限、参与记账权限按联盟规则来行使。整个网络由成员机构共同维护,一般通过成员机构的网关节点接入网络,共识过程由预先选好的节点控制。由于参与共识的节点比较少,联盟链一般不采用工作量证明的挖矿机制,而是多采用 PoS 或 PBFT、RAFT 等共识算法。

(3) 私有链(Private Blockchain)。私有链一般建立在某个组织内部,系统的运作规则根据组织要求进行设定。私有链的应用场景一般是企业内部的应用,如数据库管理、审计等;在政府中也有一些应用,比如预算和执行,或者行业统计数据,该数据一般由政府登记,但公众有权监督。私有链的价值主要是提供安全、可追溯、不可篡改、自动执行的运算平台,可以同时防范来自内部和外部对数据的安全攻击,这在传统的系统中是很难做到的。

(4) 侧链(Side Chain)。通俗地说,主链可以理解为正式上线的、独立的区块链网络,而侧链则不然。侧链用于确认来自其他区块链的数据,通过双向挂钩(Two Way Peg)机制使比特币、Ripple 币等多种资产在不同区块链上以一定的汇率实现转移。侧链保障了这一过程的安全性。以比特币为例,侧链的运作机制是,将比特币暂时锁定在比特币区块链上,同时将辅助区块链上的等值数字货币解锁;当辅助区块链上的数字货币被锁定时,原先的比特币就被解锁。侧链进一步扩展了区块链技术的应用范围和创新空间,使区块链支持包括股票、债券、金融衍生品等在内的多种资产类型,以及小微支付、智能合约、安全处理机制、真实世界财产注册等;侧链还可以提高区块链的隐私保护水平。

(二) 区块链技术的应用

随着区块链技术在金融领域应用的不断验证,其技术优势在其他行业领域也逐渐体现出来。目前,医疗健康、版权、教育、文化娱乐、通信、慈善公益、社会管理、共享经济、物联网等领域都在逐渐落地区块链应用项目。

1. 区块链+医疗

在医疗领域,区块链能利用自己的匿名性、去中心化等特征保护病人隐私。电子健康病例(EHR)、DNA 钱包、药品防伪等都是区块链技术可能的应用领域。IBM 在 2017 年的报告中预测,全球 56%的大型医疗机构将在 2020 年前投资区块链技术。

目前,国外如飞利浦医疗、Gem 等医疗巨头和 Google、IBM 等科技巨头都在积极探索区块链技术的医疗应用,也有 Factom、BitHealth、BlockVerify、DNA. Bits、Bitfury 等区块链技术公司参与其中。国内,阿里健康与常州市合作了医联体+区块链试点项目,众享比特、边界智能等区块链技术创业公司也在布局相关项目。

2. 区块链+物联网

物联网是一个非常宽泛的概念,如果将通信、能源管理、供应链管理、共享经济等涵盖在内,区块链技术的物联网应用将成为一个非常重要的应用领域。

以供应链管理为例，现代企业的供应链不断延长，出现零碎化、复杂化、地理分散化等特点，给供应链管理带来了很大的挑战。核心企业对供应链的掌控能力有限，同时对假冒商品的追溯和防范也存在很大的难度。作为一种分布式账本技术，区块链能够确保透明度和安全性，也显示出其解决当前供应链所存在问题的潜力。

应用层面，IBM 在 2016 年就推出了一个区块链供应链服务，客户可以在云环境中测试基于区块链的供应链应用来追踪高价值商品，区块链初创企业 Everledger就使用了该项服务来推动钻石供应链实现透明。在国内 IBM 也与易见股份合作了“易见区块链应用”，用于医药供应链及供应链金融领域。微软推出的区块链供应链项目 Project Manifest 已经吸引了 13 家合作伙伴，行业涉及汽车零部件、医疗设备等。

3. 区块链+版权 & 文化娱乐

互联网普及以来，数字音乐、数字图书、数字视频、数字游戏等逐渐成为信息传播的主流。知识经济的兴起使得知识产权成为市场竞争的核心要素。但当下的互联网生态里侵权现象严重，数字资产的版权保护成为行业痛点。

区块链具有去中介化、共识机制、不可篡改的特点，利用区块链技术，能将文化娱乐价值链的各个环节进行有效整合、加速流通，缩短价值创造周期；同时，可实现数字内容的价值转移，并保证转移过程的可信、可审计和透明，有效预防盗版等行为。

目前，区块链行业致力于解决版权问题的项目已为数不少，国外如 Blockai 帮助艺术工作者在区块链上注册作品版权，Mediachain 针对图像作品进行认证和追溯，Ascribe 进行知识产权登记，Decent 发布了一个去中心化的数字版权管理解决方案，等等。

在国内，海螺区块链与猪八戒网合作完成了基于海螺链构建的 OneFair 平台和猪八戒网的对接；亿书则瞄准数字出版行业，打造一个集写作、出版、分享为一体的综合平台；ETChain 泛娱链打造 IP 数字资产交易平台；国内首个获得虚拟货币交易许可的区块链资产交易平台——黑石区块链也将 IP 作为第一批交易品种。另外像 YOYOW、纸贵科技、物链、知产链 IPChain 等创业公司也都在涉足 IP 版权领域。①

二、云计算环境下的区块链机制

2018 年 4 月 1 日 BI 中文站发布《传谷歌即将推出云计算区块链产品》，此

① 川：《区块链技术的深入科普》，微信号怪诞笔记 2018 年 1 月。

消息使人们纷纷开始期待云计算这个新技术与更新的区块链能擦出怎样的火花。谷歌相关人士表示:“与许多新技术一样,我们也有不同团队正在探索区块链的潜在用途。对我们来说,推测任何可能的用途和计划还为时过早。”即便如此,他也表示,区块链具有的不可篡改特性是比特币、以太坊和其他加密货币的基础。开源区块链项目 Hyperledger 执行总监贝伦多夫(Brian Behlendorf)表示,谷歌将通过云计算服务提供区块链产品。目前,谷歌云计算服务的用户可以设置数据库,或是调用谷歌的机器学习技术。未来,他们很可能也会通过谷歌云去使用区块链产品。① 由此可见,云计算和区块链的结合有可能是未来各大商业巨头抢占的技术高地。

(一)云计算与区块链的区别

美国国家标准与技术研究院(NIST)指出:云计算采用一种按使用量付费的模式,这种模式提供可用的、便捷的、按需的网络访问,进入可配置的计算资源共享池(资源包括网络、服务器、存储、应用软件、服务等),这些资源能够被快速提供,而且只需投入很少的管理工作或与服务供应商进行很少的交互。

而区块链的本质是分布式账本和智能合约。分布式账本就是一个独特的数据库,这个数据库像一个网络一样,所有人都使用区块链就会建立一个生态系统。个人的分布式账本通过数学以及密码学方法,可以永远记住固定序列,记入其中的内容不会被篡改。智能合约是交易双方互相联系的约定和规则,谁都不能更改,自动运行。简单来讲,云计算秉承按需分配的理念,区块链代表无权威化的信任体系。

云计算主要是以 CPU 为核心的复杂逻辑计算,而区块链是以 GPU 或 ASIC 为核心的简单线性计算。CPU 是一个全能选手,主要实现各种复杂的应用架构。而 GPU 或 ASIC 擅长大量、简单、并行的计算,来竞争获取工作量证明。大量矿机(以运算赚取比特币等数字货币的计算机)由擅长简单并行计算的 GPU 或 ASIC 组成。GPU 并不能取代现有的以 CPU 为主的应用计算服务。云计算的网络为了实现应用的复杂网络拓扑,完全采用为应用进行定制的方式,每个计算单元之间是通过“路由”来实现的复杂的逻辑关系。而区块链的网络就是一个建立在公共网络中的 P2P 网络。在这个网络里,每个计算单元的网络地位都是平等的。这种彻底扁平的网络是以快速传播信息为目的的,不可能实现云计算应用复杂的网络架构。云计算内的存储有很多种,有基于文件的、基于对象的、

① BI 中文站:《传谷歌即将推出云计算区块链产品》,腾讯科技 2018 年 4 月 1 日。

基于块的。这些存储作为一种资源，往往是独立存在的，一般采用共享的方式，由应用来选择。而区块链里的存储独立存在于链里各节点的存储空间，一般就是本机所带的普通廉价硬盘。区块链里存储的价值不在于存储本身，而是在于相互链接的不可更改的块。与云系统最大的区别是，区块链的文件系统可以读写数据，但数据一旦写入就不能修改和删除。①

（二）云计算与区块链的联系

仅从性质上看，云计算是按需分配，区块链则构建了一个信任体系，但区块链本身就是一种资源，有按需供给的需求，可以作为云计算的一个组成部分，云计算技术和区块链技术之间是可以相互融合的。

区块链与云计算两项技术的结合，从宏观上来说，一方面，区块链可以利用云计算已有的基础服务设施或根据实际需求做出的相应改变，实现开发应用流程的加速，满足未来区块链生态系统中，初创企业、学术机构、开源机构、联盟和金融等机构对区块链应用的需求。另一方面，对于云计算来说，"可信、可靠、可控制"被认为是云计算发展必须要翻越的"三座山"，而区块链技术以去中心化、匿名性以及数据不可篡改为主要特征，与云计算长期发展目标不谋而合。

从存储方面来看，云计算内的存储和区块链内的存储都是由普通存储介质组成。不同的是，云计算内的存储往往是独立存在的资源，一般采用共享的方式，由应用来选择。而区块链里的存储价值不在于存储本身，而是在于相互链接的不可更改的块，是一种特殊的存储服务，云计算里确实也需要这样的存储服务。比如结合"平安城市"，将数据放在这种类型的存储里，利用不可修改性，让视频、语音、文件等作为公认有效的法律依据。

从安全性方面来说，云计算里的安全主要是确保应用能够安全、稳定、可靠的运行。这种安全属于传统安全范畴。而区块链内的安全是确保每个数据块不被篡改，数据块的记录内容不被没有私钥的用户读取。利用这一点，如果把云计算和基于区块链的安全存储产品结合，就能设计出加密存储设备。②

三、区块链技术在新闻传播领域的应用

2018 年 1 月 30 日，当"CNN Token 与印度第一新闻应用 NewsDog 达成战略合作，旨在利用区块链技术共同打造数字内容生态系统"的消息爆出时，区

① lin000001：《区块链和云计算之间有何关系？》，CSDN 博客 2018 年 7 月 23 日。

② 电子说：《云计算与区块链有什么区别？如何结合？有何优势？》，电子发烧友网 2018 年 4 月 5 日。

块链这个自2008年提出伊始就备受关注的技术热词在新闻传播领域掀起了热潮。

"去中心"是基于分布式结构的互联网的一大初始特色，而去中心化的趋势解构了原有的媒介社会，一种新的媒介组织形态——平台出现，聚合了互联网上无组织的组织力量，随着一个个平台型互联网巨头（BAT、新浪微博、今日头条等）的出现，以往以传统媒体为中心的媒介社会被彻底改变。目前，这些内容聚合平台普遍存在的困扰是，聚合优质内容成本很高、获取成本也越来越高，而各个内容社区各自为政，彼此之间竞争激烈，进一步加剧了这一困扰。

区块链与现有互联网的区别是什么？区块链首次使颗粒化的自组织发展成为可能。互联网最开始是分布式的，但后来随着大型网站的出现，互联网逐渐集中化。现在互联网已经不只是算力的集中，还形成了组织的集中化，出现了少数寡头。互联网从一个分布式的模式，已经演变为集中化的模式。所以区块链的意义就在于：去中心化的同时再中心化，预示着互联网世界的重新洗牌，并跃迁至更高层次和维度。①

（一）打造全新的数字内容聚合平台

一度引起广泛关注的Civil是基于以太坊区块链技术的内容管理和发布平台，曾于2018年获得了区块链技术风投公司ConsenSys 500万美元投资，其中100万美元专门用来作为第一批新闻编辑室（News Rooms）的种子研发。Civil平台宣称将重点支持过去20多年来大量减少的地方新闻、调查报道和公共政策报道，要为新闻业创造一个能自我造血的全球性市场，它不需要广告、不会有假新闻，也免受政治和资本的干扰，知识产权都能得到保护。

Civil创始人埃尔斯（Matthew Iles）说，通过提供经济激励和创新治理结构，新闻和信息生产参与者（作者、编辑、摄影师、事实核查者等）能实现自组织，从而诞生一个全新的新闻商业模式，最终Civil可能成为一个支持新闻业持续发展的市场。另外，Civil还设立了独立的新闻顾问委员会，以保证平台上的新闻媒体坚守公正、客观和专业标准。区块链技术所采取的代币为内容生产和分发过程中的微支付提供了新的途径，进而有可能实现内容生产的众筹。例如，Civil的加密货币有投资价值，可供买卖；读者可以订阅Civil上的媒体，并用代币CVL资助喜欢的记者或新闻报道，从而形成一个新闻采集、加工和传播的新协作模

---

① 谭天论道：《区块链能否助力新闻传播》，搜狐网2018年2月12日。

式。[1] 虽然2019年8月Civil的最新一次ICO(Initial Coin Offering,首次代币发行)又宣告失败,但仍为区块链+新闻业提供了可能的模式。

由D-Run Foundation孵化的基于区块链的内容生态系统CNN(Content Neutrality Network,内容中立网络)是另一重要尝试。它借助的是一套基于区块链技术的内容行业协议(简称CNN协议)及基于该协议的多个机制。其中包括在CNN协议的基础上开发的内容流转机制(Content Circulation Mechanism,CCM),以及基于用户贡献的收入分成机制(Contribution Based Revenue Share,CBRS)。建立在不可篡改性基础上的CCM模式打破了社区间的内容屏障,促进内容跨社区无缝流通;建立在张首晟提出的ZhangRank理论基础上的CBRS模式促进了收入的公平分配;去中心化的获客和激励模式降低了获客成本,提升了激励成效。2018年11月,CNN与印度排名第一的新闻APP NewsDog达成战略合作,共同开创印度及全球内容市场的新篇章。同时CNN要解决的不仅仅是NewsDog一家所面临的内容和获客成本问题,而是将眼光瞄准了整个行业,它将区块链技术同内容行业相结合,为所有内容社区打造一个更开放、更公平、更高效的生态系统。

近几年来陆续推出的区块链内容项目还有Flixxo、Steemit、LivePeer、YouNow等。其中Flixxo是一个基于区块链技术的视频内容分发平台。目前视频平台中心化服务器存储和分发导致内容成本高昂,而该平台利用比特流内容分发协议来分发和共享内容,降低内容成本,提高创作者收益。

(二)全新的优质内容流通方式

如前所述,区块链技术所采取的代币为内容生产和分发过程中的微支付提供了新的途径,进而有可能实现内容生产的众筹,利用区块链技术,内容的作者和读者都能挣得微报酬(Microtips),从而使得围绕内容进行的网络互动更加活跃。入驻Civil平台的新闻和文化网络杂志Popula的创始人、记者和作家巴斯蒂罗斯(Bustillos)写道:想象一下,读者可以直接对他们感兴趣的新闻媒体贡献内容,同时不仅获得“点赞”,还能获得经济报酬。评论如果得到其他读者的好评,那么评论者的账号中就会收到微报酬,只要好评持续下去,评论者的收入就会持续增加。这样,Popula就可以直接对读者负责,并通过优质内容生产获得读者的经济支持,从而完全废除广告模式。

另一个在美国新闻业引起关注的与区块链技术相结合的例子是Po. et,其创始人为迪克(Jarrod Dicker)。和Civil不同,内容生产平台Po. et以个体用户为服

---

① 邓建国:《新闻=真相?区块链技术与新闻业的未来》,《新闻记者》2018年第5期。

务对象，使用区块链技术和 IPFS 系统建设了一个数字经济时代的新媒体基础设施。其最终目的是将内容产业从目前的平台转移到区块链平台上，从而实现对内容的真实认证和版权保护，帮助内容生产者理顺、跟踪和再造价值链。目前 Po. et 平台已经发展成一个网络社区，拥有 4 万名软件开发者和内容生产者、《每日电讯》等媒体以及 Reddit、Twitter 等社交媒体。

本章即测即评

第九章 虚拟现实技术

作为新一代信息技术的重要前沿，虚拟现实（Virtual Reality，VR）有望成为继电脑、手机之后下一个万亿级新兴市场。2018 年 10 月 19 日至 21 日，工业和信息化部、江西省人民政府在南昌联合举办 2018 世界 VR 产业大会，如同打开一扇观察 VR 的窗口，释放出 VR 产业加快发展的诸多新信号：VR 技术加速走向成熟，市场规模呈指数级增长；VR 不仅是简单的游戏娱乐，更是撬动制造转型的"新支点"[①]。伴随着 5G 商用的到来和人工智能等技术的发展，VR 离人们的生活会越来越近，"虚拟现实"正在走进现实。

第一节 虚拟现实技术概述

虚拟现实并不是一个十分新鲜的概念。不甘于被现实物理环境所限制，人们对于虚拟现实的想象古已有之，从早期文学作品和戏剧作品中的浪漫想象到开始付诸实践，再到概念、理论和技术的不断发展，虚拟现实发展到今天大致经过了六个阶段。

20 世纪 60 年代以前是关于虚拟现实这个概念的幻想阶段，大多出现在文学作品中。1938 年法国剧作家阿尔托的著作《残酷戏剧——戏剧及其重影》中将剧院描述为"虚拟现实（La Réalité Virtuelle）"——这是"虚拟现实"这一用法第一次出现。文学作品往往映射了人们对于某事物的想象和向往。1967 年，海利戈（Morton Heilig）构造了历史上第一个多感知仿环境的虚拟现实系统：Sensorama Simulator。由此，虚拟现实的概念开始走向科学研究领域，并随着时间的不断推进逐渐显现雏形。在 20 世纪 80 年代，VR 技术甚至出现在《科学美国人》和《国家询问者》杂志封面上。VPL Research 这家 VR 公司更是推出一系列 VR

① 《虚实结合未来已来——2018 世界 VR 产业大会释放发展新信号》，新华网 2018 年 10 月 21 日。

作品，并再次提出“Virtual Reality”一词，得到了较普遍的认可和使用，其创始人拉尼尔（Jaron Lanier）也因为被称为“虚拟现实之父”而永载史册。从20世纪90年代到21世纪初，虚拟现实的理论进一步得到完善并开始走向应用阶段。1992年VR电影《剪草人》的上映、街机游戏VR的短暂繁荣、美国著名科幻小说家尼尔·斯蒂芬森（Neal Stephenson）的虚拟现实小说《雪崩》的出版，这一系列事件都使得VR成为这一时期的热门话题。而很多科技公司也就此开始布局VR，但是由于技术还远未成熟，产品成本过高，所以很多尝试都失败了。21世纪头十年智能硬件迎来了发展的高潮，VR在市场上表现平平，但在医疗、飞行、制造和军事领域得到了深入的应用研究。直到2012年Oculus Rift众筹的惊人成功和2014年Facebook重金收购该创业公司的举动才让虚拟现实重新赢得市场青睐，重回市场风口。

很多传统行业都看到了虚拟现实技术应用的巨大潜力，纷纷进行探索，取得了阶段性的成果。美国高盛集团2016年发布的《VR与AR：解读下一个通用计算平台》和我国工信部下属的中国电子技术标准化研究院发布的《2016年虚拟现实产业发展白皮书》中都提到了目前应用较多或者未来有很大潜力的虚拟现实应用领域。高盛报告中提到的九个领域分别是：视频游戏、事件直播、视频娱乐、医疗保健、房地产、零售、教育、工程和军事。而工信部的报告中则概括为五大领域，分别是：军事领域、游戏娱乐领域、医学领域、工业领域和教育文化领域，并提出，“现阶段虚拟现实技术的主要应用在军事领域和高校科研方面较多，在教育领域、工业领域应用还远远不够，有待进一步加强。未来的发展应努力向民用方向发展，并在不同的行业发挥作用。”工信部在2018年12月发布了《关于加快推进虚拟现实产业发展的指导意见》，提出要推动虚拟现实技术产品在制造、教育、文化、健康、商贸等行业领域的应用，到2020年基本健全我国虚拟现实产业链条。

在国外，VR应用在游戏、科研、视频、军事等领域遍地开花，国内除了应用在科研和军事领域外，VR在新闻和广告营销方面的应用较多。如果说2014年是国际VR元年的话，2016年应该算是我国VR新闻应用元年和VR营销应用元年。

一时间，网易、新浪、腾讯等门户网站纷纷开辟VR频道，并在平台和内容方面大力投入。其中网易新闻为纪念切尔诺贝利核电站事故30周年策划的特别报道就利用了VR技术。深入事件发生地的采访、强大的数据支撑、VR技术的巧妙应用，使得这次新闻报道得到了新闻界和VR界的广泛关注和好评。阿里巴巴、联想与HTC vive、Pico等众多VR领域前沿公司合作并且布局VR内容生态，Buy+“造物神计划”引来消费市场的一个小高潮；暴风科技、凤凰数字科技、华闻传媒等文化传媒公司也在VR领域进行了战略投资及平台和内容的布局，暴风科技与美宝莲联手拍摄了第一部虚拟现实的广告片引发了广泛的讨论，兰亭数字与宝洁、阿里共同拍摄的“我的VR男女友”系列微电影也获得了业界的认可和好评……

从总体上说，在国内VR领域，许多人已经站在了VR营销的风口上等待风来，但风却迟迟没有吹起。

一、虚拟现实技术的概念与特征

（一）虚拟现实技术的概念

虚拟现实（也译作灵境技术）就是通过以计算机技术为核心的现代技术，生成逼真的视、听、触觉一体化的一定范围的虚拟环境，用户可以借助必要的装备以自然的方式与虚拟环境中的物体进行交互作用、相互影响，从而获得亲临等同真实环境的感受和体验。[①] 虚拟环境是由计算机生成的实时动态的三维立体逼真图像，它可以是某一现实世界的再现，也可以是虚拟构想的世界。虚拟现实的概念主要涉及现实世界、虚拟环境和人及交互设备三个要素。

在方法论层面，虚拟现实是人类在探索自然、认识自然过程中创造产生、逐步形成的一种用于认识自然、模拟自然，进而更好地适应和利用自然的科学方法和科学技术。

虚拟现实技术包括两个基础性问题，分别是实物虚化和虚物实化。实物虚化主要包括基本模型构建、空间跟踪、声音定位、视觉跟踪和视点感应等关键技术，这些技术使得虚拟世界真实感的生成、虚拟环境对用户操作的检测和操作数据的获取成为可能。虚物实化则主要研究用户在虚拟环境中获取视觉、听觉、力觉和触觉等感官认知的关键技术。

（二）VR与360°全景视频、AR、MR

随着虚拟现实概念一起走向市场的还有360°全景视频、AR、MR等概念，这几个概念看起来不同，但是在技术层面又有相近甚至相同之处，所以有时也会引发混淆。

1. 360°全景视频

再来细读VR的概念，就会发现VR和全景视频完全是两个不同“世界”的

① 赵沁平：《虚拟现实综述》，《中国科学（F辑：信息科学）》2009年第1期。

产物——VR 是在数字环境下制作完成的，人们所体验到的是全虚拟的环境；而我们一般所说的全景视频则是在某个具体的物理环境中，将现场 360°的全部状况拍摄下来以供体验的素材。场景制作的差异使得 VR 和全景视频在体验方面也有着很大的差别。

VR 的设想是只要和电脑连接，人们就可以在虚拟的世界里自由活动，活动范围和幅度基本不受限制；而全景视频因为是从现实世界取得的素材，则要受到摄像机取景范围的限制。全景视频虽然也竭力营造一种临场感，但是这种临场感是基于提前拍摄好的现实环境，体验者无法随心所欲地活动。而在虚拟现实中体验者则更少受到影片拍摄者或者制作者的限制——无论是在空间上还是时间线上：因为是完全沉浸式的虚拟体验，体验者可以跟随拍摄者/制作者进行探索，同样也可以自己“另辟蹊径”探索不同的空间，因此影片拍摄者和制作者需要不断引导体验者跟随故事的发展而行动。全景视频在控制体验者的视角和获得其注意力方面则要简单些，因为视频内容是跟随摄像机拍摄的时间线演进，呈现范围十分有限。两者在内容获取平台方面也有差异，虚拟现实的体验一般要用到一个头盔（目前智能手机等移动设备的使用也在进一步开发中），而全景视频的体验只需一个具备全景视频功能的播放器就可以（PC 端或者移动端都可），例如 Facebook 旗下的 YouTube 目前就有这种视频内容。

2. AR

AR 即增强现实，是 Augmented Reality 的简称，等同于真实世界加上数字化信息，AR 设备的代表是 Google Glass。AR 技术指的是通过电脑技术，将虚拟的信息应用到真实世界，真实的环境和虚拟的物体实时地叠加于同一个画面或空间中。

AR 的典型代表是游戏《口袋妖怪 Go》，这是一款让玩家走到户外捕捉“妖怪”的手机游戏，结合现实世界的街道与虚拟的口袋妖怪，玩家到室外去寻找“妖怪”并抓住他们。任天堂、Pokmon 公司和谷歌的 Niantic Labs 公司结合 AR 技术开发了这款游戏，在很短的时间内便风靡很多西方国家。在 VR 技术尚不成熟，而且内容极度缺乏的情况下，这款游戏的先发制人使得很多人看到了 AR 技术的市场潜力。相比于 VR 概念被描述得“不接地气”，让很多人认为 VR 实现起来几乎不可能或者应用领域将会有很大局限，AR 则似乎更容易实现，目前的技术也较为成熟，在内容方面也能相对轻易地转化。

事实上，口袋妖怪游戏中仅仅用到了 AR 技术中的一小部分，最典型的就是基于位置服务（LBS）技术，进行室外空间的定位，从而让玩家能够准确“捕捉”到“妖怪”。目前市场上所谓的虚拟体验大多是 360°全景视频，口袋妖怪提供的也只是类似于 AR 的体验。这款游戏看似是将虚拟的游戏角色与真实的生活场景相结合，实则是仍停留在手机摄像头+图像识别的初级阶段，之前的 Snapchat 已经运用过该技术。AR 的一个显著特征——虚拟世界与现实世界相结合并且能进行互动——在这个游戏中并没有实现。也就是说，在该游戏中，虚拟信息和真实世界还是明显区隔开的，玩家无法体验到“超越现实的感官体验”，而这才是真正的 AR 体验。

实际上，AR 技术比现在市场上所呈现的一些简单的增强现实场景技术要复杂得多。浙江大学计算机辅助设计与图形学国家重点实验室副教授张宏鑫曾经在接受澎湃的采访中提到，三维虚实交互、SLAM（实时定位与建图技术）和深度学习技术的突破对 AR 非常关键，这三方面将决定 AR 技术在游戏形态和其他各个应用层面的体验。比如，三维空间中交互主体的实时定位与环境构图、虚实无缝融合、基于手势识别的自然交互等。

除此之外，国内较早展开 AR 技术应用研究的学者王鹏杰也曾在采访中提到过 AR 技术的难点：AR 是一门交叉技术，它主要由计算机图形学、计算机视觉学、机器人技术和光学四门技术学科支撑，而每一门学科都可以分出无数的技术分支。①

3. MR

MR 即混合现实，是 Mixed Reality 的简称。MR＝VR ＋ AR＝真实世界 ＋ 虚拟世界＋ 数字化信息。MR 设备公司主要有微软 HoloLens 和 Magic Leap。

目前广为承认的一种定义是：MR 将真实世界和虚拟世界混合在一起，产生新的可视化环境，环境中同时包含了物理实体与虚拟信息，并且必须是“实时的”。

以上对 MR 的定义似乎与 AR 很像。确实，AR 经常被看作是 MR 的一种形式，因此在技术尚未成熟，还处于不断发展的情况下，当今业界为了描述方便或者其他原因，就把 AR 当作 MR 的代名词，用 AR 代替了 MR。

就目前 AR、VR 和 MR 的概念来说，如果说 VR 是对完全虚拟场景的体验，AR 是将虚拟信息叠加到现实世界从而达到增强现实的效果，营造出一种新的场景，MR 则是在 AR 的基础上进一步将虚拟信息和现实世界进行融合，不仅要增强现实，同时也要增强虚拟信息，用“真亦假来假亦真”来形容该技术一点不为过。

其实，虚拟信息叠加在现实世界之上，并且与之互动，给人带来“超越现实的感官体验”——这是用虚拟信息来增强现实，但必须同时用现实来增强虚拟信息才能达到这种高度深入、沉浸式的体验。所以，与其说 MR 是一种新的技术

---

① 杨鑫倢：《口袋妖怪只是入门级 AR 游戏，真正的代表作要会三门绝学》，澎湃新闻网 2016 年 7 月 16 日。

概念，不如说是 AR 技术在不断探索、完善中产生的进阶版。

MR 概念的出现，大概也难逃商业刺激的因素，说是微软 HoloLens 和 Magic Leap 不甘居于人后而打造出的新概念也未尝不可。在 MR 中，虚拟物体的相对位置不会随着设备的移动而移动；在理想状态下（数字光场没有信息损失），MR 设备中的虚拟物体和真实物体较难区分，而现阶段其他 AR 设备中则可以轻易区分开来——这也与技术的成熟程度息息相关。

据 Magic Leap 宣传，其主要研发方向是将三维图像投射到人的视野（涉及视网膜投影技术），体验者不需要额外佩戴增强现实的头盔等设备就可以观看到全息投影的画面并且与之互动。创始人阿伯维茨（Rony Abovitz）将它描述为一款小巧的独立电脑，人们在公共场合使用也可以很舒服。但是这种技术的成熟和普及还遥不可及，SLAM 技术是否已经取得突破很难说，其公布的视频是否是通过事先扫描空间建立模型达到的效果尚不可知；而另一个难点——处理虚拟图像和人眼的关系——则比涉及的其他技术还要困难得多。就目前的技术水平来说，想要让虚拟信息和现实世界无缝结合还太早。①

（三）虚拟现实技术的特征

美国科学家伯帝亚（G. Burdea）在 1993 年世界电子年会上发表了一篇题为《虚拟现实系统与应用》（*Virtual Reality Systems and Applications*）的文章，首次提出了虚拟现实技术的三个特性：沉浸性、交互性和构想性。这三个特征不是孤立的，它们之间是相互影响的，每个特性的实现都依赖于另两个特征。虚拟现实的这三个特征可以表示为图 9-1 的三角形，它也被称为“虚拟现实技术的三角形”②。

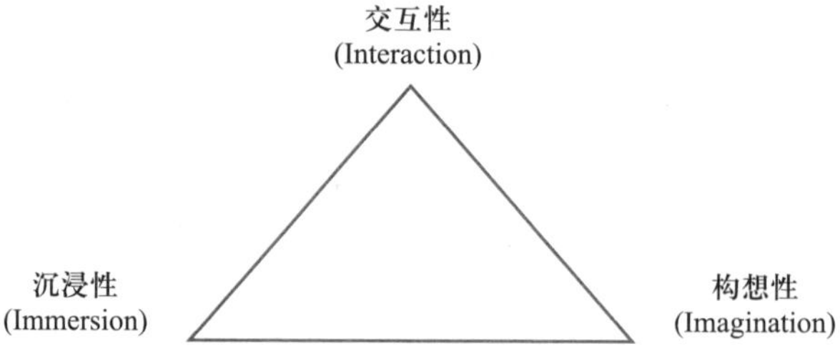

图 9-1　虚拟现实特征三角形

---

① Raydot555：《亲历者讲述：关于 Magic Leap 的技术派起底》，极客公园网 2015 年 10 月 31 日。

② 安维华：《虚拟现实的技术及其应用》，清华大学出版社 2014 年版，第 11 页。

交互性主要是指交互的自然性和实时性，用来表示参与者通过使用专门的输入和输出设备（如数据手套、力反馈装置等），用人类的自然技能实现对模拟环境的考察与操作的程度。

沉浸性是指用户感受到被虚拟世界包围，好像完全置身于虚拟世界之中一样，是虚拟现实技术最主要的特征。沉浸性来源于对虚拟世界的多感知性（Multi Perceives），除了常见的视觉感知外，还有听觉感知、力觉感知、触觉感知、运动感知、味觉感知、嗅觉感知等。目前相对成熟的主要是视觉沉浸技术、听觉沉浸技术、触觉沉浸技术，而有关味觉与嗅觉的感知技术正在研究中，目前还很不成熟。

构想性指用户在虚拟世界中根据所获取的多种信息和自身在系统中的行为，通过逻辑判断、推理和联想等思维过程，对系统的状态和进展进行想象。也就是说，用户可以根据在虚拟世界中的一系列交互行为和反馈结果，认识系统深层次的运动机理和规律性。

二、虚拟现实系统的类型

（一）典型的虚拟现实系统

虚拟现实技术的目的在于达到真实的体验和自然的交互，就目前的技术水平而言，只要能够部分达到上述目的就能称为虚拟现实系统。一个典型的虚拟现实系统应包括计算机（应用软件、数据库）、输入/输出设备、用户三个重要部分，如图 9-2 所示。

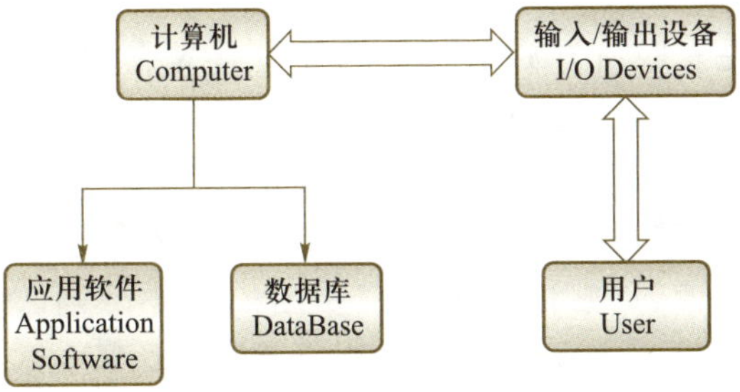

图 9-2　典型的虚拟现实系统①

（二）虚拟现实系统分类（从用户和交互的角度）

在实际运用中，从用户和交互的角度，可以将虚拟现实系统分为桌面式虚拟

① 安维华：《虚拟现实的技术及其应用》，清华大学出版社 2014 年版，第 8 页。

现实系统、沉浸式虚拟现实系统、分布式虚拟现实系统。

1. 桌面式虚拟现实系统

桌面式虚拟现实系统也称为窗口虚拟现实系统,是利用个人计算机或初级图形工作站等设备,以计算机屏幕作为用户观察虚拟世界的一个窗口,采用立体图形技术,产生三维立体空间的交互场景;用户通过键盘、鼠标和力矩球等各种输入设备操纵虚拟世界,实现与虚拟世界的交互。

2. 沉浸式虚拟现实系统

沉浸式虚拟现实系统提供完全沉浸的体验,使用户有一种置身于真实世界的感觉。它通常采用头盔式显示器、洞穴式立体显示等设备,把参与者的视觉、听觉和其他感觉封闭起来,并提供一个新的、虚拟的感觉空间,同时利用各种自然的交互设备使得参与者产生一种完全投入并沉浸其中的感觉。

3. 分布式虚拟现实系统

分布式虚拟现实系统的目标是将地理分布不同的多个用户通过网络连接在一起,使这些用户同时加入一个虚拟空间里;每个用户都可以与其他用户进行交互,共同体验虚拟效果,从而达到协同工作的目的。分布式虚拟现实系统的优点在于,既可以充分利用分布式计算机系统提供的强大计算能力,又可以满足多用户在协同工作上的需求。

三、虚拟现实技术基础

(一)立体显示技术

人类是通过左右眼所看到的物体的细微差异来感知物体的深度,从而识别出立体图像的,这种差异被称为视差效应(Parallax)。人类的大脑能很巧妙地将两眼细微的图像差别融合,产生出有空间感的立体景物。由于视差效应的存在,为了实现立体显示效果,首先需要对同一场景分别产生相应于左右眼的不同图像,让它们之间具有一定的视差;然后,借助相关技术使左右双眼只能看到与之相应的图像,①用户就能感受到立体效果了。目前,立体显示技术有彩色眼镜法、偏振光眼镜法、液晶光阀眼镜法、立体头盔显示法、裸眼立体显示法等。

(二)多感知自然交互技术

为了打造完美的沉浸感,虚拟现实技术需要利用多感知自然交互技术来实

① 易俊:《基于立体成像与三维虚拟声音的增强现实系统的研究》,华中科技大学硕士论文,2007年。

现人与虚拟现实世界中场景的互动，包括动作捕捉、眼动追踪、语音交互、触觉技术、嗅觉及其他感觉交互技术等。动作捕捉主要是针对人体的手势、表情及身体运动等基本动作，眼动追踪是捕捉人体视线焦点的转移。语音交互是除眼神、表情和动作之外最常用的交互方式，包括对语音的识别和对语义的理解两部分。触觉技术即"力反馈"技术，可以帮助用户在虚拟世界中控制虚拟物体，或向用户施加某种力，从而使用户产生更加真实的沉浸感。嗅觉技术可以使用户体验嗅觉和冷热等效果，但目前仍在探索中，远未成熟。

（三）三维建模技术

虚拟现实最终要呈现的是一个虚拟的世界，无论是全靠想象还是参照现实，都需要利用三维建模技术搭建出来。常规的建模技术主要是指三维计算机建模技术，通过各种三维软件在虚拟的三维空间中构建出具有三维数据的模型，即三维模型。构建虚拟世界时，还可运用实景拍摄技术，主要通过三维摄像机、360°全景拍摄等设备来完成。除此之外，三维扫描技术也是常用技术之一，通过这一技术可将真实环境、人物和物体快速建模，从而实现从实物的立体信息到计算机可处理的数字模型之间的转变。

（四）脑机接口技术

脑机接口技术简单地说即大脑和计算机直接进行交互，也就是在人脑与计算机之间建立直接的交流和控制通道，以实现人脑直接表达想法或操控设备，而不需通过语言或动作，可分为单向脑机接口和双向脑机接口。相比于其他借助外界设备来交互的技术，这种技术更加直接、便捷，因而也被认为是实现完美的虚拟现实沉浸感的终极解决方案。然而这项技术仍处于早期的初步探索阶段，还需长时间研究才能应用。

四、虚拟现实技术硬件设备

虚拟现实技术的硬件主要用于构建虚拟环境，把用户的各种信息输入计算机，并向用户提供反馈，从而使用户能够以自然的方式与虚拟环境进行交互。根据功能特点的不同，虚拟现实技术硬件设备可分为建模设备、立体显示设备、声音设备和交互设备。

（一）建模设备

在虚拟现实技术的建模设备中，常见的主要是三维扫描仪和三维打印机。三维扫描仪是一种快速获取真实物体的立体信息，并将其转化为虚拟模型的仪器。它一般通过点扫描方式获取真实物体表面上的一系列点集,通过对这些点集的插补便可形成物体的表面外形。三维打印机则是根据三维虚拟模型自动制作真实物体的仪器。其基本原理就是让软件程序将三维模型分解成若干个横断面,硬件设备使用树脂或石膏粉等材料将这些横断面一层一层沉淀、堆积,最终形成真实物体。

(二) 立体显示设备

研究表明,人类获取的信息70%~80%来自视觉,虚拟现实技术的沉浸性也主要来源于人类的视觉感知。因此,三维立体视觉是虚拟现实系统的第一反馈通道,专业的立体显示设备可以提高用户视觉沉浸的逼真程度。基于立体成像原理,为了让用户观察到立体的虚拟世界,就需要为用户的左右眼分别绘制出具有视差效果的场景画面,并且将画面单独传送给相应的眼睛。

目前,立体显示设备主要有台式立体显示系统(由立体显示器和立体眼镜组成)、头盔显示器、吊杆式显示器、洞穴式立体显示装置、响应工作台立体显示装置、墙式立体显示装置、智能眼镜等。

(三) 声音设备

1. 语音识别系统

虚拟现实中的语音识别系统让计算机能够具备人类的听觉功能,主要包括对语音的识别和对语义的理解两部分。语言是人类在现实生活中最常用的交流方式,虚拟现实系统根据人们的听觉习惯给计算机装上"听觉神经"和"发声器官"。当人们说话时,计算机能将其转化成命令流,并进行语义分析和理解,然后相应做出反馈。

2. 声音输出设备

虚拟现实技术中使用的声音输出设备主要是耳机和喇叭这两类。喇叭允许多个用户同时听到声音,一般用于投影式虚拟现实系统。而耳机比喇叭具有更好的声音控制能力,在虚拟现实领域的应用也更为普遍,目前针对听觉感知的研究多数集中在基于耳机的声音感知方面。

(四) 交互设备

1. 人体运动捕捉设备

人体运动捕捉的目的是,把真实的人体动作完全附加到虚拟场景中的一个虚拟角色上,让虚拟角色表现出真实人物的动作效果。从应用角度来看,运动捕捉设备主要有表情捕捉和肢体捕捉两类;从实时性来看,运动捕捉设备可以分为实时捕捉和非实时捕捉。

人体运动捕捉设备一般由传感器、信号捕捉设备、数据传输设备和数据处理设备四部分组成。根据传感器信号类型的不同,可以将运动捕捉设备分为机械式、声学式、电磁式和光学式四种类型。目前应用较多的是动作捕捉数据衣,能让虚拟现实系统识别人体全身运动。

2. 手部姿态输入设备

手是人类与外界进行物理接触和意识表达的最主要媒介。在人机交互中,基于手的自然交互形式最为常见,最典型的手部姿态输入设备就是数据手套。数据手套穿戴在用户手上,可以实时获取用户手掌和手指伸屈时的各种姿态,并将其转换成数字信号传送给计算机,使得用户可以在虚拟世界中完成物体的抓取、移动、装配、操纵等控制(如图 9-3 所示)。

3. 其他手控输入设备

对传统的鼠标、键盘等交互设备进行改进,人们还设计出了一些其他手控输入设备,如三维鼠标和力矩球。三维鼠标不同于只能感受在二维平面上运动的传统鼠标,可以完成在虚拟空间中 6 个自由度的操作。而力矩球则是一种可以提供 6 个自由度的桌面设备,它被安装在一个小型的固定平台上,可以进行扭转、挤压、按下、拉出和来回摇摆等操作(如图 9-4 所示)。

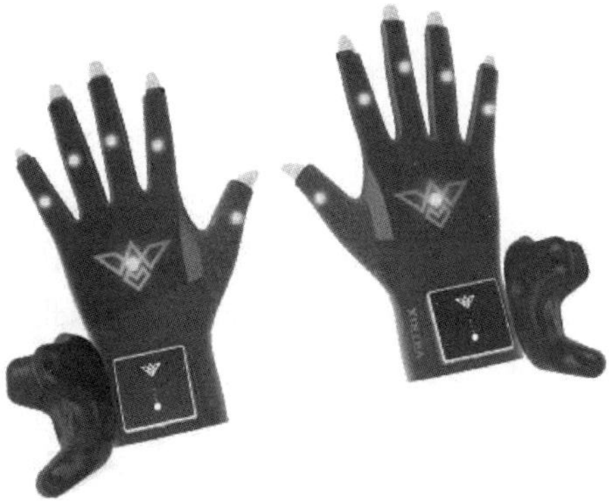

图 9-3　手部姿态输入设备

图 9-4　三维鼠标

4. 触觉、力觉反馈设备

在虚拟现实中,接触感的作用一般包括两个方面:一方面,用户在探索虚拟环境时,利用接触感来识别所探索的对象及其位置和方向;另一方面,用户需要利用接触感去操纵和移动虚拟物体以完成某种任务。按照信息的不同来源,接触感可以分为触觉反馈和力觉反馈两类,而触觉反馈是力觉反馈的基础和前提。

目前，常见的触觉反馈设备主要有充气式、震动式、温度式，常见的力觉反馈设备包括力反馈鼠标、力反馈手柄、力反馈手臂、力反馈手套等。力反馈手套主要是借助手套的触觉反馈能力，让用户触碰虚拟世界中的物体，在互动中体验物体的震动等感受。

第二节　虚拟现实技术的应用

虚拟现实技术在多学科交叉中创新、发展，具有很强的应用性，与应用领域的特点、需求密切结合。虚拟现实技术的本质作用就是"以虚代实""以科学计算代实际实验"。

一、虚拟现实技术的典型应用系统

虚拟现实技术具有沉浸、交互和构想的3I特性，能够高精度地对现实世界或假想世界的对象进行模拟与表现，辅助用户进行各种分析，从而为其解决各种复杂问题提供了一种新的有效手段。因此，虚拟现实技术从产生之初就受到许多行业，特别是一些需要消耗大量人、财、物，以及具有危险性的应用领域的高度关注。目前，虚拟现实技术的应用主要集中在培训与演练、规划与设计、展示与娱乐等方面。①

（一）培训与演练

培训与演练类系统的特点是对现实世界进行建模，形成虚拟环境以代替真实的训练环境，操作人员可以加入这一虚拟环境中进行反复的操作训练和协同工作，达到与真实环境相近的训练效果。比如军事仿真训练与演练是虚拟现实技术最重要的应用领域之一，也是虚拟现实技术应用最早、最多的一个领域。从1994年开始，美国国防高级研究计划局与美国大西洋司令部就合作建立了一个包括海陆空所有兵种，有3700多个仿真实体参与的，地域范围覆盖500 km×750 km的军事训练环境，即STOW（Synthetic Theater Of War）。STOW的目的是研究武器仿真平台或实体级分布式虚拟战场环境在达到一定规模后，支持战术演练、训练指挥与参谋人员的效果，以及用演练结果评价作战计划的可能性。

此外，虚拟现实技术也已经初步应用于医学领域的虚拟手术训练、远程会

① 赵沁平：《虚拟现实综述》，《中国科学（F辑：信息科学）》2009年第1期。

诊、远程协作手术等方面(如图 9-5 所示)。在虚拟手术训练方面,典型的系统有瑞典 Mentice 公司研制的 Procedicus MIST 系统、Surgical Science 开发的 LapSim 系统、德国卡尔斯斯鲁厄研究中心开发的 Select IT VEST System 等。在远程会诊方面,美国北卡罗来纳大学开发了一套 3D 远程医疗会诊系统,利用为数不多的摄像机重建了一个实时、在线的真实环境,并结合头部位置和方向跟踪,为医生提供连续动态的远程画面和符合视觉效果的立体视角,克服了传统 2D 视频系统无法得到所需摄像机角度和层次感差的缺点;西班牙 UPC 大学开发了一套名为 ALICE 的远程协同医用虚拟环境平台,使用了基于 P2P 拓扑的多线程技术,用户利用该平台可以相互交流,能在自己的客户端打开一个窗口观察另一个远程用户的实时画面。

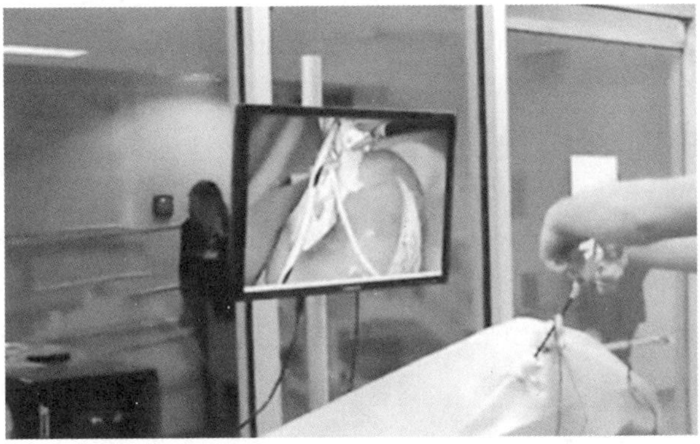

图 9-5　虚拟现实技术在医学领域的应用

(二) 规划与设计

规划与设计类系统的特点是对现实中尚不存在的对象和尚未发生的现象进行逼真模拟、预测和评价,从而使计划、设计更加科学合理。例如在工业领域,虚拟现实技术多用于产品论证、设计、装配、人机工效和性能评价等。20 世纪 90 年代美国约翰逊航天中心使用虚拟现实技术对哈勃望远镜进行维护训练,波音公司利用虚拟现实技术辅助 777 客机的管线设计就是该类应用的成功范例。

美国空军阿姆斯特朗实验室(Armstrong Lab)开发完成的 DEPTH 系统,采用可视化和虚拟现实技术进行维修性和保障性分析,使设计人员在进行设计的同时就能够了解维修任务是否可行,在飞机设计定型之前,就可以发现潜在的安全性问题。美国航空航天制造商洛克希德·马丁公司将虚拟样机用于联合歼击机

JSF 项目，全面支持新机型的设计构思、方案选择、性能测试、加工装配、维修培训和新产品演示。系统采用网络化技术进行协同设计，通过内联网仿真演示设计、制造、运行、培训、维护全过程，并为用户提供各层次的交互与分析工具，用以发现并解决概念设计和制造中的缺陷。

（三）展示与娱乐

展示与娱乐类系统的特点是对真实或虚拟的事物进行模拟，通过传播媒介和人们的参与达到展示和娱乐的目的。现在虚拟现实技术已经成为数字博物馆/科学馆、大型活动开闭幕式彩排仿真、沉浸式互动游戏等应用系统的核心支撑技术，VR 技术除了带给观众视觉冲击外，对于文物或展品的保护也具有重要意义。如纽约大都会博物馆、大英博物馆、法国卢浮宫等都建立了自己的数字博物馆，我国也开发建立了虚拟敦煌、虚拟故宫等虚拟博物馆。在大型文艺演出中应用的典型范例有 2004 年雅典奥运会开、闭幕式使用虚拟现实技术进行烟火创意设计和视觉效果展示；2016 年 8 月里约奥运会首次进行 VR 转播，不仅包括开、闭幕式，还包括每一场关键赛事。沉浸式互动游戏最具代表性的是由美国林登实验室开发的虚拟游戏——《第二人生》。云旅游可以使用户在足不出户的情况下也能欣赏各地的风景名胜，体验在线观景的快感。2020 年新冠疫情期间，一篇 2016 年的登载了全国 500 多个旅游景点的文章《祖国 500+旅游景点 VR 全景吐血整理！！！ 国庆必备》（来源：LONG VR）突然爆火，被大量观看转载，用户点开景点名字便可 360°查看全景拍摄的景象，满足了人们在家隔离也能饱览祖国的大好河山的愿望。而 VR 新闻则是虚拟现实技术在新闻传播领域最典型的应用，新闻报道结合 VR 可以带给人们不同的体验感受，这一应用目前在国内外新闻领域已掀起一股热潮，在下一节将具体介绍。

初音未来则是虚拟现实技术在娱乐领域的又一新创造。初音未来（初音ミク，华人世界通常简称为“初音”）原是 Crypton Future Media 以 Yamaha 的 Vocaloid 2 语音合成引擎为基础，开发贩售的虚拟女性歌手软件。发售后大受欢迎，并出现大量用户制作的翻唱歌曲、原创曲等，软件形象“初音未来”也大受追捧。2010 年 3 月，在日本东京举行了“未来の日初音 39′s 感谢祭”演唱会，这场演唱会使得初音未来成为人类文明史上第一个使用半全息（2.5D）投影技术举办演唱会的虚拟偶像，更有人直呼“科幻终成现实”。此后，2011 年 11 月 11 日，初音未来新加坡演唱会在真正意义上实现了虚拟人物 3D 演唱会（如图 9-6）。而各种“技术宅”也借助一定的虚拟现实设备（如头戴立体显示器 Oculus Rift）来实现在三次元中与二次元的初音未来握手，一定程度上推动了虚拟现实技术的平民化应用。

图 9-6　初音未来演唱会

二、增强现实技术在新闻传播领域的应用

（一）印刷品

将增强现实技术植入印刷品中，在印刷品上叠加由计算机生成的虚拟场景，与用户形成交互，运用数字化手段来展示更加丰富多样的信息群。早在 2001 年，作家比林赫斯特（Billinghurst）就利用这一方法，设计了一套儿童书 Magic Book，它将书本内容制作成动画并且以增强现实的形式叠加在书本上的不同单元里。隐藏图像捕获等设备时，“魔法书”与普通书本看起来并无差异，但是在使用增强现实设备观看“魔法书”的内容时，就能看到“魔法书”中的 3D 动画，用户只需要通过移动书籍或转换视角等操作就能够从不同角度观看（如图 9-7 所示）。[①] 出版商 Tigger Global 也曾将书籍和增强现实结合起来，读者可以下载应用，用 iPad 或手机对准正在阅读的书籍，屏幕上就会呈现出书中所描述的场景以及对应的章节，虚拟场景的设置给枯燥的

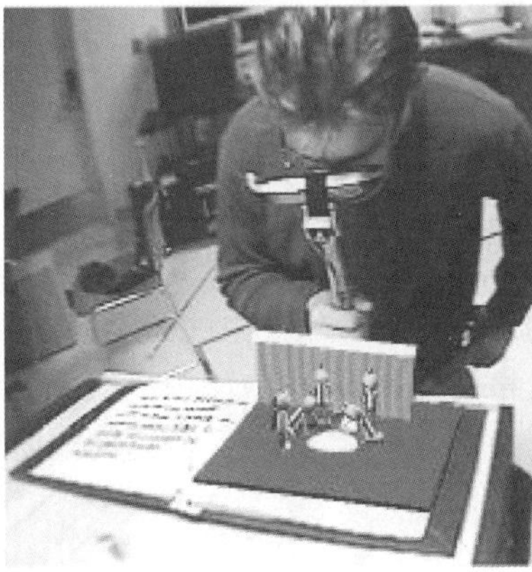

图 9-7　Magic Book 使用示例

① Billinghurst M, Kato H, Poupyrev I. *The MagicBook: A transitional AR interface*. Computers & Graphics, 2001, 25(5): 745-753.

阅读带来一些调剂。①

这一技术在报业也有运用，如日本《东京新闻》就曾将增强现实技术和手机APP结合起来，通过手机APP扫描特定的新闻，可以看到融入三维、音效、动态、实时等元素的内容，实现阅读趣味化，以此吸引儿童阅读报纸。②

（二）电视节目

简单的增强现实技术很早就已经被运用到体育比赛的直播中，比如足球比赛直播中虚拟越位线在场地上的实时展示。虚拟演播室系统（Virtual Studio System，VSS）则是近些年来随着计算机技术飞速发展和色键技术不断改进而出现的一种新的电视节目制作系统。它实际上是把视频技术与现代计算机技术相结合，使真实电视演播视觉空间与三维虚拟场景空间在透视关系上完全一致，运用视频色键混合器，将演播主体合成到三维虚拟场景中，实现电视节目的虚拟场景演播。

基于移动终端，增强现实技术实现了观众与电视节目的实时在线互动，这也被认为是增强现实技术与电视技术结合的一个全新方向。2017年中央电视台制作了香港回归20周年特别报道《数说香港》，连续5天每天一集约5分钟的节目，全部采用了增强现实技术；为了迎接党的十九大召开，中央电视台联合全国31个省（区、市）的地方电视台推出大型系列节目《还看今朝》，从9月16日到10月8日，每天一到两档，每档一个半小时的特别节目中，都有一条采用了增强现实技术；此外，在世界最大射电望远镜FAST和世界首颗量子科学实验卫星取得重大成果的科技新闻报道中，也都大量采用了增强现实技术，如在《央视记者数字趣解FAST》中，一分四十秒的新闻节目使用增强现实技术的地方达到10处。③

2017年的央视春晚，是历年春晚使用AR制作内容最为丰富的一次。在《满城烟花》这个节目中，AR制作的整体风格是“虚幻”。在创意上，AR创作团队利用场景设计软件中的粒子系统制作了一个流动的AR蓝色粒子漩涡，以全息风格的投影光束呈现，围绕歌手缓缓上升，然后使用同色系的不规则束状流线阵列铺满观众席，产生了深邃的空间效果，如图9-8所示。

① 《增强现实：10大AR应用窥探移动未来》，CSDN网2014年7月21日。

② 王念：《增强现实技术在传播中的应用研究——增强现实技术在印刷品中的应用》，北京印刷学院硕士论文，2013年。

③ 帅俊全：《AR技术在电视新闻报道中的应用》，《中国出版》2018年第14期。

图 9-8 《满城烟花》增强现实效果

（三）新闻报道

利用增强现实进行场景化新闻报道，可以让受众更加全面、深入地了解新闻事件，还可以促使受众与新闻报道进行互动。ARc 是 Empathetic Media 公司开发的一个增强现实新闻报道程序，可与各个新闻机构合作，对一些新闻事件进行场景重建，其可提供的场景信息包括三维动画、地图、音频，以及叠加文本注释的信息图形。

2016 年 5 月，《华盛顿邮报》与 ARc 合作推出了其第一个增强现实报道——《弗雷迪·格雷被捕事件》。2016 年 7 月，ARc 与社会创业项目 SiliconHarlem 合作，推出了一个增强现实新闻报道《我不能呼吸了：埃里克·加纳被捕事件》。此外，ARc 还与美联社合作，制作了增强现实报道《唐纳德·特朗普的帝国》，通过 6 个三维场景画面，来解释特朗普财富帝国的构成。目前，ARc 推出的增强现实新闻报道基本上都采取了这种"三维动画+音频+场景+地图"的多媒体报道模式。①

这种场景化叙事模式，一般是将一个新闻事件分解成几个关键场景，受众在观看时有相当大的主动性，可以自行探索新闻事件发生时的任意一个场景，还可从任何角度观察了解事发当时的细节信息；同时也注重新闻事件背景信息的提供，实际上就是将读者置于一个更大的历史场景中来解释新闻事件。

新华社客户端在 2018 年两会期间发布了 AR 报道《AR 看两会|政府工作报

① 张建中：《将场景置于读者手中：增强现实新闻报道的创新实践》，《新闻界》2017 年第 1 期。

告中的民生福利》，用户点击新华社客户端首页下方的“小新机器人”，扫描二代身份证带有国徽和长城图案的一面，便可在手机上以三维立体的、增强现实的可视化方式浏览政府工作报告，领取民生福利。这是国内首次采用端内原生增强现实技术报道全国两会。

（四）广告营销

增强现实技术创新了广告表现手法，艺术上的视觉效果提升能够吸引客户，从而产生更高的广告效益。最为常见的 AR 广告有两类，一类以智能终端为载体，另一类以固定式电子屏为载体。前者多以参与夺奖、趣味游戏、虚拟动画和 AR 知识普及等形式展开，成本低廉、形式新颖，具有较强的互动性。可口可乐、支付宝、迪士尼等企业都曾投放过这类广告。后者成本较高，需要购买价格昂贵的固定式电子屏，在站台、广场等人流量巨大的公共场合投放，仅有少数企业选择使用。① 如 2015 年果汁饮料销售公司美汁源在上海投放 AR 广告。通过对上海街头公交站牌的一系列改造，行人可以在电子显示屏上看到瀑布、蝴蝶、藤蔓等虚拟数字视讯与公交站牌附近现实场景的即时结合，向广告受众传递了美汁源公司“把自然带到身边”的品牌理念，受众可以与虚拟数字内容有限互动，这也是中国首例 AR 公交站台广告。之后，可口可乐、丰田、飞利浦等公司也相继进行效仿，推出了各自的 AR 公交站牌广告。

2016 年 7 月 28 日，《深圳晚报》头版整版刊登了《蒙娜丽莎》肖像画，下面还有“扫一扫，用 QQ 读懂蒙娜丽莎迷之微笑”的说明文字。读者打开手机 QQ，点击“扫一扫”中的“QQ-AR”功能扫一下《蒙娜丽莎》，就会看到一只企鹅从天而降的三维动画。这是腾讯公司为里约奥运会所做的用增强现实技术传递火炬活动的广告，累计有超过 1 亿人次参与。

2016 年 12 月，阿里巴巴旗下的支付宝团队推出了更新版本 10.0.0，增加了 AR 实景红包功能，并在此基础上开展了 AR 实景红包广告营销活动。当用户依照手机应用的指示到达指定位置，然后找到隐藏在指定位置的实物，并通过智能手机扫描后就能打开一段包含用户个性化信息的生活数据报告，还能获得各大商家或其他用户提供的现金红包。支付宝此次营销活动，利用 AR 技术将虚拟和现实场景相结合，获得了广大用户的青睐，带动了阿里巴巴电商平台上众多商家的协同联动，成为迄今为止所有 AR 广告营销活动中用户和企业参与度最高的一个。

在电子商务方面，已经有多种类型的应用结合增强现实技术，让用户可以将

---

① 陶思阳：《基于场景营销理论的 AR 广告应用研究》，广西大学硕士论文，2018 年。

想要选购的商品先叠加在真实环境中进行试看，再决定是否购买。其中具有代表性的有宜家推出的 APP“家居指南”，如果用户有纸质版的《家居指南》，可以直接扫描对应的家具图片，没有的也可以先进入 APP 选择某款家具，选中后摄像头会自动打开呈现出现实画面，而被选择的家具也会被叠加到现实画面中，供用户购买时进行参考（如图 9-9 所示）。

图 9-9 “家居指南”增强现实效果图示

（五）信息检索

移动终端上利用增强现实技术进行信息检索的应用也非常多。传统的信息检索是由用户输入目标对象名称，再由计算机反馈相应的结果。而通过增强现实技术，当摄像机对准用户周围环境的某一处时，会自动显示出附近的餐馆、商店等信息，或者获取摄像机中某个物品的信息。这样的应用相对于传统方式更加便捷，并且体现出移动性和智能化特征。这类应用具有代表性的是 Mobility 公司推出的 Wikitude（如图 9-10 所示），SPRXmobile 公司推出的 Layar。

图 9-10 Wikitude 使用示意图

与此类似，APP“星空”将目光投向星空，结合增强现实技术，让用户不用借助昂贵的天文望远镜就可以“夜观天象”。每当用户打开“星空”时，就会看到手机摄像头方位的星空和星座，变换手机的方位可以看到不同位置的星空和星座。

三、虚拟现实技术的不足及发展趋势

虚拟现实技术的实质是构建一种人能够与之进行自由交互的虚拟世界。但是，目前的技术手段还不能使用户完全沉浸在虚拟世界中，主要问题包括：交互设备普遍价格昂贵、使用不便，软件开发成本一般较高，虚拟环境的视觉真实感和物理真实感有限。

虚拟现实应用要有更大的发展，首先要解决技术问题，在技术层面目前的研究重点是：

（一）人体感知研究

科学家对视觉和听觉器官的研究已经较为深入，但是对其他感觉器官的研究还较少，只有深入发掘这些感知器官所具有的生理参数，才能设计出体验更逼真的交互设备。

（二）高精度、低时延的廉价交互硬件

交互硬件在很大程度上决定了用户在虚拟环境中的感受，交互硬件的设计应该尽量避免影响人体的自由活动。虚拟现实技术的硬件系统价格相对昂贵，已经成为影响虚拟现实技术应用的一个瓶颈。只有降低价格，虚拟现实才能走进寻常百姓家，也才能在新闻传播方面有更大的作为。

（三）高效的虚拟现实软件和算法

虚拟场景是通过计算机的复杂运算生成的。目前，虚拟场景的生成在很多方面还有待改善，例如视觉真实感、物理真实感、渲染的实时性等。这些都需要对算法作出进一步优化。①

而一旦技术层面取得突破，虚拟现实技术将会成为人们把握世界的一种全新的方式、途径。一方面，成熟的虚拟现实技术会改变人的认知方式，提高人类的认识能力，拓展人类的认识范围，通过虚拟现实技术去认识世界，人们就会产生与现在全然不同的虚拟化的理解、认识和实践；另一方面，虚拟现实

① 安维华：《虚拟现实的技术及其应用》，清华大学出版社 2014 年版，第 22 页。

技术所营造的沉浸式环境会产生一种新的虚拟生存方式，从而冲击人类现在的生存方式。

第三节　VR 新闻

随着虚拟技术的发展与普及，媒体行业新的格局也将形成，由这一技术创造的虚拟世界已经开始从未来科技走进人们的真实生活。无论是资本市场的先声夺人，还是国际媒体巨头和国内门户网站的纷纷试水，都促使 VR 站上了风口，越来越多的新闻机构尝试将 VR 技术应用到新闻报道中，人们越来越认识到虚拟现实的巨大潜力。

一、VR 新闻概述

（一）VR 新闻的起源与发展

“VR 新闻”概念起源于虚拟现实技术和新闻业的结合，泛指所有将虚拟现实技术运用于采编、报道、呈现过程中的新闻作品。2010 年，美国南加州大学安纳伯格传播与新闻学院的佩纳（Nonny de la Peña）团队在 *MIT Journal* 上发表论文，首次使用沉浸式新闻（Immersive Journalism）的概念来定义使用虚拟现实技术制作的新闻。沉浸式新闻是“一种使观众能够对新闻中的故事或者场景获得第一人称视角体验的新闻生产方式”。虚拟现实能使人们身临其境一般沉浸在虚拟环境里，而沉浸式新闻能够使用户沉浸到通过虚拟现实重构的新闻故事的场景中，从第一视角“亲身”经历、目睹新闻故事，从而获得与阅读和观看不同的体验和理解。①

随着虚拟现实技术日趋成熟，VR 和 AR 的诸多技术难关都被逐步攻克，原有的接入设备也朝着设计轻便化、功能多样化、价格低廉化方向转型，加之移动互联网和 APP 技术的广泛使用，逐步降低甚至消解了操作“门槛”，虚拟现实和增强现实这两项全新的技术因其强大的复现功能、新颖的操作方式、独特的传播体验被国内外传媒机构竞相采用。②

近年来，VR 技术应用于新闻报道的潜力逐渐展现，VR 新闻被广泛认为有可能成为未来新闻报道的常态。哥伦比亚大学新闻学院 Tow 数字新闻中心在其报告中说：“经过了几十年的研发，虚拟现实现在似乎开始主流化。对于记

---

① 张珊珊：《虚拟现实新闻的现在与未来》，《新闻界》2016 年第 3 期。

② 史安斌、张耀钟：《虚拟/增强现实技术的兴起与传统新闻业的转向》，《新闻记者》2016 年第1 期。

者而言，VR 技术具有浸润式的视频捕捉能力和移动终端传播能力，所以特别让人兴奋。它有潜力比此前的平台更能拉近受众和新闻故事之间的距离，前所未有地将新闻观众变为新闻目击者，从而将极大地提高新闻对人类社会的影响力。”①

（二）VR 新闻的含义

VR 新闻是由 VR 技术呈现出来的新闻。在讨论“VR 新闻”这一话题之前，我们必须先澄清两个问题。

1. VR 新闻是否是用真的 VR 技术来呈现的

虚拟现实是利用电脑产生一个三维的虚拟世界，提供给用户关于听觉、视觉等感官的模拟，让用户仿佛身临其境，可以即时、没有限制地观察三维空间内的事物。VR 可以分为简单体验版 VR 和复杂交互版 VR。简单版就是用户可借助轻量级移动 VR 产品观看，如 Google Cardboard 和三星 Gear VR——以手机作为设备。这些用手机观看的全景视频和常规的视频、GoPro 拍摄的视频没有太大区别，区别仅仅在于视域的扩大，以及通过手机的陀螺仪实现视角随动。这种方式在业界颇有争议，有人认为这并不能算作真正的 VR 技术，原理简单粗暴，导致画面质量差，用户体验不佳，而真正的 VR 技术的应用必须包含交互体验。

目前在我国内，新闻媒体对于 VR 的应用还停留在制作 360°全景视频的阶段。这种 360°的全景 VR 报道能够让用户以第一视角观看新闻，“浸入”场景，感受新闻氛围，但用户不能在场景中自由走动，也难以和场景中的物品进行互动。知乎用户 Basic Wei 有个非常形象的比喻：VR 视频，是你在球场亲自打了一场球；全景视频，是你坐在球场边现场看了一场球。因此全景视频和真正意义上的虚拟现实技术还有相当差距。

2. “VR 新闻”是否是我们所说的“新闻”

我们可以先来看下国外主流媒体制作的 VR“新闻”，如《纽约时报》推出的应用软件 NYT VR 中，VR 纪录片《流离失所》以三个孩子的视角来展现他们的周围环境——一间千疮百孔的教室、一片致命的沼泽、年轻的流亡者在辛苦地劳作等，以此揭示全球难民的状况。《纽约时报》的高级编辑多尔尼克（Dolnick）也表示，未来《纽约时报》会尝试拍摄一些风光片，但他们不会将这些视作真正的新闻，“只是一些令人欣喜的，用 VR 呈现起来效果很棒的东西”。因此我们很难说这样的 VR 作品是我们所理解的“新闻”。

---

① Owen T，Pitt F. *Virtual Reality Journalism*，Towcenter 2015-11-11.

按照陆定一的定义，新闻是新近发生的事实的报道。可以说，很多“VR 新闻”其实并不符合这一定义，甚至有的只是为了用 VR 才制作的，因而也只能说是 VR 视频短片。VR 新闻可以看作 VR 热潮中一个被人为制造出来的需求。从报纸杂志、广播电视到互联网和移动互联网，新闻报道发展的趋势是越来越迅速，让人能够越来越简单、方便地获取。但 VR 新闻“360°全景视频+VR 头盔”的特点违反了当前的新闻发展规律，它的制作周期很长，观众付出的成本也相对较高（无论是时间成本、使用成本还是设备成本）。NYT VR 从 2015 年 11 月至 2016 年 8 月，才发布了 21 个作品，相当于 1 个月制作 2 个作品。相对于海量滚屏的新闻报道，这个数量实在是太少了。《纽约时报》高级编辑多尔尼克说过，从不奢望 NYT VR 成为用户日常使用的 APP。

按照现代人对新闻资讯的需求，VR 新闻对人们来说必定不是一个硬需求。新闻最核心的是消息、调查报道、解释性报道，VR 新闻只不过是锦上添花而已，提供了更加丰富的视听效果，是新闻在另一维度的拓展。

VR 最大的优势便是沉浸式的体验。从某种角度讲，观众已经不需要通过特稿记者在文章中费力地描写来感受事件的场景和氛围。在观看 VR 新闻的时候，观众不仅获取了图像，而且以第一视角站在了新闻现场。因此，VR 新闻是一种代入感非常强烈、高情绪化的视觉表达方式。它所能提供的信息有限，但能给人身临其境般的视觉体验。这一特点决定 VR 新闻最佳应用场景是视觉上新奇的或者普通人无法体验的场面。比如，NYT VR 2016 年 8 月发布的《为费卢杰而战》讲述的是伊拉克城市费卢杰战场上的故事，这是大部分人无法直观了解到的战争故事；《探索冥王星冰冻的核心》带给观众的则是极少数人才有的太空体验。所以，相对于“VR 新闻”这样的概念，用“VR 纪录片”来称呼这些新闻机构制作的 VR 视频似乎更合适。

之所以要厘清“VR 新闻”的概念，是因为不希望以“新闻”局限了 VR 在媒体上的应用范围，也不希望将 VR 技术“滥用”在新闻制作上。如 BBC 就提出希望能将 VR 技术用在更好地提供信息、教育以及娱乐上。

二、VR 新闻在国内外的探索

VR 热潮盛行于 2015—2016 年，在新闻传播领域也概莫例外，众多新闻机构尝试将 VR 技术应用到新闻报道中，一时间引起了高度关注和热捧，但由于技术、成本等因素的限制，VR 新闻存在一些应用障碍，以致近两年热潮不再。对 VR 新闻而言，无论是从内容、技术、镜头语言还是用户习惯还都需要慢慢探索。

（一）国外媒体对 VR 新闻的探索

在 VR 新闻这种形式出现之前，已有多家国外媒体尝试使用 AR 技术呈现新闻报道。2010 年，《今日美国》等媒体率先使用 AR 应用软件 Junaio 来辅助新闻报道；2011 年，《纽约时报》推出 AR 应用“图片动态”（Aurasma）服务，用户只需扫描一下《纽约时报》上刊登的奥巴马国会演讲的照片，就可以在手机或 iPad 上看到现场的演讲视频。

标志着 VR 开始应用于新闻领域的事件是 2013 年美国《得梅因纪事报》与一家名为 Total Cinema 360 的纽约电影公司合作，使用虚拟现实游戏打造了首个解释性新闻项目《丰收的变化》。它讲述了在一个已经延续六代人的达曼家族农场发生的故事。体验者戴上 VR 眼镜后，可以自行在农场中参观，获得身临其境般的体验，感受到岁月沧桑、技术进步、移民浪潮和全球化等给这个农场以及达曼家族的生活带来的变化。《得梅因纪事报》或许是第一家报道立体新闻的大型新闻机构。①

2014 年 12 月，位于纽约的新锐网媒 VICE News 利用虚拟现实技术对纽约百万人大游行进行了报道。该视频使用 360°拍摄，体验者跟随 VICE 记者的脚步穿行在游行人群中，能以沉浸式视角置身于行动的最中央。②

2014 年，美国广播公司使用 VR 技术制作纪录片《叙利亚项目》，用户可以沉浸在报道中，看到叙利亚的街道、路人，了解当地发生的事件。这有可能是全球性电视台首次在新闻报道中采用虚拟现实技术。③

2015 年前后，VR 新闻取得了突破性进展。随后，美国广播公司、《纽约时报》以及美联社等媒体开始将 VR 技术引入新闻生产。

2015 年 10 月，CNN 借助 NextVR 应用对美国总统大选民主党参选人在拉斯维加斯举办的首次电视辩论进行了现场直播。

2015 年 11 月 6 日，《纽约时报》推出一款名为 NYT VR 的虚拟现实新闻 APP，把虚拟现实技术应用于新闻产品的移动传播。NYT VR 新闻报道致力于呈现新闻事件的“现场”和“全貌”，受众可以亲历新闻事件，深入理解新闻事实。如上文提到的《流离失所》，讲述了三个小孩子卷入世界难民危机而无家可归的故事，用户通过 VR 眼镜观看，能够体验到亲临战争现场的感觉，体会灾难中民众的恐慌情绪以及周围环境的变化。2016 年 1 月发布的《竞争者》中，《纽约时

① 刘胜男、巫珊、朱可也：《案例解读：虚拟现实能为媒体创造哪些可能？》，《中国传媒科技》2015 年第 8 期。

② 罗锋、王莉婷：《当新闻传播“遭遇”虚拟现实》，《传媒评论》2016 年第 4 期。

③ 《ABC 使用虚拟现实技术报道新闻》，《新闻前哨》2015 年第 10 期。

报》又将镜头对准了特朗普、克鲁兹、希拉里等参选议员，通过 NYT VR 可以看到美国民众是怎样踌躇满志地为总统大选助威呐喊的。2016 年 5 月《纽约时报》科技部和图片部合力完成了《探索冥王星冰冻的核心》VR 视频，并在纽约翠贝卡电影节上进行了展示，因这次 VR 内容属于《纽约时报》独立制作，被称为《纽约时报》发展史上的一个里程碑。2016 年 11 月，《纽约时报》推出了一个 VR 视频新闻产品“每日 360”（The Daily 360），以日常 360°虚拟现实报道来丰富其每日新闻推送，这也是世界主流新闻媒体第一次进行日常 360°沉浸式报道的尝试。

2017 年 3 月 CNN 宣布正式推出 VR 新闻平台 CNN VR，用 360°视频来捕捉重大新闻事件，由全球各地的团队每周更新内容。这是继《纽约时报》上线“每日 360”服务之后，正式把沉浸式新闻当作直播和主要内容的大型专业新闻媒体。

此外，通讯社也加入了 VR 阵营，2015 年 8 月，美联社在 Oculus 商店中上架一款名为“套房生活”（The Suit Life）的应用，初试虚拟现实，只要戴上 VR 头盔，用户就能足不出户参观世界知名的豪华套房。2015 年 11 月，美联社开始尝试利用虚拟现实进行报道，与 VR 制作公司 RYOT 合作了项目“寻找家园”（Seeking Home），描述法国加来港难民营的生活。这部虚拟现实纪录片把观众送到了法国北部最大的移民和难民营。观众会“遇到”移民和难民们正在准备自己的危险之旅的最后一站：登上一列开往英国的正在移动的货运列车，横穿英吉利海峡在英国开始新生活。移民和难民已经把这片崎岖的地区变成了一个临时的城镇，镇上有教堂、清真寺、餐馆，甚至还有一个美容院……通过使用 360°的拍摄技法，该纪录片将观众带进难民营的中心，近距离观察营内的生活。此外，美联社还将 360°全景视频与直播结合，报道了《星球大战》的首映礼和人民选择奖红毯走秀。2016 年 2 月，美联社宣布将与图形与计算解决方案供应商 AMD 合作，打造完全自主的虚拟现实和 360°视频门户频道，大力发展沉浸式新闻报道。

（二）国内 VR 新闻热潮

VR 新闻浪潮出现之前，已有国内媒体进行了 AR 新闻应用的探索：2012 年 8 月，《成都商报》推出“拍拍动”应用，使用了 AR 技术，用户打开软件，将摄像头对准报纸、户外广告等媒介上的指定图片，待缓冲完毕后，点击屏幕中的播放按钮，即可观看特定内容。

从 2015 年年底开始，国内 VR 新闻掀起了一个小高潮，有很多媒体开始策划 VR 新闻报道，2016 年两会期间，很多主流媒体都进行了 VR 新闻报道的初步尝试。此后，在多次焦点事件报道、专题报道中，无论是传统媒体还是商业门户网站、视频网站等新媒体都进行了 VR 报道尝试，如汶川地震纪念、里约奥运会等均成为媒体的新闻 VR 秀场。对于以报纸、电视为代表的传统媒体来说，VR 新闻可能是一次利用新技术弯道超车的救赎机会，为了赶上这次新闻生产的技术变革，它们纷纷进行了 VR 新闻的尝试。

1. 人民日报

在 2015 年 9 月 3 日大阅兵的报道中，人民日报全媒体平台联合 87870 全景制作等专业机构首次进行了全景 VR 视频全程记录；在 2016 年春运期间，人民日报用 10 分钟的 VR 视频呈现了一对四川农民工夫妇从北京回乡的过程；2016 年两会期间，人民日报客户端做了 VR 形式的会议直播，并在 2018 年、2019 年两会报道中沿用。

2. 新华社

2015 年 12 月新华社制作了《带你“亲临”深圳滑坡救援现场》的虚拟现实新闻；2016 年两会期间，新华网在两会专题下开辟了“VR 视角”栏目，尝试了各种形式的 VR 视频：新闻发布会、会议记录、现场采访，甚至结合闯关游戏，大大增强了与读者的互动性；2016 年 5 月 6 日，新华网 VR/AR 频道上线；同年 7 月 28 日，新华网在唐山地震纪念日当天进行了 3 个半小时的现场直播——《唐山地震：23 秒，40 年丨好好活着，是最好的告慰》，直播中应用了 VR 全景记录仪和无人航拍机等技术。2018 年春节前夕该频道相继推出《春运首日，回家的路》《带您感受春运潮宝兰高铁迎首个春运》《带您走进广州火车东站　看人在旅途》等 VR 视频，观众只需戴上 VR 眼镜，便可以“亲临”多个火车站，感受不一样的春运回家路。2020 年初，浏览新华网的 VR/AR 频道可发现，其权威资讯栏主要以博物馆展览、权威庆典以及景观等内容为主，而行业对话栏中除 VR+旅游和 VR+文化板块下有为数不多的几条内容外，教育、娱乐、医疗、地产、工业等板块暂时还未有相应的内容资源上线，总体来看内容建设还不够完善。

3. 中央电视台

中央电视台在 2016 年两会报道中首次运用了 VR 和无人机航拍，以新视觉技术服务主题报道的思路，推出了《这个村庄为何让总书记念念不忘》VR 新闻，聚焦习近平去湖南花垣县第一次提出的精准扶贫的战略思想；同年 4 月央视独家 VR 呈现了“被炸毁的叙利亚千年神庙”；8 月里约奥运会期间，央视网推出了“奥运+”栏目，在 PC 端用 360°视频形式直播奥运会开闭幕式和总计超过 100 小时的赛事内容，除了赛事 VR 直播，央视网还提供 VR 点播、回看的功能；9 月 15 日，央视新闻频道直播天宫二号发射特别节目《筑梦天宫》，在介绍神舟十一号飞船时，在演播室内可以看到虚拟的神舟飞船从屏幕里“飞”了出来，主持人也“穿越”到飞船的内部，介绍飞行器的内部构造，让观众对飞行器有了更直观生动的认知。2019 年央视手机客户端推出了“VR 频道”，运用 5G+4K+VR 的全新报道模式给用户带来全新体验，截至 2020 年 2 月已发布 180 多条 VR 新闻，但大多仍是 360°全景图片或视频的形式。

4. 财新传媒

国内最早的具有新闻性质的 VR 作品是财新传媒出品的《山村里的幼儿园》。2015 年初，财新传媒开始试水“VR+新闻”，并在 2015 年 9 月与联合国、中国发展研究基金会联合发布了 VR 纪录片《山村里的幼儿园》的预告片。2016 年春运期间，财新又拍摄推出了 VR 纪录片《离 · 聚——2016 春运纪实》。财新网的“VR 实验室”板块主要聚焦两类 VR 新闻，一类是突发新闻，比如深圳山体垮塌事故、山西运城地震、7 · 12 泥石流现场等；另外一类是纪实新闻，以人物为主，例如对咏春拳第八代传承人郑祖杰为咏春“申遗”，特朗普的竞选之路等进行了记录。截至 2020 年 4 月，VR 实验室最后更新时间仍停留在 2017 年 8 月。

5. 新京报

2015 年 6 月，“东方之星”客船倾覆事件发生后，新京报新媒体中心连续发布多条 3D 模拟视频，力图还原事件的相关细节，在没有监控视频的情况下，运用 VR 技术模拟呈现灾难发生的过程，让读者更加直观形象地理解事故原因、经过；2016 年 7 月 28 日，新京报推出“涅槃：唐山大地震 40 年”纪念主题报道，为了全面展示唐山 40 年来的建设过程，新京报采用航拍模式和 VR 技术进行了呈现。

除传统媒体外，BAT 等互联网公司，网易、新浪、搜狐等商业媒体也纷纷开展了具有新闻性质的 VR 视频实践，多角度布局 VR 产业。

1. 腾讯

腾讯是 BAT 中第一个尝试 VR 的公司，生态布局涉及硬件、软件、内容等多个环节，于 2015 年 12 月 21 日发布了全套虚拟现实领域战略。腾讯新闻在 2015 年 12 月 20 日深圳山体滑坡、2016 年 5 月 12 日汶川地震纪念等作品中都用到了航拍 VR 技术。

2. 网易

2016 年以来，网易新闻已经先后成功完成春运百态图鉴、两会大会堂漫游指南、切尔诺贝利 30 周年特别报道等多个应用 VR 技术的案例。2016 年 4 月，网易新闻利用全景技术拍摄 VR 视频《“不要惊慌，没有辐射！”》，配合红外线还原了“死城”普里皮亚季以及切尔诺贝利的一切，受众带上 VR 眼镜即可进入到虚拟现实中，以第一视角触摸遗迹，感受灾难现场。而“VR 漫游波音 787-9 特别策划”更是网易新闻第一次在商业合作中使用 VR 技术实现收益。同年 6 月 30 日，网易新闻正式成立“VR Dream Lab”，打造连接平台，孵化

VR 内容。

3. 百度

百度新闻在2016年两会期间推出《王二锤的两会初体验》VR 全景式报道 H5。2016年7月15日,百度发布国内首款 VR 浏览器 Beta1.0 版本。用户使用百度 VR 浏览器可在 VR 环境下浏览网页,以“720度看世界”为口号,提供虚拟网页世界、海量 VR 视频、热门 VR 专题、沉浸式观影及热门 VR 游戏等功能,为用户带来独特的体验。用户在安装百度 VR 浏览器过程中,可以发现浏览器可供选择多个品牌的头显设备,用户可以根据自己的需求选择设备型号。目前百度 VR 在教育和营销领域展开了全面布局,为各阶段的学习客户如 K12、职业学校等提供 VR 教室、VR 营销等服务。

国内外 VR 新闻的实践,在2015、2016年达到了高潮,但之后热度又逐渐降低。2016年之后媒体的 VR 实践主要集中于重要会议、活动、突发事件等,同质化程度比较高,一些媒体虽然开辟了 VR 专区,但具体内容比较单一,内容建设不够完善,且具体报道形式主要还是以360°全景图片、视频为主,缺少体现 VR 本质的沉浸感和交互感。VR 在新闻业的实践仍需进行长时间的探索。

三、VR 新闻适用场景及表现形式

(一) 新闻报道中 VR 的应用场景和适用类型

VR 新闻的表现形式以图片和视频为主,可以说,适合用图片和视频展现的报道场合,现在也适合用 VR 技术去做。随着 VR 拍摄技术的发展、互动设备的普及,未来 VR 可能介入的报道类型包括重大突发性新闻报道、仪式化现场报道、调查性深度报道、体育娱乐与科技新闻等。

1. 重大突发性新闻报道

重大突发性新闻,比如洪水、泥石流、塌方、地震、火灾等大型灾难,这类具有强烈视觉冲击力的场合适合用 VR 来展现。突发类的 VR 新闻会有一点点滞后,但就新闻内容的全面性而言,使用虚拟现实技术能够从更多角度描述和展示突发事件。

在交互体验方面,结合 AR 技术效果会更好,比如可以在突发报道的一些场景中用 VR+3D 或者 VR+AR 的方式,解释突发事件发生的原因、过程和结果。比如在2015年“东方之星”沉船事件中,新京报、腾讯视频、新华社都推出了 3D 模拟视频来重现沉船的前因后果。

2. 仪式化现场报道

除了重大的突发事件,仪式感比较强的新闻场景,比如阅兵式或者大型的颁奖礼、会议、晚会、博览会等常规化的重大活动，也可以做VR新闻增强观众的参与感、临场感，能够极大地丰富新闻作品所传达的信息含量。如两会中的VR新闻报道，可以使观众看到每个角落里发生的事情，看到每个人的表情、举动，甚至可以置身于主席台，以不同视角体验会场气氛。在仪式化现场报道方面，光明网率先做出常态化报道的尝试，开辟了VR专区，定期更新包括核心价值观讲坛、生态文明论坛等在内的VR会议新闻。

3. 调查性深度报道

调查性深度报道的新闻背景、故事线索、人物等比较复杂，用传统的文字、图片和视频难以完整展现，而虚拟现实技术可以更好地呈现这些信息，观众可以通过VR新闻的沉浸式体验接收新闻信息，产生身临其境般的感受，其效果要比冗长的文字陈述好得多。上文提到的《丰收的变化》就是调查性深度报道的典型例子，读者能够通过这则VR新闻清晰准确地了解媒体所要传达的内容，这是VR新闻在调查性深度报道方面的独特优势。

4. 体育、娱乐与科技新闻

相比于严肃的政治经济新闻，体育、娱乐等领域的VR新闻似乎更容易吸引观众的眼球，因为体育、娱乐界的新闻场景需要大量实时画面，让观众亲自感受现场气氛，而非仅仅获得关键性信息。虚拟现实则可以带领观众置身于不同时空的场景，感受多视角环境下的临场感。如足球赛事、颁奖典礼、电影节、音乐节等体育、娱乐活动都进行了很多VR直播的尝试。此外，对于前沿的科技新闻来说，使用虚拟现实技术可以还原科技产品生产的过程和原理，使人们深入了解这些最新的技术成果。由于许多产品生产成本高，制作周期长且复杂，普通大众无法了解相关知识，如需给大众进行科普，虚拟现实技术将是极佳的呈现方法，在科普的同时让观众切身感受到科技的力量及其对现实产生的影响。

（二）呈现与传播方式

1. 全景图片与全景视频

全景图片和全景视频是VR新闻的两种主要形式。全景图片与视频需要VR摄像头取景拍摄，再经过后期剪辑制作呈现出最终的作品。此外，VR新闻视频的形态还包括3D效果视频和交互视频，它带来了大空间的信息量和大数据量，会产生更多的可能性。

2. 游戏化交互体验

除了全景图片或全景视频的展示，很多媒体在对VR内容进行呈现的时候把一些游戏化的交互形式如H5互动、虚拟人物互动等融入其中，使得VR新闻的表现形式更加丰富,更具沉浸感,用户代入感更强。比如网易制作的切尔诺贝利核事故30周年专题报道中的《核辐射的回声》H5报道,让用户根据个人习惯选择不同的内容观看。用户可以和游戏中的AI对话,在对话中选择视频、图片故事和文章,不同选择触发不同结局。用户轻点手机即可"穿越"到30年前的切尔诺贝利,以第一视角融入其中,实现了新闻现场的深度还原。网易的这次尝试通过提供浸入式的体验,使新闻事件本身更有张力和说服力。与全景视频相比,这则VR新闻作品具备更多的互动性和游戏性,用户可在新闻作品的叙事结构内自主选择浏览顺序,获得更丰富的信息。

3. 社会化分享传播

目前VR新闻还是一个相对超前的技术产品,如果内容出彩,很容易在微信、微博等社交网络上实现大规模扩散,但是VR新闻在二次传播中可能会遇到播放不兼容等问题。

四、VR新闻的自身优势

VR新闻的出现开创了新闻传播的新模式,也为新闻行业带来了新的发展方向,具有独特的自身优势。

(一)营造现场参与感

虚拟现实技术给新闻报道带来的最大改变便是打造身临其境的参与感,使得受众不再是新闻的局外人,而可以在现场体验并参与其中。VR新闻调动了受众的视觉、听觉甚至触觉等多种感官,在VR新闻里,受众可以沉浸其中观察现场环境,审视每一个人物的动作和表情,根据自身感受理解新闻事件,而不需要记者的解说和讲述。这便是VR新闻所具有的优势,通过第一人称视角给受众营造在场感,使得现场的一切都作用于受众的感官体验。例如在《叙利亚之旅》VR报道中,受众可深入现场感受国家博物馆等场景,并观察居民的生活状态等,这种沉浸式的场景给受众带来了参与式的体验,感触更加深刻。

(二)减弱媒介中介性

在传统的新闻生产中,媒介多是以自己为中心,通过新闻选择、报道框架、议程设置等方式向受众传递自身的价值观,影响受众对事件的认知。而在VR新闻中,沉浸式的呈现形式增强了受众的主观能动性,受众可自己选择观察视角,根据个人兴趣对事件进行多元化解读,因而媒介对受众的引导作用被弱化,媒介的中介性也有所减弱。由于受众是通过自身在场景中的体验来认知事件,在这个过程中,媒介的功能已不再是对具体内容的阐释,而是提供受众进入场景的渠道，因而对受众认知的影响力有所减弱。

（三）满足个性化需求

传统的新闻传播模式中，受众所接受的新闻都是固定成型的报道，没有个体化差异。而以受众为中心的 VR 新闻给受众带来了前所未有的自主性，使得受众能直接进入新闻现场了解事件本身。至于该观察什么，如何获取信息，这都是受众自主选择的。不同的受众根据自身的兴趣、需求，对信息进行筛选与处理，从而满足自身的个性化需求。

例如在美国《得梅因纪事报》推出的虚拟现实作品《丰收的变化》中，用户戴上 VR 头盔之后，就可以在农场上自由探索，身边是正在修拖拉机的农场主、散步的牲畜和嬉戏的孩童。在一些建筑和特定的地点上，会出现不同的提示图标，走近点击之后会有相应的信息弹出，用户可以根据个人兴趣来阅读相关文字、浏览历史照片、倾听人物讲述等。

（四）增强交互式体验

虚拟现实技术的主要基础功能便是交互，这一功能应用于 VR 新闻中便成为 VR 新闻相比于传统新闻的优势之一。传统的新闻报道多以媒介单方面传播信息为主，受众的交互性不强，而 VR 新闻则增强了受众在接受新闻时的交互式体验。VR 新闻的交互性可分为技术上的交互和心理上的交互两方面。技术上的交互即行为交互，是指用户通过感官体验场景的变化，例如在战争类 VR 报道中，用户扭头或转身可以看到不同的场景，可以听到耳边的巨响，用手抓取虚拟物体可以感受到重量，在交互中感受现场的变化。心理上的交互是指用户与场景产生情感交互。VR 新闻以受众为中心，让受众以自己的方式来把握新闻，认识新闻事件中的人物，倾听他们的故事使得受众容易与所处环境之间产生内心交流，进而产生较为深刻的情感共鸣。①

五、VR 新闻给新闻传播领域带来的变革

VR 新闻是技术潮流下催生的一种新的新闻形态，在应用过程中在新闻生产、呈现、传受关系以及业态等方面给新闻传播领域带来了变革。

（一）新闻生产：改变媒介角色、叙事逻辑，重塑制作流程

相较于传统新闻里媒介所扮演的中心化的、重要把关人的角色，VR 新闻中

---

① 孙振虎、李玉荻：《“VR 新闻”的沉浸模式及未来发展趋势》，《新闻与写作》2016 年第 9 期。

受众占据更多主动性，而媒介则更多的是承担组织者、渠道的作用。就内容而言，媒介以沉浸式场景的形式向受众还原新闻现场，而把观察体验的主动权交给受众，从叙事者转为了聚合者，由记事簿转为了数据库。

VR 新闻的叙事逻辑是从受众的视角出发，生产的内容不再是单纯的文字、视频，而变成场景和体验，受众不仅不再是“局外人”，甚至可能成为新闻事件的“中心”；其叙事手法也不再局限于传者对世界的客观摹写，而是融合了受者身临其境的沉浸体验。VR 新闻将复杂、多维的背景还原在受众面前，事件的背景、人物、过程均交织在一起而非单独呈现，新闻的叙事从传统的线性变成网状。这种崭新的报道样式跨越了时空边界，受众被 VR“带入”万里之外的新闻现场，并通过虚拟手段“沉浸”于斯，与记者、编辑“共享”目标场域的“虚拟化体验”，并产生“共情效应”。①

VR 新闻打破了传统的新闻生产模式，从策划、摄影到后期制作，均有一套特殊的流程，不同于传统的新闻生产，它需要更多的技术支持与团队合作。前期需要对现场的新闻素材进行采集，并基于图片资料建模或对人物进行动态捕捉以便数字化。后期需构建一个虚拟环境以描述特定的事件，并在其中对人物进行塑造，从而使得场景具有强烈的在场性、真实性与冲击性。

（二）新闻呈现：创新报道形式，传播场景化，多维立体呈现

VR 新闻创新了新闻报道的形式，通过 360°全景视频等打造沉浸式的场景，采用混合叙事的方式来呈现新闻内容，使得新闻报道的形式更丰富多元。不仅如此，VR 新闻还使得传播场景更加体验化，受众能参与其中亲身感受现场，实现多感官联动，从而对新闻事件的感受更加深刻。

在传统的新闻生产模式中，新闻的呈现形式都是线性平面的，仅通过单一的文字、图片、视频等在二维层面进行传播。但 VR 新闻突破了二维空间的限制，打造沉浸式的场景，对新闻现场进行 360°的还原，使新闻以多维立体的形式呈现出来。

（三）新闻传受关系：接受转为深度参与

VR 新闻呈现形式的改变也使得新闻传受关系发生了变化。在传统新闻模式下，受众更多的是接收方，而在 VR 新闻中，受众的角色发生了改变，不再是新闻事件的“局外人”“观看者”，而变成参与感更强的“目击者”。记者不再是新闻现场的唯一参与者，受众也可以“参与”其中，和记者一样亲身感受现场和事实。

---

① 史安斌、张耀钟：《虚拟/增强现实技术的兴起与传统新闻业的转向》，《新闻记者》2016 年第 1 期。

传统新闻中,受众获取信息多是被动的,但 VR 新闻以受众为中心,让受众主动选择自己感兴趣的信息,在不断互动中实现深度参与。

(四) 新闻业态:推动跨界融合

VR 新闻将报纸、广播、电视、互联网等各种媒介融合于一体,以立体、融合的思维使信息传播方式从单一变得多元,从平面变得立体,从而打造了全方位的视听体验。在新闻业态上,VR 新闻不仅有助于媒介融合进程,而且也推动了传统新闻与新兴高科技产业之间的跨界融合。在技术力量日益强大的今天,传统新闻行业也需紧跟时代潮流,引进技术力量完成自身的转型发展。制作 VR 新闻需要专业的 VR 技术团队,因而新闻媒体需与技术企业合作,发挥各自的优势力量打造优质产品,实现不同行业之间的跨界融合。

六、VR 新闻面临的困境与迷思

(一) 虚拟现实技术是否会重塑传统新闻学伦理

1. 真实与虚拟的冲突

VR 新闻致力于还原新闻现场,但新闻现场毕竟不可能完全再现,VR 新闻营造的其实是一个超真实的"拟态环境",而非真正的客观现实。新闻工作者在制作 VR 新闻时,为了给受众带来更有冲击力的感官体验,不可避免会对场景进行技术处理,在还原事件真相时,为了追求更好的效果,也难免对事实逻辑、细节等进行美化,而当受众沉浸其中时,便自然地会把经过设计和强化的虚拟现实当作真正的事实来接受。①

VR 新闻对新闻行业所坚守的真实客观的原则提出了挑战。因为从本质上来说,虚拟现实中所谓的现实并非客观世界中的现实,而是经过人为设计的现实,而如果把关不严则会存在被操纵的危险,甚至可能导致虚假报道。有学者认为,由于 VR 新闻具有沉浸式体验的特点,其经过人为设计后对公众可能会有更大的操纵性和欺骗性,有将"公众"退化成"群众"的风险,甚至带来"缸中大脑"。②

2. 重点信息的失焦

VR 新闻为受众提供了一个沉浸式的环境,看起来事件得到了全面反映,但

---

① 赵双阁、高旭:《VR 技术应用新闻实践的伦理困境及其突破策略》,《出版发行研究》2018 年第 8 期。

② 邓建国:《时空征服和感知重组——虚拟现实新闻的技术源起及伦理风险》,《新闻记者》2016 年第 5 期。

由于缺乏把关者，受众在接受信息时容易全盘接收，丧失自身理性的判断，同时受众难以把握重要关注点，反而造成对时间、精力的浪费。

VR 新闻将观察视角交给了受众，不同的受众对事件的关注点不同，而由于一些受众缺乏必要的新闻敏感和素养，在媒介引导力不足的情况下，可能会在大场景中花费过多精力而错过现场中的重要信息，从而造成传播效果的弱化。

3. 感官刺激的隐忧

VR 新闻主要依赖画面，并作用于受众的感官体验，所带来的图式思维可能取代以文字为主要表义符号的思考方式。如若受众不具备全面把握事实的分析能力，可能难以理解 VR 新闻信息。VR 新闻营造的在场感越强，受众的心理感受也越强，很多时候会倾向于相信直接的感官体验，而很少进行理性思考。长期处于这种沉浸式的场景渲染下，可能会带来情绪化等后果。不仅如此，VR 新闻赋予受众更强的视觉冲击和感官刺激，特别是在灾难、战争类报道中，一些血腥悲惨的画面会对受众的心理造成刺激和伤害。

4. 隐私泄露的风险

技术的每一次进步，都伴随着人们对隐私泄露的担忧。在 VR 系统中，用户在与虚拟世界进行交互时的动作、表情等数据都会被可穿戴设备记录下来，用以分析用户的状态或偏好。在物联网的背景下，隐私泄露的风险也越来越高。

（二）市场需求与用户体验

1. VR 新闻的市场需求具有局限性

马斯洛需求层次理论认为，人的需求有强弱之分，如果说看新闻尚且是人们日常生活中较为强烈的需求的话，那么使用 VR 看新闻则不属于基础需求。在很多时候，人们看 VR 新闻只是抱着一种猎奇心理，追求新奇的体验，而不是获取重要的新闻信息，因此市场并不十分广大。现在大多数媒体并没有把 VR 新闻列入常规报道范畴，而是将其作为一个附属产品。

2. VR 配套硬件尚未普及

目前来说，虽然 VR 视频制作的技术难题已经基本攻克，但观众仍需要戴上 VR 眼镜等设备才能获得观看 VR 视频的最佳体验。目前观看 VR 的硬件设备有两种形式，一是把手机等移动终端放置在 VR 纸盒类的设备中，二是使用 VR 头盔、眼镜等头显装置，如 HTC vive、Oculus 等。但手机屏幕很难营造 VR 的沉浸感，而 VR 眼镜等头显装备普及率较低，还存在着不够轻便平价、眩晕感强等缺陷。所以，VR 配套的硬件尚未普及时，绝大多数人还只是裸眼观看 VR 内容。

3. VR 更适合短视频传播

目前，VR 头显眩晕感较强的问题尚未解决。早年有人提出用 VR 做教育，但医学专家认为长时间观看 VR 视频会损伤未成年人视力，所以 VR 教育进展缓慢，基本陷入停滞。成人一般能够观看的 VR 时长也不会超过半个小时，因此一般的 VR 视频不会超过 10 分钟，10 分钟之后就会给人带来眩晕感。

VR 会让人产生眩晕，主要是画面帧率偏低、刷新过慢或者同步不及时等技术原因使得大脑接受信息与身体感受不符，当然也有一部分原因是软件设计的问题。

（三）技术瓶颈与应用障碍

1. 媒体从业者的学习成本高

VR 是应用于新闻报道的新技术，很多记者实际上是边学边做，需要一个上手过程。现在很多媒体做 VR 新闻是一个人或几个人包揽所有环节，学习成本相对较高，在团队构建上迫切需要引入对 VR 等前沿科技感兴趣的记者和编辑。至于技术开发等难度比较高的专业工作，媒体则应采取跟第三方公司合作的方式。

2. VR 新闻存在实际应用障碍

一方面，为实现优良的体验效果，VR 新闻需要有充足的前期准备、后期制作时间，甚至需要对现场做一些布置和安排，这与新闻的时效性存在一定矛盾；另一方面，VR 新闻拍摄对场地的要求较高，如果不能占据中心机位，就无法拍摄到 360°的全景视频，这些都限制了 VR 新闻实际应用的范围。

3. 网络带宽不足以传输高码率 VR 视频

上行跟下载的网速极大地制约了 VR 视频的制作与体验。一些突发事件场景本身的数据量是很大的，需要比较高的带宽来传输数据。但是有些新闻直播现场，尤其是突发事件或者灾难新闻现场，网络环境往往不佳，从而限制记者使用 VR 设备进行数据传输。

4. 用户接收端的屏显分辨率、播放器兼容性等因素影响 VR 产品体验

高质量的 VR 视频对于显示设备的分辨率要求是非常高的，至少 4K 以上才能达到较好的效果，目前来说移动设备还无法做到。除了屏幕分辨率，还有网速和系统兼容性的问题。用户如果用智能手机看 VR 视频，iOS 系统和安卓系统就会出现不同的体验感受，甚至会出现加载卡顿、模糊等非常不好的体验。

此外，VR 视频的解码不同于普通视频，需要有 sdk 解码包支持，这方面的标准还没有做到兼容，给用户使用造成很大的障碍。所以很多时候用户都是直接用第三方的播放器和 sdk，这种情况就制约了媒体把 VR 新闻日常化。目前，PC 端已经能够做到 VR 的点播直播兼容播放，但是移动端还没有做到完美的兼容。

5. VR 视频清晰度低，拼接缝隙问题难以解决

在 4K 技术已经成熟且应用广泛的当下，多数 VR 视频仍较为模糊。简单来说，看 VR 视频如同从普通视屏中截取一块放大到全屏，再通过一只放大镜来看，因此需要原片的质量极高才能清晰。要达到这样的清晰度首先需要拍摄设备足够优秀，国外很多公司都是从专业级市场切入，或者像 IM360 和 Jaunt 一样花重金定制设备，或者像 NextVR 一样集成 RED 等专业的电影机。目前，国内还比较缺乏这种定位的公司，主流产品基本都改造自原先拍摄全景的设备，如暴风魔眼、Insta 360 等都将价格压在了万元内，因此很难达到这样苛刻的要求。此外，高清晰度、大数据量的 VR 视频需要较高的下行速度才能在线观看，这也使得直播类的 VR 节目通常看起来非常模糊。

拼接缝隙也是一大通病，尤其当人物靠近场景狭窄的景物，会被整个切开或者产生重影，使得体验非常差。从本质上来看，这是多个镜头间存在视差导致的，是个非常困难的技术问题。国内很多媒体使用的拼接技术主要来自 OpenCV 开源库或者直接使用一些拼接软件，与顶级技术公司相比有较大的差距。

和 VR 游戏一样，为了完成从二维到三维的跨越，VR 视频通过左右眼的视差来营造景深感，从而模拟真实的场景，但做到这一点会对拼接缝隙提出很多的要求，因为视差和拼接是冲突的。所以大部分企业都选择了牺牲三维感，导致在有近景的时候景物看起来大而非近，并且十分扁平。但也有一些公司比如 Google、Jaunt、Felix & Paul 推出了三维感很好的样片，但由于成本较高，难以在 VR 新闻中常态化使用。

此外，VR 视频与现有平台的匹配也存在不少问题，这也是为什么《纽约时报》推出独立的 VR APP 的原因之一。

6. VR 新闻制作周期长，增加新闻生产难度

目前 VR 新闻产品存在制作周期长、制作成本高的问题。虚拟现实技术的硬件、软件均未研究成熟，且生产流程还不稳定，不利于 VR 新闻的经常性生产。对新闻工作者而言，制作 VR 新闻不仅需要具备新闻采集的基本功，而且还要掌握熟练操作 VR 设备的能力。从新闻的主题确定到后期剪辑本就需要花费不短的时间，在这基础上还要考虑受众的需求和体验进行调整、完善，而最后的制作还需花费大量时间，因而 VR 新闻制作周期较长，花费时间成本、人力成本较高。

就《丰收的变化》这一 VR 新闻的数据量而言，媒体人员在农场采访、录制的时间超过 320 个小时，整个报道采用了 17 个小时的音频资料以及 240 多张图片，参与人数达到 22 人，总共花费近 5 万美元。①

---

① 张超、丁园园：《新闻业的沉浸偏向：VR 新闻生产的变革、问题与思路》，《中国出版》2016 年第 17 期。

总之,VR 新闻并不仅仅是对原始新闻素材加以采集和呈现的方法,更是一种新的新闻叙事模式(Narrative Form),但在 VR 技术尚未完全成熟的当下,这种新的叙事模式也暂时处于萌芽阶段。[①] 由于技术应用尚未完全成熟,硬件成本偏高,VR 眼镜等配套设备未普及,目前国内 VR 新闻的呈现形式多为使用 VR 摄像机拍摄的全景视频,可以让用户看到更广视角的环境,但尚不具备真正的沉浸式和互动性体验。

(四)VR 新闻内容困境

1. VR 新闻缺乏高质量内容和日常化报道

2015 年我国 VR 产业迅速爆发,引起资本界极大关注,在 2016 年两会期间达到一个巅峰,但是两会之后很多新闻媒体的 VR 报道减少了很多。VR 目前在新闻领域的应用进入了一个平台期,很多媒体做的都是一些程序化、固定化的作品,没有更多、更新的创作、剪辑方式。相对于硬件技术来说,内容生产同样是一个瓶颈,因为 VR 视频拍摄成本高,拍摄周期长,难度也比较大,致使 VR 内容资源十分稀缺。

2. 如何用 VR 拍摄讲好一个故事

对于 VR 视频,人们新鲜劲过了以后就会进入一个瓶颈期。制作者还在摸索 VR 视频拍摄的表现方式,因为 VR 视频一般不能剪辑,是一个个机位固定积累,或者相对移动比较少的积累在一起,没有推拉摇移等动作,所以应用场景有很大的局限性。无论是从技术角度还是从创意或者拍摄技术方面来说,都还有很大的提高空间。

(五)VR 新闻未来发展的可能性路径

VR、AR 新闻也许是更吸引人的一种新闻报道方式,但是要成为未来新闻的常态需要解决的问题还有很多,若要吸引更多的受众,目前可以从以下几个方面着力:

1. 钻研技术,突破技术壁垒

就目前发展来看,VR 技术本身还存在许多问题,首先是 VR 设备硬件成本较高,阻碍其大规模生产普及;其次是 VR 终端发展仍不够成熟,例如 VR 眼镜清晰度不高、也不够小型化;最后,在使用 VR 设备过程中舒适度仍然不够,眩晕感等问题尚未解决。这些技术上的难题是 VR 新闻发展过程中需要首先解决的,强有力的技术支撑是后续稳定发展的基础。

---

① 常江:《虚拟现实新闻:范式革命与观念困境》,《中国出版》2016 年第 10 期。

2. 对接直播，提供优质内容

因 VR 新闻所固有的时效性差等限制，所适用的报道类型比较有限，这也是 VR 新闻一直难以真正发展普及的原因之一，但也正是这一特点，为 VR 在直播可预见性新闻方面开辟了一条独特的发展路径。

2016 年 2 月，高盛在《VR 与 AR：解读下一个通用计算机平台》报告中预测 2020 年全球 VR 直播用户将达到 2800 万，VR 直播将是未来 VR 产业主要增长点之一。VR 直播是具有较大市场需求的，比如说对于演唱会、体育赛事、公益活动等大型活动现场的座位数量限制问题，广播用音频解决了这一问题，电视用 2D 观看体验解决了该问题，而 VR 有潜力通过新的方式解决这一问题。用 VR 观看一场活动可以为用户提供一种身临其境的感觉。①

目前 VR 直播在新闻领域的应用也越来越广泛，利用 VR 直播两会便是一个成功的案例。由于空间等条件的限制，人们不可能亲临每一个事件，而媒体则可利用 VR 技术对接直播来满足受众的参与感和在场感需求，因而对于媒体而言，将 VR 技术对接直播是一个不错的发展方向。

要想使 VR 直播真正地成熟运用，达到观众满意的效果，还需要直播技术、网络带宽、硬件设备的全面优化。另外在 VR 拍摄时也要注意对拍摄手法和机位切换等进行改进。无论何时，内容都是媒体生存发展的核心竞争力。

3. 着力交互，合理把握真实

VR 新闻的一大优势是能增强受众的互动式体验，互动也是受众在接受信息时所期待的一种形式，因而媒体应抓住受众的心理，在 VR 新闻生产中着力于交互，让受众能更便捷地与场景进行互动，更全面地获取有价值的信息。

虽然 VR 新闻能给受众带来不一样的体验，但是媒体也需要谨慎考量新闻伦理的冲突，合理把握虚拟现场的真实性。在沉浸式场景中，尽管受众的主动性大大增强，但是媒体依然要担任好“把关人”的角色，承担自身“社会公器”的职责，适当发挥引导作用，避免受众因缺乏必要的媒介素养而出现认知偏差。真实是新闻的生命，也是从事新闻传播活动所必须遵守的基本准则，新闻工作者无论何时都应坚守新闻媒体的责任，坚守新闻职业道德。

新的媒介在不断诞生，正如 20 世纪 20 年代的广播和电视，80 年代的数字技术，科技的不断进步为人类认识这个世界提供了更丰富的工具，VR 技术自诞生后也在一次次浪潮中不断发展。

今天的 VR 新闻看起来很热，但实际上，不管是硬件终端层面还是内容体验层面都还很不成熟，有噱头大于实质之嫌，VR 新闻对于用户而言也不是一个刚

---

① 张超、丁园园：《新闻业的沉浸偏向：VR 新闻生产的变革、问题与思路》，《中国出版》2016 年第 17 期。

性需求。经过 2014—2016 年的爆发,目前 VR 已进入缓慢发展的平台期,VR 新闻也是一样,从内容、技术、镜头语言以及观众习惯上都需要慢慢探索。究竟怎么去做 VR 新闻,尚无定论,甚至有可能现在做的尝试随着技术的成熟在未来证明是完全错误的,但这没关系,被称为 VR 元年的 2016 年是以硬件为推动力的,整个 VR 产业未来一定会越来越成熟,加上有游戏行业等相关行业的探索,相信未来 VR 新闻也一定会找到自己的位置。

本章即测即评

第十章 大数据与新闻生产

当“聚焦”团队让2002年的波士顿因一篇报道而对“神父”进行集体讨伐时,[①]还很少有人意识到从大量数据中抽丝剥茧是促成这篇报道成功的关键。直到2015年《亚特兰大宪法报》的报道《医生与性侵》(*Doctors and Sex Abuse*)事件,大数据在新闻报道中的力量才更有力地展现在公众面前。2018年10月3日,《纽约时报》头版刊登了特朗普涉嫌巨额偷税漏税的报道,其中披露的大量证据再一次证明了利用大数据能为这个世界贡献出怎样有价值的报道。大数据时代的来临,不仅是技术的又一次革新,更是那些渴望乘大数据之风,开辟行业新征程的创新者难得的机遇。大数据技术在新闻传播领域的应用更是为新闻生产带来了前所未有的机遇与挑战。本章通过厘清数据之于新闻生产的历史过程,以及大数据在新闻生产中的应用和问题,以期向读者传达“数据只是辅助,故事待人挖掘”的理念。

第一节 大数据技术引领新闻生产再定义

2013年被公认为“大数据元年”。那一年,几乎所有世界级的互联网企业都开始将业务触角伸向大数据产业;也是那一年,大数据助力各种社交平台群雄逐鹿,见证着各大电商开启价格大战。2018年6月28日,习近平在给国际大数据产业博览会的贺信中再次强调了国家大数据战略对于中国经济社会发展的重要地位和时代意义。至此,大数据已经由技术热词上升到国家战略层面,形成了一股社会浪潮,影响着社会生活的方方面面。

---

① 编者注:2002年《波士顿环球报》“聚焦”栏目报道了天主教教会包庇神父性侵儿童的丑闻,并于2003年获得普利策新闻奖。

一、大数据技术溯源

（一）大数据的力量:智能化“大自然的搬运工”

以运输业中的数据场景为例,将自己定位成“大自然搬运工”的农夫山泉,在全国有10多个水源地。农夫山泉把水灌装、配送、上架,一瓶超市售价2元的550 ml饮用水,其中3毛钱花在了运输上,以至于在企业内部,有着“搬上搬下,银子哗哗”的说法。如何根据不同的变量因素来控制自己的物流成本,成为农夫山泉重点要解决的问题。

基于上述情况,当2011年SAP① 推出了创新性的数据库平台SAP Hana时,农夫山泉成为全球第三个、亚洲第一个上线该系统的企业。SAP收集了高速公路的收费、道路等级、天气、配送中心辐射半径、季节性变化、不同市场的售价、不同渠道的费用、各地的人力成本甚至突发性的需求(比如某城市召开一次大型运动会)等数据。SAP利用这些大数据为农夫山泉计算出一套最优的仓储运输方案,及时呈现各条线路的运输成本、物流中心最佳地点等信息;将全国10多个水源地、几百家办事处和配送中心整合到一个体系之中,形成一个动态网状结构,进行即时管控;将退货、残次等问题与生产基地实时连接起来,通过大数据准确获知该生产多少,送多少,实现了产品运输决策的智能化、物流成本的精准化、运输资源的配置合理化。②

大数据让农夫山泉蜕变为智能化的“搬运工”,这种力量已经渗透到人类生活的各个领域。可以预见,大数据的出现将给所有产业带来前所未有的巨变,这种改变是数据驱动生产力的释放以及原有行业思维和理念的颠覆。在未来,数据驱动决策的能力对任何一个领域都至关重要,用户的每一次点击、滑动、分享等操作都创造着全新的信息价值,如何将这些数据与自身行业连接起来制定决策,将是各企业未来抢占数据高地的关键。

（二）大数据概念的出现

大数据的首次亮相是在1980年,未来学家阿尔文·托夫勒在其著作《第三

---

① 注:SAP即“System Applications and Products in Data Processing”。它蕴含两层含义:第一,SAP是公司名称,成立于1972年,总部位于德国沃尔多夫市,是全球最人的企业管理和协同化电子商务解决方案供应商、全球第三大独立软件供应商;第二,SAP是其ERP(Enterprise-wide Resource Planning)软件名称,它是ERP解决方案的先驱,也是全世界排名第一的ERP软件,可以为各种行业、不同规模的企业提供全面的解决方案。

② 《农夫山泉——大数据推动供应链的优化》,搜狐网2017年8月8日。

次浪潮》中热情地赞颂大数据为“第三次浪潮的华彩乐章”。托夫勒认为第三次浪潮将打破第二次浪潮对人的桎梏，让人获得更大的自由。距离第一次被提及，大数据概念经历了漫长的潜伏期，直到28年后才再次被业界关注。2008年9月《自然》杂志推出了以“大数据”为封面的专刊，指出“到2018年，什么样的技术将改变我们的世界？在采访了一些研究者后，他们有一个共同的认识：未来将会是物质世界和信息的融合，无论那些信息是藏在网络和现实环境之间的模糊界限中或是藏在手机终端的情感反馈或是藏在谷歌浏览器的数据库中”。这些无处不在的信息汇聚成了大数据。

作为最早洞见大数据时代趋势的数据科学家之一，肯尼斯·库克耶在大数据专题报告《数据，无处不在的数据》中提到，“世界上有着无法想象的巨量数字信息，并以极快的速度增长。从经济界到科学界，从政府部门到艺术领域，很多方面都已经感受到了这种巨量信息的影响。科学家和计算机工程师已经为这个现象创造了一个新词汇：‘大数据’”。对大数据进行收集和分析的设想，来自世界著名的管理咨询公司——麦肯锡全球研究所。该研究所敏锐地意识到各种网络平台上留下的海量用户信息具备潜在的商业价值，并于2011年6月发布报告《大数据：创新、竞争和生产力的下一个新领域》。报告指出，大数据已经渗透到当今每一个行业和业务职能领域，成为重要的生产因素。人们对于海量数据的挖掘和运用，预示着新一波生产率增长和消费者盈余浪潮的到来。报告还提到，“大数据”源于数据生产和收集的能力及速度大幅提升——由于越来越多的人、设备和传感器通过数字网络连接起来，生产、传送、分享和访问数据的能力也得到前所未有的加强。该报告是专业机构第一次对“大数据”的影响、关键技术和应用领域等进行详尽的分析。

（三）大数据是什么

麦肯锡给出的大数据定义是：一种规模大到在获取、存储、管理、分析方面大大超出了传统数据库软件工具能力范围的数据集合。与以往简单的数据处理不同，大数据的整个应用流程都依靠更加复杂的机器运算。数据将会越来越多，这是无法避开的趋势。据DOMO公司2018年报告*Data Never Sleeps 6.0*显示，世界互联网用户数正在逐年增加，直至2017年互联网使用率达到世界人口的47%，这代表着全球有38亿网络用户。那么他们平均每天会产生多少数据呢？报告显示，Netflix一天内平均每分钟有97 222个小时的视频播放量，Twitter一天内平均每分钟产生473 440个tweets，Instagram一天内平均每分钟产生49 380张用户照片，Google每分钟就有3 877 140次搜索行为。①

① *Data Never Sleeps 6.0*，DOMO 2018-06-05。

1. 大数据时代:数据是资本

大数据时代,除了结构化数据之外,更多的是非结构化数据不断产生,你的一次搜索行为、你分享的一条朋友圈、你在淘宝上的每一次购买行为等都是大数据的成员。大数据技术以一种前所未有的方式,通过对海量数据的收集、挖掘与分析,产生有巨大价值的产品、服务以及深刻的洞见。以前,一旦达到了数据收集的目的之后,数据就被认为没有用处了,而现在数据作为一种资本,可以创造更多意想不到的收益。举例而言,奥斯卡金像奖经历了 90 年,在历史上留下了数不清的最佳男女演员、最佳电影等,过去少有人想过最受欢迎的演员和最佳导演在一起会产生怎样的化学反应。直到 Netflix 根据数据技术推导出《纸牌屋》的关键要素:喜欢 BBC 剧、大卫·芬奇和凯文·史派西的用户存在交集。Netflix 与以往由导演全权选择演员、编剧的传统彻底背道而驰,他们选择利用数据指导前台的生产,这也让在线影片租赁提供商出身的 Netflix 在互联网浪潮的冲击下成功转型,开始了自制剧之路。

2. 大数据时代:全样本数据价值凸显

过去很长一段时间,由于信息处理能力有限,准确分析大量文本无疑是一种挑战。随机样本抽样不得不成为早期统计学家"痴迷"的数据分析方法,几乎每个统计学家都竭尽所能减少自己的误差,但遗憾的是误差始终存在。抽样是用最少的数据得到最多的信息,如果人们可以获取海量信息甚至全信息,随机样本就失去了意义。大数据技术的发展就为全数据的获取、处理和分析带来了可能。

3. 大数据时代:体现相关,服务因果

舍恩伯格在其著作《大数据时代》中强调,在大数据时代,我们无须再紧盯事物之间的因果关系,而应该寻找事物之间的相关关系;相关关系也许不能准确地告诉我们某件事情为何会发生,但是它会提醒我们这件事情正在发生。也就是说,大数据体现的是相关关系而非因果关系。周涛在为这本书写译者序的时候表示,他对"大数据时代相关关系比因果关系更重要"的观点并不认同。他认为不是大数据让我们重视相关忽视因果,而是机器学习和以结果为导向的研究使然。技术的进步让我们变成了不断训练所有可能的模型和拟合所有可能的参数,但却看不到训练和拟合的过程,读到的是"计算机工程"。两位学者的观点其实并不矛盾,任何时代某一项技术都要比此前的技术发展迅速,同时亦会受到各种条件的限制。大数据技术虽然在数据量级和数据处理方式上有了巨大的发展,但是其最多只能体现出事物之间的"相关关系"。然而"因果关系"是自然界和人类社会中最普遍和重要的关系,人类智慧不能仅限于探究相关关系,凡事穷尽根本是我们最终的目的。利用大数据所反映的相关关系服务于因果关系的探寻,或许才是大数据真正的意义。

二、大数据技术助力新闻生产

《波士顿环球报》“聚焦”团队的数据专家马特·卡罗尔曾在采访中称“能在互联网时代用数据报道新闻是一件很酷的事情”,“聚焦”团队凭借对新闻真相的热忱和大量数据背后的线索捍卫了媒体人最朴实的善良正义。我们有理由相信大数据的出现将彻底颠覆传统的新闻报道模式,引领新闻生产思维的变革。

(一) 智能设备协助新闻生产信息收集

大数据时代,传感器等智能设备被广泛用于信息收集以协助新闻生产。在过去的很长一段时间内,新闻生产依赖的新闻源多为通讯员采集、新闻热线以及记者的采访。一方面,传统新闻生产对新闻源的依赖,使得新闻生产内容相对单一,很难挖掘到一些人力所不能及的新闻线索。另一方面,对于传统专业生产模式下的新闻生产者而言,信息采集需要耗费大量的精力,而且往往会受到技术和成本的制约出现搜集数据规模不足、数据统计不精确等情况,致使最后结果出现偏差。

早在 2013 年,哥伦比亚大学 Tow 数字新闻中心就提出,可以将传感器收集到的实时数据用于新闻机构的数据新闻撰写中,拓展人们的感知能力,为新闻生产开辟信息采集新维度。采用传感器等智能感知设备进行大范围、高精度的数据采集工作,在简化采集过程的同时,也提高了工作效率和数据精度。这种利用传感工具创建数据进行分析处理的新闻报道,称为传感器新闻。尤其是对于新闻业的人工智能而言,传感技术可以实现海量数据的收集,从而进一步通过机器学习发现海量数据中的新闻线索,或运用语音处理、视觉信息处理等技术对关键信息进行转化和分析。物联网时代,传感器将规模化,这为基于传感器进行信息采集,以大数据处理技术为支撑的“传感器新闻”的普及带来了可能。传感器新闻以及传感器在媒体中的其他应用让我们意识到,物联网数据源头的话语权将是未来的一个竞争焦点。①

(二) 冲破极限的机器人写作

一名合格的速记员,要在一分钟之内记录不少于 140 个字且正确率要不低于 98%。大数据技术能将这个速度提高多少？2017 年 8 月 8 日 21 时 37 分 15

① 彭兰:《移动化、智能化技术趋势下新闻生产的再定义》,《新闻记者》2016 年第 1 期。

秒,中国地震台网官方微信平台推送了一篇《四川阿坝州九寨沟县发生7.0级地震》的速报,这篇速报的作者是国家地震台网研发的智能机器人。这个机器人只需25秒就可以编写发布一条585字的新闻。通过大数据的收集和机器训练,机器人就可以打破人类极限,近乎实时地编写发布一篇新闻。就内容生产而言,机器人写作并不是复杂的事情,主要包括三个步骤:数据采集输入,关键信息获取和结构化处理,套用固定文章模板生成新闻稿。① 机器新闻写作可以做到通过对大数据和碎片化文本的总体性处理,形成结构性的分析结论。② 机器写作的快速推进,再度强化了一个事实:数据是新闻生产的新思维、新资源,未来媒体的竞争,将越来越多的是数据平台与数据采集、处理能力的竞争。③

(三)体验沉浸般的享受

大数据对现实生活中大量数据的记录、分析为AR和VR技术提供了模拟现实的基础。新闻报道在VR与AR技术的支持下,通过内容与场景的连接,可以达到以下效果:"沉浸式新闻"实现场景重构,打造身临其境的在场感;"第一人称"视角增强用户的"代入感",使之进入新闻、了解新闻、参与新闻;建构知识图谱实现全新认知体验。

第二节　大数据新闻的探索之路

数据新闻作为大数据新闻的先行者,吸取其前身精确新闻和计算机辅助报道的经验,恰逢互联网时代这个绝佳的生长环境,依靠先天的技术基因,为新闻生产注入了更加鲜活的表现力。本节将为读者梳理数据新闻的发展脉络,探讨数据新闻对技术的天生崇拜,是否意味着数据在新闻生产中的地位更加凸显?是否意味着现今新闻人才培养的变革?

一、数据新闻溯源

新闻业发展史上遇到的第一个"信任危机"爆发于20世纪60年代中后期的美国。伴随着越南战争的失败、马丁·路德金遇刺等事件的发生,反文化运动的兴起在美国国内掀起了反抗权威的热潮。水门事件更是激起了"社会道德危机"的大讨论,公众对新闻媒体的"信任危机"也在此时达到了顶峰。为了让公

① 孙振虎、张馨亚:《机器人新闻的发展与反思》,《电视研究》2016年第6期。

② 喻国明:《人工智能的发展与传媒格局变化的逻辑》,《新闻与写作》2016年第2期。

③ 彭兰:《移动化、智能化技术趋势下新闻生产的再定义》,《新闻记者》2016年第1期。

众重燃对新闻媒体的信任，新闻界提出了“精确新闻”的报道方式。精确新闻是记者应用社会科学的方法和手段对一些社会现象进行广泛且深入的调查研究后写出的报道，依靠分析大量数据进行挖掘事件本质。美国新闻学者、前奈特报系记者菲利普·迈耶于20世纪70年代初出版了《精确新闻学：一个记者关于社会科学方法的介绍》一书，最早提出了精确新闻这种报道手法。精确新闻的倡导者把“准确性”和“客观性”奉为信条，要求采写新闻要像算术和统计那样“精确”，以保证新闻的精确性。①

某种意义上讲精确新闻是数据新闻的前身。两者都是基于数据的新闻，但是数据类型和研究数据的方法却大相径庭。数据对精确新闻来讲只是一种“证据”，精确新闻只需利用普通的数字型图表支撑其新闻的真实性和客观性。数据之于数据新闻是其“灵魂”所在，数据不再只是冰冷的佐证材料，它的存在有了更加丰富的内涵，并提供了无数解读的可能性。

现代计算技术奠基者赫尔曼·霍尔瑞斯发明了穿孔卡片，开启了数据自动化处理时代，也让他拥有了自己的制表机器公司（Tabulating Machine Company），但他从未想过这家由于经营不善出售的公司会成为日后在硅谷辉煌半个世纪的巨头——IBM公司的前身。20世纪七八十年代，集成电路的出现缩小了计算机的体积，促使其迈向大众市场，这一阶段商业数据库和政府数据库开放水平显著提升，②各大计算机巨头的出现也使计算机的处理能力得到了惊人的发展，这使得记者可以利用计算机处理各种信息，发现新闻真相。

与传统新闻不同，数据新闻无论是在新闻呈现还是生产流程上都发生了很大的变化。早期不论是学界还是业界，对数据新闻的概念都没有明确界定，只有一些新闻媒体在尝试生产数据新闻相关作品，人们只能通过媒体实践人员的介绍、视频和其他相关网络文章了解何为数据新闻。直到《卫报》和《纽约时报》以数据新闻的方式利用维基解密中的大量数据，才使得数据新闻真正进入公众视野。

最早明确使用“数据新闻”一词的媒体是《卫报》，《卫报》于2009年3月上线了“数据博客”（Data Blog）栏目，随后又在官网上设立了“数据商店”（Data Store）栏目，致力于将大量资料转化为有意义的新闻。2010年，首届“国际数据新闻”圆桌会议在阿姆斯特丹举行，德国之声电视台的米尔科·劳伦兹对数据新闻这个概念做出了如下界定：“‘数据新闻’是一种工作流程，包括下述基本步

---

① 刘建明主编：《宣传舆论学大辞典》，经济日报出版社1993年版。

② 沈浩、罗晨：《数据新闻：现代性视角下的历史图景》，《新闻大学》2016年第2期。

骤:通过反复抓取、筛选和重组来深度挖掘数据,聚焦专门信息以过滤数据,可视化地呈现数据并合成新闻故事。”①

全球第一本专门探讨数据新闻的著作《数据新闻手册》认为,数据新闻是把传统的新闻敏感性、具有说服力的叙事能力与海量的数字信息相结合的新闻。②也有学者认为,数据新闻又称数据驱动新闻,它指的是对数据进行分析与过滤,从而创作出新闻报道的方式。③ 还有学者认为,数据新闻作为在数据时代下精确新闻学的发展,其生产过程更为精细化,涉猎的知识技能除了传统的新闻音视频、图片与文字的制作,更涵盖社科研究方法、计算机数据抓取/搜集、处理、可视化,平面/交互设计、网络编程、新媒体艺术等多个领域。④

数据新闻的可视化呈现形式更加多样。2010 年,斯坦福大学的塞格尔(Edward Segel)和希尔(Jeffrey Heer)在《可视化叙事:用数据讲故事》一文中指出,作为一种讲故事的方式,可视化技术利用了许多其他领域中发展出来的技术,生成各类可视化图表,比如“杂志风格的图表(Magazine Style)、加注释的图表(Annotated Chart)、科学展览海报式图表(Science Fair Poster)、动态流程图(Flow Chart)、连环漫画图(Comic Strip)、幻灯片(Slide Show)、电影/视频/动画(Film/Video/Animation)等”。⑤ 而国内的数据新闻呈现形式与之类似,多为文字加上图表、动画、数据地图、视频和可交互数据应用等形式。

数据新闻与其前身精确新闻和过渡时期的计算机辅助报道师出一脉,三者与传统新闻报道最大的区别就是“数据”成为新闻生产过程中必不可少的工具。数据新闻的兴起适逢互联网发展的黄金时代,大数据技术的出现更使得它将自己的优势彻底展现。鉴于此,本书总结目前国内外学者对数据新闻诸多定义的共性得出:数据新闻以大量数据为基础,是依托计算机对数据的处理、加工而产生的新的、可视化的新闻呈现和报道方式。数据新闻在传统的新闻生产方式中,增加了新闻生产者即记者作为一个社会科学研究者的素养要求。换言之,数据新闻的生产过程要像科学研究一样严谨、公开,结果经得起核实和验证。⑥

---

① 转引自方洁、颜冬:《全球视野下的“数据新闻”:理念与实践》,《国际新闻界》2013 年第 6 期。

② 转引自袁满、强月新:《我国数据新闻研究的回顾与前瞻》,《郑州大学学报(哲学社会科学版)》2016 年第 2 期。

③ 章戈浩:《作为开放新闻的数据新闻——英国〈卫报〉的数据新闻实践》,《新闻记者》2013 年第 6 期。

④ 李希光、张小娅:《大数据时代的新闻学》,《新闻传播》2013 年第 1 期。

⑤ Segel E, Heer J. *Narrative visualization: Telling stories with data*. IEEE Transactions on Visualizationand Computer Graphics, 16(6): 1139-1148, 2010.

⑥ 金兼斌:《数据媒体与数字泥巴:大数据时代的新闻素养》,《新闻与写作》2016 年第 12 期。

二、对数据新闻的认识

凯若(Alberto Cairo)是迈阿密大学的可视化教授,在每学期的第一节可视化基础概念课上,他总会这样开场:“无论交互还是静态的可视化报道,原理是一样的——故事第一。”①

(一) 数据新闻的内容呈现

被誉为“中国数据新闻第一人”的黄志敏认为,数据新闻有两种表现形式,一种是信息图,如各种题材的“一图读懂”;另外一种则是互动图表,即用代码在网页上呈现数据新闻或者各种数据可视化的内容。② 也就是说,数据新闻相较于传统新闻的最大特点是可视化呈现。相较于简单的信息图,互动图表的完成除了文案和设计之外,还需要写入代码。由此可见,数据新闻对技术的要求似乎比它的任何一个前身都要高。

这种对技术的推崇在黄志敏为财新的数据可视化实验室招聘时表露无遗。“我们在招人的时候希望有理工科转而学新闻的孩子,数据新闻的生产需要那些有长期理科逻辑思维训练的理科生,才能把稿子敲碎打成结构化的东西。数据新闻产品后台有一个很大的数据库表,每个人之间的关系是用代码来代替,然后用这个表来形成这样一张图。”③ 正是由于数据新闻天生的“技术崇拜”,现有的大多数据新闻作品都在无所不用其极地追求华丽的图表和看起来“高大上”的实时交互。

结构化的数字配上酷炫的信息呈现再加上恰到好处的交互设计,数据新闻生产者不断绞尽脑汁,试图提升作品对用户的视觉冲击。但事实上,当你阅读一个这样酷炫复杂的数据新闻作品时,你需要多久才能读懂它?毫无疑问,数据新闻在带来不一样的新闻呈现方式的同时也对阅读者的数据素养有了更高的要求。所谓数据素养,是指人们有效且正当地发现、评估和使用信息和数据的一种意识和能力。通常,数据素养包含数据意识、数据获取能力、分析和理解数据的能力、运用数据进行决策的能力以及对数据作用的批评和反思精神。④ 数据新闻时代,数据素养不仅是决定数据新闻从业者能否生产优秀新闻作品的关键,对数据新闻的读者来讲,数据素养更是关乎其新闻阅读体验的基本要求。如何透过令人眼花缭乱的技术呈现获取新闻的真实内容?如何通过冰冷的数据图表感

---

① 吴嘉川,王之宙:《要学多久代码才能做好数据新闻?这些美国高手的回答出人意料》,上观网 2017 年 11 月 11 日。

②③ 《黄志敏与数可视:数据新闻的过去、现在和未来》,The Data & News Society 网 2019 年 3 月 1 日。

④ 金兼斌:《财经记者与数据素养》,《新闻与写作》2013 年第 10 期。

受被描述客体的历时变迁？如何在获取酷炫感官体验的同时切实思考新闻内容？这些都是影响数据新闻阅读的关键，也是数据新闻生产者必须寻求的技术使用与内容呈现之间的平衡。

（二）数字不是新闻

契科夫曾在给他哥哥的一封信中写道：不要告诉我月亮在闪耀，请向我展示破碎玻璃上的光芒。无独有偶，“Show, Don't tell”被视为新闻界的金科玉律，这句话成为每一个新闻作品追求的真谛。海明威就是这一准则的坚定拥护者，为此他提出了著名的指导纪实写作的“冰山理论”（the Iceberg Theory），这是从他早期作为记者的经历中得到的体会，即作者不应过多添加自己的分析，他只需描述场景使读者可以自己得出结论，就像冰山只有一小部分露出水面一样。天生就不带任何意义的数字，看起来似乎是捍卫这一准则的新秀，只需要将数据呈现给受众，背后的故事待其自主发掘。这无疑体现了数据新闻最大的特点——“用数据说话”。

传统新闻通过对事实的描述或引用当事人的话语来呈现新闻故事，数据新闻则通过对数据的分析为新闻报道可信度提供有力的佐证。但也不能简单地认为数据新闻就是图形或可视化效果，因为数据的大规模介入只是“讲故事”的方式，而不能取代故事。数据、故事本是割裂开来的孤体，但是数据新闻让二者有了联系，这种联系被看做是跨越彼此相关却知之甚少的新生事物之间的新弧线，使新闻报道变得可验证、可信赖、彼此相关又容易记忆。①

生活中处处有数据，而数据背后可能就是一个个小故事。那么，数据新闻的关键是“数据”还是“新闻”？大数据技术的原始基因，使数据新闻在营养丰富的环境下快速成长起来。它有着独属于自己的张扬个性，但也看得出，它成长的过程中仍在拼命汲取前辈精确新闻和调查新闻的优秀经验，散发迷人魅力的同时仍然在坚守“讲好故事”的初衷。数据是辅助记者找到故事并将其说得更动人的工具，数据新闻的主语仍是新闻，新闻和数据不可本末倒置。大数据新闻亦然，引入大数据必须为新闻服务，即大数据中具有可挖掘的新闻价值要素。如果“为数据而数据”则会固化为死板的程式化报道。② 作为一个新闻生产者，“讲好故事”才是需要践行的职业信仰。

（三）要学多久代码才能做好数据新闻

2014年6月，数据新闻“青岛中石化管道爆炸事故系列报道”获得亚洲出版

---

① 徐锐、万宏蕾：《数据新闻：大数据时代新闻生产的核心竞争力》，《编辑之友》2013年第12期。

② 高杨：《质疑大数据新闻》，《中国广播电视学刊》2016年第1期。

业协会(SOPA)评选的卓越新闻奖,这是中国新闻史上第一次由程序员获得的新闻奖。同年 11 月,财新网可视化数据新闻《周永康的人与财》获得腾讯传媒大奖首次设立的“年度数据新闻”奖。财新传媒数据可视化实验室也成为当年国内唯一获得数据新闻奖项的可视化团队。

财新网的可视化实验室由三种人组成:采编人员、设计人员和程序员。设计人员根据采编人员提供的素材设计图形,同时与程序员沟通设计生成方案,在设计方案过程中程序员很可能反过来要求记者补充数据,待方案确定后,设计、开发、文案同步进行。三者是合作、交流、互动的关系。与传统新闻生产流程不同,程序员作为新的活力源泉加入数据新闻的生产中。有人说,最理想的数据新闻人选应当既懂新闻、又懂设计、还要懂编程,但实际上很难找到三项全能的复合型人才,所以团队合作在数据新闻生产中尤其重要。

美国皮尤研究中心在 2014 年的媒体研究报告中,直言不讳地指出“我们正在寻找那些能够适应数字媒体采编流程的新闻采编多面手,比如数据库记者、可视化记者和计算机记者”。几乎每次关于大数据的相关讲座中,都有新闻传播专业的学生提问“现在的文科生是不是只有学习敲代码才能有好的出路”。每一个想要从事数据新闻报道的记者也有相同的烦恼:“要学多久代码,才能做出一个好的数据新闻作品? 需要学习所有的可视化语言吗? 动态交互的新闻呈现就一定好过静态文字吗?”但是,迈阿密大学的可视化教授凯若却总爱跟自己的学生说:“任何关于代码的问题都不要问我,我不会写代码”。就连曾在“聚焦”团队负责数据的卡罗尔——现已离开报社成为美国东北大学新闻学院的教授,也不止一次公开表示:“我是一个记者,对可视化工具不是很熟悉,但是我了解如何从数据里找到故事,如何用数据说故事”。[①]

其实很多时候,完成一个优秀的数据新闻作品,我们欠缺的不是一门计算机语言,也不是费尽千辛万苦获得的数据,而是一个好的切入角度,一个有意义的故事。如何提高对周围事物的敏感度,如何在海量数据中抽丝剥茧发现新闻线索,如何选择交互呈现的最佳时刻,这些才是一个有志于数据新闻的新闻人真正该思考的问题。

第三节 大数据技术在新闻生产中的应用

大数据时代带来的最大的思维变革,就是“用人的数据还原人、服务人”。

---

① 吴嘉川、王之宙:《要学多久代码才能做好数据新闻? 这些美国高手的回答出人意料》,上观网 2017 年 11 月 11 日。

这使得“受众”不再被动接受新闻，开始积极参与新闻生产，传统新闻生产中专业媒体的权威地位受到冲击，大数据技术重塑了新闻生产流程。新闻内容采集从专业记者转向普通人，加上物联网传感器技术的兴起，新闻源更加多样；在新闻内容制作上，大数据为深度新闻和趋势预测型报道带来发展机遇；新闻内容分发也呈现出新特征、新流程。我们在感叹于大数据为新闻生产带来各种机遇的同时也应正视大数据技术的局限，以推动新闻业更好的发展。

一、大数据与新闻内容采集

经过长时间的发展，传统的新闻生产者在理论和实践上都积累了许多经验，也培养、储备了一批拥有良好专业素养的记者、编辑队伍。专业的生产理念、专业的生产队伍以及专业的生产机制共同造就了新闻的专业生产内容（Professionally Generated Content，PGC）模式。而在互联网时代，用户生产内容（User Generated Content，UGC）模式作为一种新的网络信息资源创作和组织模式逐渐发展起来。传统的新闻生产模式被打破，走向 PGC 和 UGC 的结合。

随着大数据技术的发展，设备生产内容（Device Generated Content，DGC）开始参与新闻生产的过程，如今，新闻生产模式在互联网时代“PGC+UGC”的基础上，融合 DGC 进行合作生产。在人机协同的生产模式中，PGC、UGC 和 DGC 三足鼎立、各司其职，从而实现“1+1+1>3”的效果。2015 年 6 月正式上线的谷歌“新闻实验室”（News Lab），就是建立这一人机协同的生产模式的新尝试，也证明了这种新模式的可行性。通过这一数据搜集整合产品，专业的新闻工作者不用亲自去跑新闻，而是利用由谷歌用户提供大量信息的“公共数据查找”功能发现新闻线索，通过“谷歌趋势”功能跟进事态发展方向。2017 年，谷歌向英国新闻机构报业协会（Press Association）投资了 70.6 万欧元，用于开发人工智能撰稿软件，提高智能软件的成稿数量和质量，实现大数据与人类协作生产“引人注目的故事”。

（一）新闻生产过程的转变

在过去，一则新闻的生产过程大致如下：记者发现新闻线索，前往现场采访或者远程联系当事人/目击者，最后撰稿成文或编辑播出。早期记者们通过个人挖掘、线人报料、读者来电等寻求新闻线索，确定选题后再进行新闻内容的采集，主要有三条途径：记者采访、记者现场观察、查阅有关资料或他人来信。一般来讲，除了急稿和通讯稿制作周期为一天甚至几个小时外，其他稿件的制作周期平均需要3至7天。

互联网的普及为新闻传播领域带来的最显著的变化是“原本的以专业媒体为主的单向传播行为转变为受众积极参与的双向互动行为”。将大数据引入选题决策环节，使其更为客观、更有效率，真正让用户参与到新闻生产流程中。[①]过去，受众反馈渠道有限，获取受众数据的成本高、难度大、周期长，受众分析也多以传统的抽样调查为主，样本量有限，难以快速全面地反映和应对受众市场。大型的数据调查也只限于大型新闻机构以年为单位的深度调查项目，很难为日常性的新闻选题提供决策。大数据技术的出现，使得“全样本”数据的获取成为可能，新闻媒体可以从社交媒体或网页论坛上抓取热门事件关键词和舆情，通过分析热点舆情自动筛选选题，降低成本的同时大大提高了工作效率。大数据在发现选题、判断舆论趋势以及发现用户感兴趣的内容上，似乎比有经验的记者编辑更为有效和精准。

（二）人向机器的转变

从报刊到广播、电视再到互联网，媒体往往是信息技术革命的第一批见证者。传感器、无人机技术开始在新闻生产领域中广泛应用，这意味着新闻生产正在探索由人主导向机器主导。传感器可以拓展人的感知能力，开辟信息采集新维度。不管一个人的能力有多强大，他观察一件事物的范围和角度都会受到自身感官的限制。比如，人眼可以看到汽车排放的尾气，但是无法辨别其中的CO等有害气体，而这一点传感器设备就可以做到。

除了传统意义上用以检测海平面、森林覆盖情况的遥感传感器外，智能手机的GPS、记录运动状况的应用软件或者可穿戴的iWatch等，都作为移动传感器深入我们生活的方方面面。传感器可以到达人力无法到达的空间环境，识别人类无法直接识别的信息，这为新闻信息提供了更广的来源。

二、大数据与新闻内容制作

你有想过天气是如何预测的吗？尽管气象学从19世纪就开始发展，但那时的天气预报仅仅是把当前气象和过去的气象类比得出的推断，并不准确。1917年，英国数学家理查森开始尝试在已知欧洲各地实时温度、气压、风速、云量等数据的基础上用运算的方式建立数学模型来预测天气，然而其预测结果仍令人大失所望。理查森从未想过，100年后，人们凭借他的方法可以成功预测长达半个月的天气状况。那么，理查森为什么会失败？

---

① 周勇、赵璇：《大数据新闻生产的实践与反思》，《新闻与写作》2016年第6期。

在计算机还没问世之前，理查森估计，要想跟上变化无常的天气，他必须雇佣6.4万人埋头苦算才能预测全欧洲的天气。事后证明，这一预测跟他的其他预测一样不准，起码少算了13.6万人。[①] 而在今日，仅仅只需一台内存足够大，运算性能稳定的计算机就可以在几秒钟内成功预测半个月的天气。像服务天气预测一样，大数据技术也在助力新闻内容制作。

（一）大数据分析：深度报道和预测性报道

《纽约时报》在2018年10月3日的头版头条刊登了《特朗普偷漏税记》（*Trump helped parents evade taxes*）。三位调查记者用了大约一年的时间完成了这篇估计至少需要花费150万美元才能完成的新闻报道。特朗普总是对外宣称自己是白手起家的亿万富翁。然而，《纽约时报》基于对特朗普总统父亲的前雇员和顾问的采访，以及超过10万页描述其“财富帝国”内部运作和巨额收益的文件，再加上公开文件（抵押贷款和契约、遗嘱认证记录、财务披露报告、监管报告和民事法庭文件）和上万页的机密记录（银行报表、财务审计、会计总账、现金支出报表、发票和注销支票），彻底摧毁了这位美国第45任总统的“财富神话”。这篇报道占了8个版，约2.4万汉字，详细讲述了老特朗普是如何在特朗普总统幼年就为其积攒财富。调查结果显示，特朗普从他父亲的房地产帝国获得了在今天至少价值4.13亿美元的财产，这时间要从他蹒跚学步时开始算起。如此宏大的调查新闻报道，在如今这个碎片化内容盛产的时代显得难能可贵。大数据为媒体的深度报道提供了坚实的基础，深度报道的内容深度和时间广度依靠大数据技术而大大扩展。

长期以来，我国的新闻发展都致力于对“新近发生的事实”的报道，追求新颖和速度。深度报道自20世纪80年代在我国兴起以来，其深度一直是业界难以突破的瓶颈，其中一个重要因素就是数据挖掘这一短板。[②] 大数据时代，从前单纯告知结果式的报道方式已不被公众接受，当受众可以随时随地在任何平台上阅读新闻报道，当信息源越来越多且说服力参差不齐的时候，受众需要的是有理有据的高质量新闻，通过数据分析得出的深度新闻才是新闻机构在大数据时代需要抢占的高地。在新闻内容制作过程中，大数据技术不仅提高了记者在海量数据面前快速抽丝剥茧发现线索的能力，还为以数据驱动的深度报道提供了前所未有的发展机遇。

大数据技术还为预测性报道提供了新的可能。宾夕法尼亚大学教授瓦茨

---

① ［美］艾伯特-拉斯洛·巴拉巴西：《爆发：大数据时代预见未来的新思维》，马慧译，中国人民大学出版社2012年版，第34—35页。

② 殷俊、罗玉婷：《大数据新闻的实践与发展策略》，《新闻与写作》2016年第4期。

(Duncan J. Watts)在美国《自然》杂志上撰文写道：得益于计算机技术和海量数据库的发展，个人在真实世界的活动得到了前所未有的记录，这种记录的颗粒度很细，频度在不断增加，为社会科学的定量分析提供了极为丰富的数据。大部分研究大数据的学者也都认为，预测是大数据的一大重要应用。大数据不是随机抽样而是采取全样本数据的分析方法，因此整体上它克服了随机抽样的缺陷，使得预测的结果更加科学精准。美国东北大学教授巴拉巴西宣布自己找到了被长期认为是完全偶然的人类行为之下的有序模式，他将这一模式称为“爆发”，即长时间休息之后就会出现短时间的密集活动，[①]以此他证明了人类行为并非随机的、无迹可循的，而是完全可以预测的。大数据为趋势预测型报道带来的发展机遇是可以预见的，预测性新闻报道是根据已知事实来推测未知、着眼于未来的一种新闻报道形式。数据预测新闻报道就是把数学算法运用到大规模整群数据上，利用超强且复杂的机器计算能力来预测未来事件发生的可能性，它可以实现超出人类经验范畴之外的精准化预测。[②]

（二）数据呈现：可视化报道

传统的新闻呈现方式以文字、图片为主，大数据新闻除了在内容上能够提升新闻报道的精确度和深度外，在呈现方式上还常与可视化技术相结合，将分析得来的准确可靠的事实直观有效地传达出来。侧重于数据的统计与说明的信息图表，浓缩报道精华、揭示事物之间关系的“图解”，整合多种信息与空间位置关系的数据地图等，都是大数据新闻常用的呈现方式。这些呈现方式正越来越多地引入动态交互技术，实现信息的实时更新以及与受众的实时互动，具有静态文字不能比拟的优势，表现力和吸引力大大加强。以2017年获得“数据新闻奖”的财新网数据新闻作品《2016洪水暴至》为例，2016年不少地区由于平日疏于防范而深受洪涝灾害，这篇数据新闻聚焦了历年来国内的洪水灾情，使用VR、短视频、解释性交互图表等可视化手段，加上摄影图集、深度报道等传统新闻形式，增强了沉浸感。报道通过现场图片和视频，向读者讲述了受灾地和受灾人民所遭受的一切。显然，视觉上的冲击加上实时交互的灾情变化要比静态的呈现方式更容易吸引受众注意力。

《2016洪水暴至》

---

① ［美］艾伯特-拉斯洛·巴拉巴西：《爆发：大数据时代预见未来的新思维》，马慧译，中国人民大学出版社2012年版，第119、226—227页。

② 陈雪奇、王人立：《大数据重构预测性新闻的向度》，《新闻界》2014年第21期。

三、大数据与新闻内容分发

2015 年初，Buzzfeed 平台发布的一则关于一条裙子是蓝黑条纹还是白金条纹的帖子，不仅在该平台上广为传播，甚至扩散到全球各地，成为当时微博、微信等社交平台上的热点议题。Buzzfeed 平台上诸如此类的讨论帖为该平台积累了大量人气，其中一些内容在互联网上快速传播，极具影响力。Buzzfeed 最初是一家研究网络热门话题的实验室，它通过技术手段采集用户行为数据，分析用户感兴趣的话题，并推送相关信息。Buzzfeed 发现，轻松、诙谐、娱乐化的内容更容易获得转发和传播，因此，该平台上所呈现的信息，有很大一部分聚焦于娱乐化内容。

大数据应用的本质就是用人的数据还原人、服务人。由于大数据的出现颠覆了原有的新闻生产流程，加之自媒体、社交媒体为越来越多的普通人提供了新闻生产和发布的渠道，新闻内容分发的权力也随之发生了转变。大数据时代的新闻内容分发，已经从传统的编辑把关转变为人工与算法的联合推荐，先通过大数据挖掘技术收集用户的行为数据，然后再利用大数据分析技术进行用户画像，最后再根据用户画像进行个性化内容推送。

（一）信息与人的匹配：新闻聚合类媒体的出现

陕西师范大学教授于赓哲曾发过这样一条微博：“人类前景堪忧！人工智能和机器人如果失控了的话，就是可怕。这个混账的咖啡机，我明明点了无糖的咖啡，给我的是甜死人的！”细心的网友会发现，该微博下点赞最高的评论竟然是他自己回复的“真好喝，又来了一杯”。网友戏称：“AI：我比你更了解你。”虽然这个小故事可能是机器故障导致的，但启示我们基于海量数据的统计、运算、分析而形成的人工智能可以完全掌握用户喜好，极尽讨好之能事，以期提供最优质的服务。

新闻内容的分发本质在于“信息与人”的匹配。[①] 早期新闻机构通过报纸的不同版块满足不同类型受众的阅读需求，到了移动互联网时代，受众不再像以往只能被动接受信息，而是可以随时随地以任何方式获取信息。用户的时间有限，除了自己感兴趣的话题，要在海量信息中甄别有用或潜在感兴趣的内容很难，用户主动获取的信息只占非常小的一部分，基于大数据技术的个性化精准推送越来越重要和便利，新闻聚合类媒体也应运而生。新闻聚合类媒体（News Aggregator）是一种新型的新闻内容供应商，通常是指抓取互联网上各种

---

① 周勇、赵璇：《大数据新闻生产的实践与反思》，《新闻与写作》2016 年第 6 期。

渠道的信息，并以特定方式进行整合的网站或新闻客户端。[1] 与 Buzzfeed 基于用户转发、评论行为进行内容推送不同的是，今日头条、一点资讯等国内的新闻聚合类媒体注重信息与受众个人兴趣的匹配性和定制化。

聚合类媒体借助机器推荐引擎技术，在分析用户兴趣和行为的基础上，向用户推送个性化信息，核心是基于内容的算法推荐。如果用户使用社交账号登录今日头条，该产品就会对用户的社交媒体账号进行分析，对用户身份、职业、兴趣爱好等进行定位与标签化，并推送与之相符的信息。此后，用户每次的阅读行为都会被精准记录，这不仅包括用户感兴趣的新闻主题，也包括下滑、上拉、停留时间、开机启动次数等具体的行为细节，因为这些细节同样体现出用户对产品所推送的内容以及对产品本身的态度和兴趣。

新闻聚合类媒体的盛行，使得由传统媒体机构生产的内容在聚合类平台上进行了二次分类。依靠大数据和机器学习技术，新闻内容的分发更加趋于以用户为中心。目前，基于大数据的新闻内容分发产品已经非常多，每个产品都有不同差异，究竟哪种算法更有优势？更符合用户需求？还需要时间的检验。目前的新闻内容分发产品根据算法的使用程度呈梯度分布：一是仰赖于与内容生产方合作或者编辑选择，二是人工与算法相结合的推荐方式，三是几乎完全依据算法推荐。

（二）受众阅读方式的转变

伴着移动互联网、物联网、云计算技术的发展，数以亿计的数据正走向相连，这不仅包括手机产生的数据，还包括各种各样的含有“计算机”的设备，比如智能手表、相机、汽车、电视甚至牙刷等，人们生活的方方面面都以某种方式相连。在移动互联时代，“场景”不是一个简单的名词，它重构了人与商业的连接。新的体验，伴随着新场景的创造；新的流行，伴随着新的洞察；新的生活方式，也即新场景的流行方式。[2] 构成场景的基本要素包括：空间与环境、用户实时状态、用户生活惯性、社交氛围等。这些基本要素的信息获取离不开大数据，只有通过大数据的采集和分析才能明晰用户所在的场景。

不同“场景”中的用户，媒介消费的情景和习惯完全不同，场景分析的最终目标是要提供特定场景下的适配信息或服务。从信息推送的角度看，适配不仅意味着内容与场景的匹配，也意味着形式与特定场景下的阅读需求相适应。移动场景具有时间碎片化、情境和空间快速切换的特点，这对于社交与娱乐来说，

---

① Isbell K. *The rise of the news aggregator*: *Legal implications and best practices*. ResearchGate 2010-10.

② 吴声：《场景革命》，机械工业出版社 2015 年版。

也许不会是太大的障碍,但对于新闻阅读而言却会带来影响。人们对于长篇的、深度内容的阅读需求虽然存在,但是时空的碎片化使得人们难以保持一个封闭的、持续静态的阅读过程。移动阅读新场景的形成需要新的信息传播形态适配,大数据能够帮助媒体找到适应受众场景化阅读的“最佳读物”,实现更加精准的内容分发。

四、对大数据新闻生产的反思

“世界的贫富分化是以数字经济的封闭为起点。20世纪70年代,苹果、微软、英特尔等一系列数字公司开始崛起,它们创造了封闭的数字经济。”波洛克(Rufus Pollock),一位开放数据和开放经济的坚定倡议者,作为国际非营利性组织“开放知识”(Open Knowledge)的创始人兼主席,他认为数字时代,数据应该让社会更加公平和富有,而不是愤怒和不安。大数据为各行业带来机遇的同时也带来了诸多挑战:如何正当获取数据?如何有效利用数据?数据是服务于人还是获利于人?这些问题从大数据应用伊始就引来无数专家和学者的争论,本书暂且不考虑大数据技术发展本身的局限,我们要讨论的是大数据技术在新闻生产中应用的局限。

虽然国内外新闻媒体都在积极尝试大数据新闻生产,但在数据收集、数据分析、数据呈现等环节仍然存在很多不足。主要体现为:原始数据真实性存疑,大数据只能反映相关关系无法体现因果关系,数据缺乏“人情味”。

(一)数据收集:原始数据如何保证真实性

吉特曼(Lisa Gitelman)在《“原始数据”只是一种修辞》(*“Raw Data” Is an Oxymoron*)一书中说道,“数据从来都不可能是原始存在的,因为它不是自然产物,而是依照一个人的倾向和价值观念被构建出来的。我们最初定下的采集数据的办法已经决定了数据将以何种面貌呈现出来。数据分析的结果看似公正客观,其实价值选择贯穿了构建到解读的全过程。”①

用数据说话看起来似乎很严谨,但由于信息来源的多样性以及受到信息公开的限制,传统媒体并不绝对占有有价值的数据。事实上,在这个人人都能发声的时代,为了流量和点击率制造噱头博取关注的事例比比皆是,又有多少人会去探求数据本身的真实性。网络上充斥着的大量水军以及针对敏感问题的网络言论管制也让原始数据不再客观,甚至还有用数据来遮掩事实的嫌疑。2010年,英国《卫报》根据伊拉克战争中的死亡情况制作了一份伊拉克死亡地图。地图

---

① 转引自徐端:《大数据战略》,新世界出版社2014年版,第59页。

用若干红点代表战争中的死亡事件，点击红点就可以看到具体的死亡原因、事件性质以及死亡人数等具体的数据。但这份死亡地图是否真实全面地反映了伊拉克战争中死亡事件的全貌呢？果然质疑的声音出现了：第一，这并不是所有的死亡事件，而是被多国联合部队一方记录在案的死亡事件。第二，怎样的事件达到了记录在案的标准？驻扎在伊拉克的每一个军事单位规定的标准不一样，战争前期和后期的标准也不一样，战争后期的记录更加全面。第三，只记录造成死亡的事件，是对战争全貌的一种偏差反应。因为一起事件，尤其是针对平民的事件是否造成死亡是随机的。因此，要通过这个地图推断伊拉克战争中暴力事件发生的某些特点和规律是不合适的。①

大数据新闻生产区别于传统新闻生产的一大特点是，大数据新闻是对海量数据进行挖掘从而获得新闻线索，然后再采取可视化技术进行相关报道，这使得媒体在生产大数据新闻时除了保证数据真实性之外，还需要真正实现以大量数据作为基础。这就需要媒体长时间的积累、收集和维护。数据只有经过长期的记录和整理之后才具备数据挖掘的价值，才能更真实地反映出用户的社会属性、行为规律和互动特征。② 大数据不等于全数据、真数据，新闻生产者既要保证信息源的可靠性，也要对这些数据的客观性、真实性进行考察。

（二）数据分析：数据只能告知不能解释

受众接触新闻是想知道事件背后的深层次逻辑关系和因果关系，正所谓“知其然知其所以然”。而大数据研究方法是关联性研究，也就是说大数据只能告诉我们“是什么”，而不能告诉我们“为什么”。解释性报道和调查性报道的出现就是为了满足受众对新闻背后深层真相的渴求，现在的媒体也早已超出了告知的功能，正在朝效用和对话的功能迈进。③ 分析出海量数据所体现的相关关系之后，记者需要进一步解释这种相关性以及背后的事实真相。《特朗普偷漏税记》就是三位调查记者通过数据分析方法做的调查性新闻，揭示了美国总统特朗普“白手起家”的“神话”真相。

大数据技术只有与专业记者的完美配合才能发挥其真正的力量。新闻媒体应该牢记大数据只是新闻生产的资源和工具，它只能告知不能解释，有时候甚至会导致误解。在大数据新闻生产中，专业记者仍是核心，只是需要提升大数据素养、培养大数据思维，让大数据为新闻业服务，而不是被大数据所主宰。对待大

① 陈力丹、李熠祺、娜佳：《大数据与新闻报道》，《新闻记者》2015 年第 2 期。

② 左艳红：《大数据对新闻内容生产的局限》，《编辑之友》2014 年第 8 期。

③ 高杨：《质疑大数据新闻》，《中国广播电视学刊》2016 年第 1 期。

数据,要接受它为传媒产业变革所带来的力量,但更要清醒认识它的局限。正如纳西姆·尼古拉斯·塔勒布在其著作《黑天鹅:如何应对不可知的未来》中描述的,我们的已知世界是白天鹅,我们的未知世界则是黑天鹅。我们平时观测到的数据都是有关白天鹅的,由此得出的天鹅作息规律也是关于白天鹅的,直到黑天鹅飞过来使我们以往的努力都化作泡影。这个比喻意在说明尽管我们掌握的数据越来越全面,但在对未知事物的预测当中,这些数据可能完全没有实际意义,在真正解决问题时很可能将人引入歧途。[①] 在面对突发事件时,大数据的预测能力也会显得捉襟见肘,事件发生的起因、后续的进展及处置结果等信息仍然需要记者继续跟近。

(三) 数据呈现:数据没有人情味

带有人情味和趣味性的新闻往往更能吸引受众的眼球,但是对于大数据新闻来讲,由于数据本身枯燥冰冷,即使呈现得再炫目也仍然可能受人诟病。大数据时代的口号是“一切皆能量化”,社会生活本来是千姿百态、丰富多彩的,而大数据新闻把这一切变成了一个个简单的变量。[②] 数据新闻奖(Data Journalism Awards,DJA)是第一个表彰世界各地关于数据新闻领域杰出工作的国际奖项,2017 年度的 DJA 年度调查奖由加拿大《环球邮报》的数据新闻作品《无据可依》(Unfounded)获得。该报道的调查团队花费了 20 个月的时间,发现在加拿大有接近五分之一的性侵指控被警方以“无据可依”为由驳回,而这个数字与加拿大统计收集的犯罪数据相差甚远。调查结果最终以可视化的基于地理位置的数据地图呈现,每一个区域的“无据可依”性侵指控的占比和数量清楚地化为一个个大小各异的发光点,但是每一件无疾而终的指控案件背后的心酸和无奈是无法被量化的。

想用量化数据的方法寻找新闻传播意义上的“真实”并非易事。数据本身无法识别表象与真相,正如前文提到的“无论交互还是静态的可视化报道,原理都是一样——故事第一”。引入大数据必须服务于新闻生产,大数据技术只是讲故事的手段,真正要将故事讲得动听仍然是每一个新闻人的责任。大数据时代,各方面的数据庞大且易得,当涉及用户隐私时,媒体可能面临道德的考验。记者在利用大数据生产新闻时,应该敢于质疑技术本身存在的局限,同时坚守新闻人的职业道德,经受住现实世界的考验和诱惑。

媒体对公众舆论具有重要的引导和形塑功能,媒体所呈现的新闻信息更是

---

① 左艳红:《大数据对新闻内容生产的局限》,《编辑之友》2014 年第 8 期。

② 高杨:《质疑大数据新闻》,《中国广播电视学刊》2016 年第 1 期。

拟态环境的重要组成部分,随着大数据技术日益浸透新闻生产和传播的各个环节,新闻工作者更要坚持正确政治方向,增强舆论引导的针对性和实效性。德国哲学家韦伯曾经区分了工具理性和价值理性,前者意味着发挥技术的最大效用,后者则强调价值、伦理的重要性。社会的进步,离不开先进技术的开拓者,更离不开基本价值的守望者。

本章即测即评

第十一章 人工智能与机器新闻

自从在1956年的美国达特茅斯夏季研讨会上被正式提出以来,人工智能获得了迅速的发展,并取得了惊人的成就,引起了人们的高度重视,受到了很高的评价。它与空间技术、原子能技术一起被誉为20世纪三大科学技术成就。有人称它为继三次工业革命后的又一次革命,前三次工业革命主要是扩展了人手的功能,把人类从繁重的体力劳动中解放出来,而人工智能是扩展了人脑的功能,实现了脑力劳动的自动化。近年来,人工智能应用于新闻实践的趋势越来越明显,2014年美联社开始使用撰稿软件 WordSmith 平台撰写财经文章,2015年腾讯启用自动化新闻写作机器人 Dreamwriter,新华社推出自动写稿软件"快笔小新"。那么,人工智能在传媒行业的发展究竟呈现何种态势?机器新闻写作有哪些优势和不足?本章将首先介绍人工智能的基本概念及其应用情况,然后介绍人工智能在新闻传播领域中的应用趋势,以及机器新闻的发展现状及其优势与不足。

第一节 认识人工智能

对于"人工智能"(Artificial Intelligence,AI),想必大家并不陌生,但是要说清楚究竟什么是人工智能却不是一件易事。本节将首先介绍什么是人工智能,以及我们日常生活中的人工智能产品。在对人工智能有了一定理解之后,我们将继续探讨人工智能的发展现状,及其广泛应用是否会造成大量人群失业,甚至是取代人类。

一、什么是人工智能

2016年,人工智能围棋程序 AlphaGo 战胜了围棋九段高手李世石以后,人工智能成为全球瞩目的焦点。随着核心算法的技术突破、计算机计算能力的提高,智能化时代来临了。那么到底什么是人工智能?

人工智能是一个内涵很广的术语，在其发展过程中，具有不同学科背景的学者对它有着不同的理解，提出了许多不同的观点，而对人工智能的定义也没有达成普遍的共识。传统的人工智能发展思路是研究人类如何产生智能，然后让机器学习人的思考方式并指导行为。现代人工智能概念的提出者约翰·麦卡锡则认为，机器不一定需要像人一样思考才能获得智能，而重点是让机器能够解决人所能解决的问题。例如扫地机器人，并不需要以人的形象出现，像人一样拿着扫帚扫地，而是一个可自主移动的圆盘，配备传感器和真空吸尘装置，可侦测障碍物，如碰到墙壁或其他障碍物会自行转弯。配合机身设定的控制路径，在室内反复"行走"，就可以达到高效清扫房间的目的。

中国电子技术标准化研究院 2018 年 1 月发布的《人工智能标准化白皮书》中认为："人工智能是利用数字计算机或者数字计算机控制的机器模拟、延伸和扩展人的智能，感知环境、获取知识并使用知识获得最佳结果的理论、方法、技术及应用系统。"如今大多数人工智能应用，比如 WordSmith、AlphaGo 和自动驾驶汽车，在很大程度上都依赖于深度学习和自然语言处理。应用这些技术，可以训练计算机通过处理大量的数据和识别数据中的模式来完成特定的任务。

那么，如何衡量机器是否具有智能呢？早在 1950 年人工智能还没有作为一门学科正式出现之前，英国数学家图灵就在他发表的一篇题为《计算机器与智能》(*Computing Machinery and Intelligence*)的文章中提出了"机器智能思维"，并设计了一个很著名的测试机器智能的实验，称为"图灵测试"或"图灵实验"。图灵提出，辨别一台计算机是否真的会"思考"的一个办法就是让测试者和计算机通过键盘和屏幕进行对话，测试者并不知道与之对话的到底是一台计算机还是一个人。如果测试者分不清幕后的对话者是人还是机器，即如果计算机能在测试中表现出与人等价，或者至少无法区分的智能，那么我们就说这台计算机通过了测试并具备人工智能。①

二、无处不在的人工智能

目前，人工智能的应用领域已经非常广泛，从理论到技术，从产品到工程，从家庭到社会，无处不在。那么人工智能具体有哪些应用呢？

（一）虚拟个人助理

微软发布的 Cortana 是全球第一款跨手机和 PC 两大平台的个人智能助理。按照微软的设想，Cortana 可以记录用户的行为和使用习惯，利用云计算、搜索引

① Turing A.*Computing machinery and intelligence*. Mind 49:433-460.

擎和“非结构化数据”分析，读取和“学习”包括手机中的文本文件、电子邮件、图片、视频等数据，将用户需求与相关数据关联，来理解用户的语义和语境，从而实现人与机器的智能交互。其目标是实现人与机器的真正对话，而不是简单的基于存储的问答。Cortana 具体能做什么？举一个简单的例子，它可以为用户从领英上搜集关于即将召开会议的参与者的专业背景和公司的详细信息，并针对这个即将到来的出行制定相应的休闲计划；而当 Cortana 从用户的日程表中识别出用户某个时间段在开会，那么用户不需要进行任何操作，Cortana 就可以自动把手机设置成会议模式。

与 Cortana 类似的智能助理还有很多。自从苹果公司前副总裁福斯托（Forstall）于 2011 年在 iPhone 发布会上向世界推出 Siri 以来，虚拟助理在手机上的应用迅速兴起。2012 年，谷歌发布的 Google Now 为 Android 用户引入了智能助理的概念；2014 年亚马逊发布了基于 Alexa 平台的智能音箱 Echo。苹果的 Siri、亚马逊的 Alexa 和谷歌的 Google Now 已经成为目前最受欢迎的虚拟助理。它们可以执行各种各样的用户命令，包括智能呼叫、设置日程提醒、搜索信息、导航及提供天气预报等，只要你说出命令，它们就会向手机中的其他 APP 发送对应的信息来完成指令。然而虚拟个人助理想要取代人类秘书，恐怕还有很长的路要走，它们的“智慧”程度还远不及人类。在与人类对话的过程中，它们也只是在事先积累的人类对话和互联网资料库中查找最有可能匹配的回答。

（二）商品和信息的个性化推荐

如果京东、天猫和亚马逊这样的大型电商能够提前预见客户的需求，那么无疑可以大幅度提高其销售收入，由此，商品的个性化推荐成为各大电商平台广泛应用的营销策略。个性化推荐是通过采集、分析和定义其历史购买行为和浏览痕迹，了解用户的行为特征和个人喜好，辅以用户的其他标签，为用户推荐其可能感兴趣的商品。目前多数电子商务网站的个性化推荐采用协同过滤机制，协同过滤可以提示用户如“看过这个商品的人也看过的商品”“根据浏览记录推荐的商品”“你可能喜欢的商品”等内容。一些大型电商和新型生鲜电商已经开始尝试在消费者下单之前就将商品运送到离消费者最近的仓库中，这样当消费者下单以后就可以在最短的时间内收到商品。这就需要人工智能来对每一位消费者的地址、购买偏好、购物车、预付款等数据进行深层次的分析之后才能得出可靠性较高的结果。

此外，个性化推荐也受到各大互联网资讯平台的青睐。今日头条是国内第一款基于算法推荐、专注内容分发的综合资讯 APP，由创始人张一鸣于 2012 年 8 月推出。据 Quest Mobile 数据显示，截至 2019 年 6 月，今日头条月活达 2.6

亿,日活 1.2 亿,用户人均单日使用次数达到 12 次。[1] 今日头条之所以受到用户的欢迎,主要得益于人工智能技术的应用。通过数据挖掘和数据分析,该应用平台可以归纳出每个人看新闻时的不同习惯、爱好,给用户推荐不同的新闻内容。用户越经常使用,人工智能就越懂得他们的“心思”。

(三) 自动驾驶

在人工智能发展的热潮中,自动驾驶一定是最大的应用场景。谷歌最早在自动驾驶领域投入研发力量,并最早取得了技术突破,在硅谷,谷歌的无人驾驶汽车已经很常见了。2012 年 8 月,谷歌宣布其无人驾驶车辆已经完成了累计超过 30 万英里(编者注:约合 48.3 万公里)无事故的自动驾驶里程。2014 年 5 月下旬,谷歌发布了一款没有方向盘、油门踏板和制动踏板的汽车,实现了完全自动化。这是世界上第一辆完全意义上的“无人驾驶”汽车。乘客只要上车,说出自己的目的地,就可以闭目养神,等待抵达了。2016 年 12 月,谷歌宣布自动驾驶团队正式分离出来,成立了一家名为 Waymo 的新公司,这一举措意味着谷歌自动驾驶技术正式走向商业化。

我们不妨大胆设想一下未来的出行场景,当自动驾驶技术广泛投入市场,汽车租赁或许可以和共享经济的模式更好结合。自动驾驶的汽车可以随叫随到,保证 24 小时待命,在任何时间、任何地点提供高质量的租用服务,甚至在某种程度上解决由司机造成的行车之外的安全问题。

然而,对于自动驾驶技术,我们始终需要保持高度谨慎的态度。2016 年 1 月 20 日,特斯拉的自动驾驶汽车在湖北首次发生致命事故,车主过度信任特斯拉汽车的自动驾驶模式,对于突发情况没有及时人工干预。而真正安全的自动驾驶一定不能依赖人的参与,必须让自动驾驶汽车的人工智能技术能够应对所有的极端路况。安全保障是目前自动驾驶技术所面临的一大挑战,这也是自动驾驶汽车始终无法大规模投入市场的原因之一。

(四) 智能家居

智能家居已经走入普通家庭,满足了各式各样的生活需求。如宜家在 2019 年初推出的 Tradfri 系列智能百叶窗,与 Apple HomeKit、Alexa 及 Google Home 实现了兼容,支持语音控制。此外,智能家居还有以下应用:智能门锁可以为突然到访的亲戚朋友生成一次性密码,减少了送钥匙的麻烦;灯光的智能设计,可以通过手机控制全屋灯光,还可以根据空间使用的不同需求定制出不同的灯光

---

① 《重磅!用户都在头条看什么?〈今日头条内容价值报告〉解密》,中国日报网 2019 年 8 月 6 日。

模式,如“回家模式”“会客模式”“浪漫模式”“影音模式”等,实现更智能化的生活;安全报警功能在智能门锁或门窗被非寻常方式打开时,自动向用户的手机报警,提醒用户可能存在的安全隐患;环境监测可以感应到诸如煤气泄漏、火灾等环境异常,一旦出现意外情况立即发出警报;温湿度自动调节可以在用户回到家前半个小时自动开启空调设备,这样人们一回到家就可以享受舒适的环境。

三、人工智能的发展现状

人工智能的发展分为三个层级:弱人工智能、强人工智能和超人工智能。弱人工智能也称应用型人工智能,指的是专注于且只能解决特定领域问题的人工智能,它们只是用于执行特定的具体的任务,例如语音识别、图像识别和翻译。其原理大都是统计数据,从中归纳出模型,如 AlphaGo、苹果手机的 Siri、扫地机器人等。强人工智能,指的是可以胜任人类所有工作的人工智能。它能够进行思考、计划、解决问题、抽象思维、理解复杂理念并从经验中学习等操作,判断的标准就是其是否能通过“图灵测试”。目前的人工智能技术还未达到这个水平,但我们可以从科幻电影中略见一斑,比如《机械姬》里面的艾娃。最后是超人工智能,《超级智能》作者、牛津大学哲学家波斯特罗姆(Nick Bostrom)把超人工智能定义为“在科学创造力、智慧和社交能力等每一方面都比人类大脑聪明很多的智能”,如《复仇者联盟》中的奥创、《神盾局特工》中的艾达。

目前人工智能领域取得的进展都处于弱人工智能阶段,机器人还远未形成自己的感知、认知、思维推理及规划的能力。

2018 年 9 月底,科大讯飞的“同传造假”事件引发了业界广泛的关注。9 月 20 日,“2018 创新与新兴产业发展国际会议”一分会场的同声传译人员 Bell Wang 在知乎上发文称科大讯飞利用人工翻译内容冒充 AI 翻译。他指出,直播方知领直播在介绍中称“引入科大讯飞智能语音技术,实现国际高端会议的中英文频道切换、智能翻译和自动语音播报”①,且会议中显示翻译的屏幕上有“讯飞听见”的 logo,并使用机器朗读翻译,会使观众认为翻译内容是讯飞的人工智能提供的,而实则是转写的同传的翻译。对这一问题,早在 2017 年 6 月,科大讯飞发布全球首款实时中英互译机——晓译翻译机的时候,不少文章就开始宣称“机器翻译将取代人工同传”“同声传译员即将消亡”。那么,现在机器翻译的水平真的已经能胜任人类的工作了吗?实际上,机器翻译可能被过分神话了。面对越来越多的质疑,科大讯飞后续发布了微信文章和董事会公告予以澄清,从中

---

① 《科大讯飞翻译造假背后:人机对战 AI 正确率仅 1/3,想替代人工还早》,AI 财经社网 2018 年 9 月 27 日。

我们可以发现，讯飞提供的翻译服务有“全自动机器翻译”和“人机耦合翻译助手”两种模式，后者是指“由机器向同传翻译者提供语音识别和机器翻译的结果……也可以由机器转写演讲者语音和同传译员的译语，并把两种文字都显示在屏幕上”①，20 日当天，讯飞提供的是第二种方案。正如在 21 日的媒体沟通会上，科大讯飞董事会秘书江涛所指出的，人工智能目前是无法替代同传的，只能帮助同传提升效率。通过这个例子可以看出，无论人们的态度是期待还是担忧，弱人工智能时代向强人工智能时代的发展还有很长的路要走，就目前而言，人机耦合还是人工智能服务的主要实现方式。

四、人会被机器替代吗

2016 年底，物理学家史蒂芬·霍金在英国《卫报》发表文章说：“工厂的自动化已经让众多传统制造业工人失业，人工智能的兴起很有可能会让失业潮波及中产阶级，最后只给人类留下护理、创造和监督等工作。”

富士康早在 2011 年就宣布了“百万机器人”计划，在 5 到 10 年内引入 100 万台机械手臂，并有意识地培养员工转型。配套实施的“机器换人”计划主要分为三个阶段：第一阶段是针对过于危险的岗位或员工不愿从事的工作设置自动化工作站；第二阶段是实现整个生产线的自动化；第三阶段则会实现整个工厂的自动化，只保留少数人类员工负责监督、测试及视觉检查工作。2018 年 5 月，富士康高管陈冠棋在一次科技论坛上向外界展示了他们的“熄灯工厂”，车间没有开灯，流水线空无一人，机器在孤独地运转。②

除制造业外，服务业中也越来越多地出现了人工智能的身影，如德国纽伦堡市出现的全球第一家全自动餐厅——巴格斯餐厅。该餐厅没有服务员，点菜、上菜、桌面清理都是全自动化。食物由螺旋金属轨道送到客户手中，上菜只需 10 秒，餐厅天花板顶部有一个电脑监控系统，根据客户进餐过程提示是否要加菜或“指挥”智慧机械装置清理桌面。类似的情形也出现在物流行业，2018 年，菜鸟与圆通速递联合宣布，超级机器人分拨中心在圆通杭州转运中心正式启用。在“双十一”高峰期，2000 平方米的场地内，350 台机器人昼夜作业，每天可分拣超过 50 万包裹，机器人 3 天的行驶里程足以绕地球一圈。

“机器换人势头迅猛”，“机器换人，人去哪里”，“霍金：完全的人工智能研发可能意味着人类末日”，一条条耸人听闻的新闻冲击着人们的神经，再加上科幻电影的助力，公众开始担心机器是不是会毁灭人类？而社会学家、经济学家、政

---

① 科大讯飞股份有限公司董事会：《科大讯飞股份有限公司关于公司不存在造假情况的澄清公告》，2018 年 9 月 29 日。

② 盘和林经济观察：《富士康“熄灯工厂”来袭，劳动力陷入失业恐慌》，搜狐网 2018 年 5 月 31 日。

治家最忧虑的一件事也许是,在未来10年,到底有多少人类的工作会被机器全部或部分取代?

那么,人工智能会导致人类大量失业吗?2018年夏季达沃斯论坛发布的《2018未来就业报告》或许可以解惑。报告显示,自动化技术和智能科技的发展将取代7500万份工作。但随着公司重新规划机器与人类的分工,另有1.33亿份新工作将应运而生,也就是说到2022年,预期净增的新工作岗位多达5800万个。这意味着,大多数情况下,工作不是消失了,而是转变为新的形式。机器带给人类的不是失业,而是更大的自由与更加个性化的人生体验。就像李开复在《人工智能》一书中指出的那样,人工智能所导致的"失业"如果定义为工作转变,那答案是"会的"。"从短期看,这种转变会带来一定程度的阵痛,我们也许很难避免某些行业、某些地区出现局部的失业现象。特别是在一个适应人工智能时代的社会保障和教育体系建立之前,这一阵痛在所难免。但从长远来看,这种工作转变绝不是一种以大规模失业为标志的灾难性事件,而是人类社会结构、经济秩序的重新调整,在调整基础上,人类工作会大量转变为新的工作类型,从而为生产力的进一步解放,人类生活的进一步提升,打下更好的基础。"①

第二节　人工智能在新闻传播领域的演进

人工智能技术对新闻传播领域的全面渗透是近年来传媒业发展的总趋势,媒体呈现出智能化的特征,即"智媒化"。智媒化具有以下三个特征:一是万物皆媒,过去的媒体是以人为主导的媒体,而未来,机器及各种智能物体都有媒体化的可能。二是人机合一,智能机器、智能物体将与人的智能融合,共同作用,构建新的媒体业务模式。三是自我进化,人机合一的媒介具有自我进化的能力,机器洞察人心的能力和人对机器的驾驭能力互相推进。② 本节将探讨人工智能技术如何在新闻生产与推送的环节产生影响。

一、信息采集环节:传感器技术拓展新闻信息源

随着主流媒体日益依赖数据信息,传感器开始进入新闻生产领域。什么是传感器?传感器与新闻报道有什么关系?传感器对新闻传播领域有什么影响?

其实传感器在人类历史上并不是一个新鲜事物。人类不仅用自己的眼睛和

① 李开复:《人工智能》,文化发展出版社2017年版,第5页。

② 彭兰:《智媒化时代:以人为本》,《社会科学报》2017年3月30日。

耳朵来感知和体验世界，同时也使用一系列工具来拓展感观，监控周围环境并追踪那些人体感官难以察觉到的现象。人类在史前就已经开始制作最初的监测装置，考古学家在早期的文明废墟中发现了秤，主要用于交易和课税时的称重。在文艺复兴时期，达·芬奇发明了湿度计和风速针。伽利略观察到液体随着环境温度的变化而膨胀和收缩，并由此发明了温度计。望远镜和显微镜的发明让科学家们能够观察超出正常视力限制的现象，曾经看不见或不可察觉的事物通过这些新仪器和进入理性探索的领域。19 世纪见证了记录声音与图像技术的到来。1839 年，世界第一台照相机问世，随着发明者设计出更加敏感的胶片，相机不仅提供了比任何绘图更高的精度和细节，而且还可以捕捉到那些快速运动、转瞬即逝的肉眼看不清的物体。历史学家认为，这是人们开始从自身观察转向依赖机器进行观察的转折点。马丁维尔发明了世界上第一台记录声音的设备——语音记录器，爱迪生则制造出了首个可以创造声音，也可以复刻声音以回放的留声机。

虽然上述工具和装置远远达到没有我们当下使用的传感器的水平，但充分展现了人类借助外物扩展和量化感知自然能力的努力，及其产生的重要作用。

现代意义上的传感器是指一种监测装置，能感受到被测量的信息，并能将其按一定规律变换成为电信号或其他形式予以输出，以完成信息的记录、传输、存储、显示、处理和控制。从本质上讲，传感器是一种收集数据信息的方式。传感器在获取数据信息上“有助于我们调查无法看到，听到或触摸的事物，这些工具为我们提供了新的感官”。因此，一些新闻从业者开始尝试用传感器来获取数据信息，并据此撰写新闻报道。①

传感器新闻早期案例两则

传感数据在新闻报道中的应用发端于美国，并主要用于调查性数据新闻。将传感器设备运用于新闻传播领域有三种方式：第一种是通过使用成熟的、市面上已有的设备设计出能收集所需数据的传感方法；第二种是通过已有的传感器资源得到所需的数据；第三种方法是设计原创的传感系统来获取数据。②

二、新闻编辑制作环节：智能机器人辅助新闻报道

人工智能技术的发展让机器写作成为可能。当机器写作应用于新闻传播领域，就产生了机器新闻。此处只做简单引入，关于机器新闻的具体概念、原理和制作流程，及其优势和局限性详见第三节。

① 许向东：《数据新闻中传感器的应用》，《新闻与写作》2015 年第 12 期。

② ［澳］弗格斯·皮特：《传感器与新闻》，章于炎等编译，北京大学出版社 2017 年版。

“机器写作”的应用最早要追溯到2006年汤森路透(Thomson Reuters)集团网站宣称使用算法在本网站自动编撰财经新闻。2014年,美国科技公司Automated Insights推出了一款自动撰稿软件WordSmith,并被美联社运用于财经、体育新闻的写作上。之后机器人写作在世界各地的媒体中得到广泛应用,发展势头迅猛。

三、内容推送环节:人工智能构建个性化的内容产品推送

内容产品的个性化推送在现阶段的应用已经非常普遍,在人工智能技术的推动下,各类互联网平台都设置和增加了推送功能。电商平台推送用户可能感兴趣的产品,音乐平台会结合用户平时的听歌偏好推荐专属歌单,搜索引擎会出现与以往搜索条目相关的广告……这些都来自人工智能构建的个性化推荐系统。

个性化推荐背后的原理是什么?这个问题深究起来或许比较枯燥,我们不妨结合今日头条的案例加以理解。

今日头条是一款基于数据挖掘的推荐引擎产品,结合了搜索引擎、数据挖掘、机器学习等技术。从可感知的角度来说,用户看到的都是自己感兴趣的信息,而且不需要做多余的动作,只需刷新,信息就会源源不断地来到用户眼前,大大降低了用户获取信息的成本。① 今日头条的系统能够通过机器学习实现自我成长,也就是说,在内容推荐领域,用户用得越久就会觉得越好用。因为他的行为越来越多地记录到系统中,系统“得知”他的行为越多,可供分析的数据就越多,分析就越精准,从而实现个性化推荐。

创始人张一鸣介绍说,今日头条对用户的分析主要来自三个方面:第一,基于用户的行为特征。今日头条通过对用户的行为,如点击、停留、滑动、评论、转发等数据的搜集和聚合分析,获得用户对新闻信息的个人喜好和需求的推算。第二,基于用户所处的环境特征,主要指时间、空间、设备、网络等,如上网环境是Wi-Fi还是4G网络、用户所在地,是在常驻地还是处于旅游状态,是白天还是晚上,是否为节假日等。第三,基于用户的社交特征。用户使用社交网络账号关联登录后,系统通过分析用户社交圈和社交关系,得到关于用户的精确的社会化画像,从职业身份或共同爱好入手计算用户的兴趣和需求。比如当用户用微博绑定登录后5秒钟之内,系统就会根据用户微博账号上的标签、关注人群、好友、评论、收藏等数据为用户建立起一个DNA兴趣图谱,这个图谱类似于一个数学模

① 张一鸣:《机器替代编辑?》,《传媒评论》2014年第3期。

型。[①] 最后，系统把用户行为、环境、社交三方面特征组合，利用算法综合实现对用户偏好和个性化需要的挖掘，对用户的分析将与文本分析得到的内容特征相匹配，完成最终的推送。

个性化内容推荐在大行其道的同时，也遭遇了一些发展的瓶颈。2018 年 4 月 10 日下午，国家广播电视总局通报，今日头条旗下“内涵段子”应用程序及公众号因存在导向不正、格调低俗等突出问题被永久关停。国内外不少学者也提出，算法推荐机制的应用可能会导致“信息茧房”的形成，公众只注意自己愿意关注的内容和使自己愉悦的信息领域，久而久之，难免会将自身桎梏于像茧房一般的信息环境中。虽然今日头条等平台开始采用引入大规模人工审核以及对不同类别信息加权、调整算法等方式，试图摆脱负面影响，但我们仍不得不反思，仅仅依靠算法推荐机制的内容分发是否正面临着不可忽视的伦理困境？互联网资讯平台在通过算法推送机制为自身发展谋取利益的同时，是否也应承担起一定的社会责任？

第三节　机器新闻的应用与发展

在上文中，我们已经提到人工智能技术的发展使机器人新闻写作成为可能，自从 2006 年汤森路透集团宣布将在其网站上使用算法自动编撰财经新闻以后，世界各地的媒体纷纷效仿，机器新闻的概念随即普及开来。那么什么是机器人新闻写作？机器人新闻写作在国内外经历了怎样的发展历程？机器新闻是如何生产出来的？机器新闻的优势与局限是什么？本节将详细探讨这些问题。

一、机器新闻的概念

关于机器新闻，我们可以首先看一下腾讯在 2015 年 9 月发布的一篇文章《8 月CPI 涨 2% 创 12 个月新高》，这篇文章是由腾讯财经开发的写稿机器人 Dreamwriter 发出的第一篇自动化新闻稿件。这篇稿件引用了国家统计局的数据，同时结合了统计局城市司高级统计师余秋梅以及银河证券分析师对数据的分析和预测。Dreamwriter 根据算法瞬时输出分析和研判，一分钟内生成稿件并将资讯送达用户。

腾讯财经讯国家统计局周四公布数据显示，8 月 CPI 同比上涨 2.0%，涨幅比 7 月的 1.6%略有扩大，但高于预期值 1.9%，并创 12 个月新高。

---

① 张一鸣：《机器替代编辑?》，《传媒评论》2014 年第三期。

国家统计局城市司高级统计师余秋梅认为，从环比看，8 月份猪肉、鲜菜和蛋等食品价格大幅上涨，是 CPI 环比涨幅较高的主要原因。8 月份猪肉价格连续第四个月恢复性上涨，环比涨幅为 7.7%，影响 CPI 上涨 0.25 个百分点。部分地区高温、暴雨天气交替，影响了鲜菜的生产和运输，鲜菜价格环比上涨 6.8%，影响 CPI 上涨 0.21 个百分点。蛋价环比上涨 10.2%，影响 CPI 上涨 0.08 个百分点，但 8 月价格仍低于去年同期。猪肉、鲜菜和蛋三项合计影响 CPI 环比上涨 0.54 个百分点，超过 8 月 CPI 环比总涨幅。

他表示，从同比看，8 月份 CPI 同比上涨 2.0%，涨幅比上月扩大 0.4 个百分点，主要原因是食品价格同比涨幅有所扩大。8 月份，食品价格同比上涨 3.7%，涨幅比上月扩大 1.0 个百分点，其中猪肉、鲜菜价格同比分别上涨 19.6% 和 15.9%，合计影响 CPI 上涨 1.05 个百分点。非食品价格同比上涨 1.1%，涨幅与上月相同，但家庭服务、烟草、学前教育、公共汽车票和理发等价格涨幅仍然较高，涨幅分别为 7.4%、6.8%、5.6%、5.3% 和 5.2%。

8 月份，全国居民消费价格总水平环比上涨 0.5%。

银河证券的分析报告认为，预计到年末生猪价格将超过上一轮“猪周期”价格高点，如果猪肉价格集中在四季度上涨，并且重合蔬菜上涨周期，那么四季度单月，尤其是 12 月份 CPI 同比涨幅超过 2% 的可能性较大。

交通银行金融研究中心预计，未来 CPI 仍有缓慢上行的可能，部分月份同比涨幅可能高于 2%，但全年 CPI 涨幅将低于 3% 的政策目标值，物价状况暂不会明显制约货币政策操作空间。

民族证券宏观分析师朱启兵表示：“7 月实体经济新增信贷的大幅回落难以持续，预计 8 月新增信贷再度扩张至 11 000 亿元，货币政策继续维持宽松。”

申银万国证券研究所首席宏观分析师李慧勇表示：“预计后面至少还会有 25 个基点的降息空间。一方面，实际负利率已不是制约，如果需要可以继续降息。另一方面，降息此前受制于汇率，汇改主动释放了贬值压力。”

8 月 26 日起，央行下调一年期存款基准利率 0.25 个百分点至 1.75%，目前工商银行、建设银行等金融机构一年期存款利率普遍为 2%。

居民消费价格指数（Consumer Price Index，CPI）是度量居民生活消费品和服务价格水平随着时间变动的相对数，综合反映居民购买的生活消费品和服务价格水平的变动情况。

我们不难发现，这篇稿件其实只是数据的罗列和堆砌，不涉及任何深度分析，读起来枯燥乏味，但它是真正意义上的国内首篇自动化新闻稿件，在某种程度上提供了一个人类记者所能提供的资讯内容。通过这个案例我们对机器新闻有了一个感性的认知,那我们如何定义机器新闻呢?

关于机器新闻可从广义和狭义两个层面来理解。从广义来看,机器新闻是指人工智能技术在新闻写作、采访、编辑、主持等新闻活动中的具体运用,如美国Automated Insights公司运用WordSmith自动写作软件进行批量信息生产,美国西北大学运用智能软件Narrative Science主持一档“7点新闻”项目,日本仿真人电视主播播报电视台新闻、主持新闻发布会以及正在兴起的无人机新闻等。狭义层面的机器新闻仅指机器写作的新闻或计算机生成的新闻,它基于数据统计和机器学习,运用计算机算法自动从可识别的数据中提取具有新闻价值的信息,形成新闻报道角度,自动选择词语样本、新闻报道模板并最终生成新闻故事。① 简言之,我们可以将狭义的机器新闻理解为,机器人在人类编程后自主分析数据并根据给定的算法生成文章,其核心是自然语言生成技术。

二、机器新闻在国内外的变革历程

在了解了什么是机器新闻后,我们将探讨自从第一篇自动化新闻稿件问世以来,机器新闻在国际和国内分别经历了怎样的发展和变革,以及现阶段的机器新闻又处于一个怎样的发展状态。

(一)机器新闻在国际上的发展情况

早在2006年,国外媒体就已经开始人工智能写作。2006年汤森路透集团宣称使用算法在其网站自动编撰财经新闻;2007年,StatSheet成立,成为美国第一家致力于自动化新闻生产的公司,即Automated Insights公司的前身。2010年美国Automated Insights公司研发的WordSmith投入市场,这是一款使用自然语言生成技术的平台;同年,美国Narrative Science公司将同样基于自然语言生成技术的软件Quill投放市场,用以生成体育比赛简要报道,在2009—2010年赛季的足球比赛中,该公司使用Quill软件撰写的赛事报道占40%,并被美国各大网站使用。

2014年3月17日,美国南加州发生4.4级地震,机器人Quakebot最早发出新闻,从抓取数据到生成报道并发布,仅用时3分钟。Quakebot首先收集美国地质勘探局信息系统的地震数据,然后将这些数据填入已有的新闻模板,编写成新闻报道,经过人工校对后马上发送到《洛杉矶时报》网站,大大提高了突发事件报道速度。同年7月,美联社使用WordSmith平台在博客中发布了《季度营收报

① 李苏:《机器新闻发展的市场进路及反思——以Automated Insights公司为例》,《新闻界》2015年第18期。

道方面的一大飞跃》,此后继续使用该平台撰写公司财报新闻,并以每月撰写3000篇新闻报告的速度展开工作。每一篇由 WordSmith 生成的报道,美联社都会安排编辑进行审查,每一次编辑对稿件的勘误反馈,都会提升机器学习的能力。目前,WordSmith 的错误率比人类同行要低许多。

(二)机器新闻在国内传媒领域的应用

我国的机器新闻写作起步相对较晚。上文中提及的腾讯公司于 2015 年 9 月 10 日发布的《8 月 CPI 同比上涨 2%创 12 个月新高》新闻报道,是国内首次机器新闻写作的尝试。继腾讯 Dreamwriter 尝试后,国内各家媒体紧随其后推出机器新闻应用,如新华网的“快笔小新”、第一财经的“DT 稿王”、今日头条的“XiaomingBot”等。

2015 年 11 月 7 日,新华社推出“快笔小新”,主要供职于体育部、经济信息部和《中国证券报》,负责撰写体育赛事报道和财经新闻。“快笔小新”上线运行后,7×24 小时不间断工作。每逢重要体育赛事结束,或股市开收盘、突破整数关口,或是上市公司财报季报等金融信息发布之时,就会自动根据所公布的信息快速生成新闻稿件,编辑记者在编辑系统中对“快笔小新”生成的稿件进行核对后正式签发。[①]

2016 年 5 月底,第一财经在技术与创新大会上推出了“DT 稿王”,DT 是 Data Technology 的缩写,意为“数据技术”,是阿里巴巴战略入股第一财经后,双方共同酝酿、联合推出的一款帮助财经记者快速及时写稿的智能写稿系统。

2016 年 8 月,今日头条研发出了“XiaomingBot”,在里约奥运会期间“XiaomingBot”曾写过 200 余篇赛事报道,包括乒乓球、网球、羽毛球和女足等比赛,累计获得 200 万用户阅读。它撰写的文章涵盖比赛时间、实时比分、运动员信息等主要新闻要素,还利用图片识别技术在文章中自动插入赛事图片,使用“笑到了最后”等拟人化表述,可读性与职业记者的报道相差无几。

三、机器新闻的生产方式与生产流程

近几年,机器人写作的新闻生产模式无论在国际还是国内的传媒领域都受到了广泛欢迎,那么机器新闻是如何生产出来的?机器新闻从写作到成稿再到发布具体经历了怎样的生产流程?

---

① 传媒评论:《“快笔小新”:新华社第一位机器人记者》,搜狐网 2017 年 10 月 9 日。

（一）机器新闻的生产方式

目前机器新闻的生产方式主要有以下三种：

（1）在预先设置好的新闻模板中生成新闻稿件，如财经报道、体育报道等。现在的机器新闻生产基本上采用“人工模板+自动化数据填充”的模式。① 例如WordSmith写作系统的工作过程有点像填字游戏。用户可以生成一些语法路径，其中句子的某些信息可以下载和修改。比如，用户首先生成这样一个句子“（某公司）的收入（增长/减少）了（百分比）”，WordSmith接下来就负责把相关公司的财务信息填充到这个句子中去，类似的语法路径应用很广泛。再比如“（某足球队）以（比分）击败（某另一足球队）”或“（某电影）周末票房达到（美元）”等，这些句子最终可以汇聚成一篇豆腐块文章。

（2）在挖掘用户数据的基础上生成个性化稿件。对用户的阅读内容、阅读习惯等进行分析、挖掘，或者根据用户自定义的标签，将同一主题的信息整合成多篇角度不同、风格迥异的稿件，为用户推送个性化的内容产品，增强用户黏性。

（3）利用记者数据模型智能化生成稿件。将采集到的文字、图片、语音、视频等素材以及其他背景资料，与某个记者的数据模型相结合，通过软件运算自动生成符合该记者写作风格的稿件。②

（二）机器新闻的生产流程

机器人进行新闻生产依靠的核心是基于云计算和大数据分析的人工智能，它依赖于一个或多个采集存储了海量高质量数据的数据库。尽管不同媒体的机器新闻生产在具体的流程上略有差别，但总结起来，一篇机器新闻稿件的生成和发布需要经历以下五个环节：

1. 采集撰写新闻稿件所需要的各种数据

比如棒球比分、平均击球率或球员的统计数据。一般来说，结构化和标准化的数据往往最容易开发出具有实用价值的自然语言生成系统，这也是机器新闻首先在财经报道和体育报道领域蓬勃兴起的原因之一。

2. 对数据进行结构化处理和分析

算法根据统计方法来识别数据中重要和有趣的事件，比如球员的非凡表现，或比赛结果的决定性时刻等。一般而言，算法会挑出数据中最“反常”的方面，例如篮球赛事中的数据种类包括：得分总数、投篮命中率、三分命中率、

---

① 彭兰：《移动化、智能化技术趋势下新闻生产的再定义》，《新闻记者》2016年第1期。

② 许向东、郭萌萌：《智媒时代的新闻生产：自动化新闻的实践与思考》，《国际新闻界》2017年第5期。

罚球命中率、上场时间数、参赛场次数等。算法会监测和对比历史数据，一旦发现“反常”，例如以上各种数据中出现“最高纪录”或“最低纪录”，或在财经新闻中，股价或汇率变化高于或低于预期，那么算法就认为此数据具有“新闻性”。

3. 根据“新闻性”确定新闻的报道角度

针对人类记者事先拟好的多种报道框架，运用算法对每个框架下所产生新闻的“新闻性”进行打分（1~10分），然后选择得分最高的框架作为新闻的报道角度。

4. 根据已确定的报道框架，从数据中选取相关的报道要素

将报道要素如比赛场地、比赛时间、球员姓名、得分等信息，进行有机组合，套用已有模板生成规范的新闻稿，还可以从数据库中检索球员的照片并自动嵌入报道。

5. 从自然语言角度对机器生成的新闻稿件进行加工润色

这是机器新闻生产过程中技术含量最高的一步，目的是让机器生成的枯燥文字变得具有可读性。[①] 这一步骤完成后，一篇由机器生成的新闻稿件基本宣告完工。

下面以新华社推出的写稿机器人“快笔小新”为例来说明机器人是如何工作的。目前“快笔小新”写的稿子主要集中于财经和体育报道，其写稿过程可以分为“采集清洗”“计算分析”和“模板匹配”三个环节。首先，依托大数据技术对数据进行实时采集、清洗和标准化处理；再根据业务需求定制相应的算法模型，对数据进行实时计算和分析；最后，根据计算和分析结果选取合适的模板生成新闻稿件，并自动进入待编稿库，供编辑审核后签发。在这个过程中，技术人员会告诉“小新”要按照什么样的规则和样式生成什么样的稿件，这个环节称为“模板定制”。模板定制过程一方面要通过为每个报道场景建立领域知识库，产生针对不同场景的丰富稿件样式；在具体运用模板时，对每个知识点对应的模板赋予不同的权重，利用规则库的信息计算出权值，最后根据权值自动匹配出最佳的稿件。这其实就是建立模板库和规则库的过程。另一方面，通过建立完善的历史数据库，例如财经类的季报、年报、历史报价等数据库，体育类的赛事、运动员基本资料等数据库，并针对业务报道需求，研发计算同比、环比、指数、累计进球数、积分排名等各种指标的历史统计模型和趋势分析模型等，就可提高“快笔小新”新闻报道内容的丰富性。[②]

---

① 邓建国：《机器人新闻：原理、风险和影响》，《新闻记者》2016年第9期。

② 传媒评论：《“快笔小新”：新华社第一位机器人记者》，搜狐网2017年10月9日。

四、机器新闻的优势与局限

在了解了国内外机器新闻的发展历程和现状,以及机器新闻的写作流程后,下面将讨论机器新闻的优势与局限。

(一)机器新闻的优势

1. 加快新闻生产的速度,扩大新闻生产规模

新闻的发稿速度一直是媒体间竞争的焦点,而机器新闻的写作速度和稿件产量远高于传统记者。传统的新闻记者为了完成一篇新闻稿件,需要进行采访、分析整理资料、提炼主题,最后写作成文,耗费了大量的时间和精力,其效率远远低于机器新闻。而机器新闻的写作过程由计算机程序完成,从数据的抓取到数据分析处理到嵌入预设的模板直至生成完整的新闻稿件,通常仅需几分钟。因此,机器新闻可以在遇到突发事件时迅速生成新闻稿件并实时推送。

2014 年 3 月 17 日,Quakebot 使《洛杉矶时报》成为全美第一家报道南加州发生 4.4 级地震的新闻媒体,引起了美国媒体的轰动。研制出 Quakebot 的施文克(Ken Schwencke)在早上 6 点 27 分感觉到了地震。他走到自己的电脑前,查看已经在系统中等待他的自动生成的新闻稿件,审阅并发布了它。3 分钟后,早上 6 点 30 分,《洛杉矶时报》的官方网站刊登了这则新闻。Quakebot 是运用传感器数据自动生成有关加州地震的短篇报道的,当美国地质勘探局发出地震预警时,Quakebot 会立即自动生成一则新闻消息,提供记者所需的所有基本信息,包括地震的时间、地点和震级,并将其保存到《洛杉矶时报》的内容管理系统中,由工作人员对该报道的内容进行审核和错误纠正,审核通过后只需单击鼠标就可以发布该报道。

此外,高产也是机器新闻写作的特性之一。机器新闻写作能够通过制作以前由于资源的限制而没有报道的新闻来扩大新闻稿件的数量。例如,2014 年美联社与 Automated Insights 公司达成合作,采用该公司开发的机器新闻写作程序 WordSmith 平台进行“企业季度营收”的财经新闻写作。WordSmith 平台以自动化技术为基础,能接受任何格式的数据,通过算法生成图文并茂的报道,其超强的数据采集、分析与处理能力能够大幅度提高新闻生产效率,使新闻报道实现规模化生产。从数量上看,美联社当年的季度财报稿件从采用前的 300 篇上升到 4400 篇,这种高效率、大规模的新闻生产方式是传统记者无法企及的。

2. 提高新闻报道的准确性和客观性

客观性是新闻报道的永恒原则,要求记者摆脱任何个人偏见、情感和立场,新闻报道中的每一个具体事实必须符合客观实际。但是由于记者的个人知识水

平、思考方式、价值观等各种主观因素的影响,记者在新闻写作过程中实际上很难做到完全的客观中立。而机器新闻写作所依赖的算法主观性较小,它能够严格遵循预定义的规则来分析数据,并将结果转化为新闻故事。机器新闻在创作过程中能够减少人为因素的影响,最大限度地实现新闻客观性。

瑞典学者克莱瓦尔以可信度和可读性为衡量指标研究了受众对新闻文章的感知质量差异。他以46名瑞典本科生为研究对象,安排他们阅读由计算机生成和记者写的两篇关于美式足球比赛的文章。这两篇文章用英文写成,没有图片,长度大致相同。在这个过程中,参与者并不知道自己所阅读的文章究竟是计算机生成的还是人类记者撰写的。研究结果表明,计算机程序写作的文章的可信度得分较高。[①] 无独有偶,德国学者德雷费等人也系统地研究了机器人写作的新闻稿件的可信度,值得一提的是他们还分析了记者和受众之间观点的异同。共有232名以荷兰语为母语的人参与了这项研究,其中有64名是记者,参与者被安排阅读四篇新闻稿件,判断其专业水平和可信度。德雷费等人使用2(作者:计算机或记者) * 2(故事主题:体育或金融)的模型来测试新闻来源的新闻消息的感知可信度是否有差异。研究结果表明,受试者认为机器写作的新闻稿件可信度更高,新闻专业性更强,但可读性较低。[②]

3. 实现新闻稿件的个性化定制

机器新闻写作依托大量的内容创作模板和用户个人数据,可根据不同的新闻主题或者不同用户的需求生产不同类型的稿件,同时还能进行精准的个性化推送。机器新闻写作能够以多种语言为非常小的受众群体推送相关信息,甚至可以为一个受众创建一条独有的新闻。例如,Automated Insights为每个雅虎梦幻足球(Yahoo Fantasy Football)的玩家生成个性化的比赛日报告,这是一款流行的在线游戏,人们可以在其中创建足球队,并在虚拟联赛中相互竞争。同样的,Narrative Science的核心业务之一就是为个人用户自动生成金融市场报道。在其他领域,这样的应用也比比皆是,比如算法可以创建一场体育赛事的重播,在重播中重点关注某个受众最感兴趣的球员的表现。此外,算法甚至可以根据读者的需要以不同的语调或叙事风格讲述同一个故事,如在一项体育比赛中,可以用一种热情的语调写给获胜队的支持者,同时用一种同情惋惜的口吻写给失败队的支持者。[③]

---

① Clerwall C.*Enter the robot journalist*. Journalism Practice, 2014, 8(5):519-531.

② Graefe A, Haim M, Haarmann B, et al. *Readers' perception of computer-generated news: Credibility, expertise, and readability*. Journalism, 2016, 19(5).

③ Graefe A .*Guide to automated journalism*. New York, NY: Tow Center for Digital Journalism, Columbia Journalism School.

（二）机器新闻的局限

1. 机器新闻缺乏温度，文章的可读性较低

可读性差是机器新闻一直被诟病的缺陷。机器新闻稿件的生产模式类似于工业社会中的流水线生产，文章的写作过程是将数据填充进预先设置好的模板中。机器新闻写作的模式化导致其语言表达缺乏温度，更多的是数据的堆砌和罗列，读者往往觉得枯燥无味。2015 年 5 月，美国公共广播公司驻白宫记者霍斯利（Scott Horsley）和 WordSmith 曾经进行过一场较量。比赛规则是斯科特和 WordSmith 一起等丹尼斯餐饮公司发布财报，双方同时开写一篇短报道，比的主要是速度和质量。毫无疑问，斯科特在速度上难敌 WordSmith，尽管这是他非常熟悉的题材。机器人 2 分钟就写完了整篇报道，而他用了 7 分钟。然而在文章质量上，斯科特却有明显的优势。美国公共广播公司在网上发起投票，结果显示，机器人写的文章获得了 912 票，人类记者写的文章则获得了 9916 票。可见，记者新闻在稿件质量上获得了更高的认可度。以下是两篇稿件的中文翻译：

机器人新闻（WordSmith）：

丹尼斯公司在周一报告上称第一季度利润为 850 万美元。这家南加州斯帕坦堡的公司表示每股获利 10 美分，该结果高于华尔街的预期。四位来自扎克斯投资研究公司的分析师的平均预计为每股获利 9 美分。餐厅经营者表示期内收入为 1.202 亿美元，同样高于华尔街预期，三位扎克斯公司的分析师预计为 1.171 亿美元。丹尼斯的股价自年初以来已经上涨 6%，在周一交易时间的最后几分钟，股价达到每股 10.9 美元，12 个月以来已经爬升 61%。[①]

记者新闻（Scott Horsley）：

丹尼斯公司在第一季度创下了大满贯，由于餐厅销售额蹿升超出 7%，每股获得了高于预期的 10 美分。运营收入达到 1.2 亿元，调整后的净收入跃升 36% 到 870 万美元。丹尼斯成为全国最大的全方位服务连锁餐饮公司之一。销量的上升表明消费者在打开他们的钱袋来购买薄煎饼、鸡蛋和土豆煎饼。收入增长还受益于价格更低的原材料以及拥有高客流量的拉斯维加斯皇家赌场餐厅的重新开张。在前三个月销量增速超过预测后，经理们已经调高了 2015 年后几个月的销量预期。[②]

---

①② 王杰夫：《资深记者与机器人比赛写稿，谁会赢？》，好奇心日报网 2015 年 5 月 22 日。

对比上述案例可以发现，斯科特的文章与机器新闻简单的数据堆积不同，他在文章的第一句话就高度浓缩了本文的新闻要点，在原有数据的基础上进行概括，保证读者能在第一时间获知文章的精华，并引发他继续往下阅读的欲望。此外，从文章的遣词造句看，相较于机器新闻生硬的语言表达，斯科特运用了更多生动的词汇，使文章更加通俗易懂，更符合读者的阅读习惯。因此，提高机器新闻的可读性是传媒领域亟待解决的难题。

2. 机器新闻深度不足，内容浮于表面

有深度的新闻稿件需要对新闻事件所反映问题的本质与意义进行深入剖析和解释，这就需要详细的背景资料、深入的调查与采访、连续的关注与追踪，最后还要辅以新闻记者深厚的文字功底和分析问题的独特视角。这是机器新闻无法做到的，大多数机器新闻作品不过是数据的堆砌和简单的陈述，内容单薄，浮于表面，无法对新闻进行深度加工和挖掘，仅起到陈述基本事实的作用，缺乏对事件背后更深层次的社会问题的分析。换言之，机器新闻能告诉你发生了什么，却不能为你解释事件为什么发生。

3. 报道主题局限于财经和体育报道等少数领域

机器新闻是在既定的写作模板中嵌入搜集到的信息而生成的新闻稿件，这种写作形式更适合数据新闻的撰写。在当前的应用实践中，利用机器进行的新闻写作，一般是以各种数据、图表的引用、分析和解释为基础的硬新闻，如天气预报、体育、财经、地震灾害等新闻。例如新华社的“快笔小新”主要应用于体育、财经类的新闻报道，通过迅速采集整理如就业/失业情况、股价报盘、人民币汇率报价、上市公司公告和财报、个股资金净流入流出、融资融券数据，以及中超和CBA比赛结果和积分公报等数据，编写出相关新闻稿件。第一财经的“DT稿王”只应用于财经报道，负责抓取统计局包括CPI的上升、下降等数据，监控所有上市公司发布的公告，从公告里产生相应的内容。国内外机器新闻的具体应用情况如表11-1所示。

表11-1　国内外主要新闻机器人应用情况

国内					国外				
名称	所属机构	时间	领域	功能	名称	所属机构	时间	领域	功能
Dream writer	腾讯	2015.09	财经	写稿	QuakeBot	洛杉矶时报	2014.03	地震	写稿
快笔小新	新华社	2015.11	财经、体育	写稿	WordSmith	美联社	2014.07	财经、体育	写稿

续表

国内					国外				
名称	所属机构	时间	领域	功能	名称	所属机构	时间	领域	功能
DT 稿王	第一财经	2016.05	财经	写稿	Blossombot	纽约时报	2015.05	新媒体	编辑
Xiaoming Bot	今日头条	2016.08	体育	写稿	Heliograf	华盛顿邮报	2016.08	体育	写稿

此外,同一领域同一类型的机器新闻稿件由于运用了相似的新闻写作模板,往往标题相似、内容相仿,很难让读者产生阅读兴趣。图 11-1 展示的是今日头条的写稿机器人“XiaomingBot”写作的体育类新闻稿件,主题是关于 2018 年 10 月在上海举办的网球比赛“上海大师赛”。可以看出 XiaomingBot 在写作时,使用了大量相同或相近的词语,甚至句子的排列顺序都近乎相同:首先对比赛的时间、地点、人物、事件进行说明,然后对比赛的情况进行简要的描述,最后介绍比赛规则、比赛结果等,文章模板化痕迹很明显。

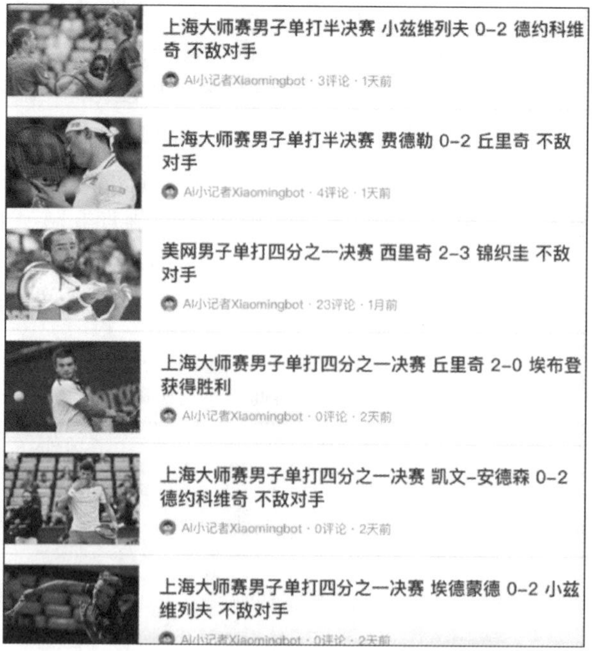

图 11-1　今日头条写稿机器人 XiaomingBot 撰写的体育类新闻稿件标题截图

五、机器新闻的发展趋势及启示

机器新闻作为一种高产出、高效率的新兴新闻生产形式,会对新闻传播业产生一定的影响,但目前我国机器新闻的发展受制于数据和技术因素,稿件的结构化叙事特征明显,仍处于较为低级的阶段。机器新闻未来的发展趋势是什么?对我国新闻生产又会有怎样的影响?这是我们需要关注的问题。

(一)人机一体的新闻报道体系将成为主流

"现阶段人工智能发展的关键问题是人和机器如何在人机对话中实现功能的互补和价值的匹配"①,也就是说,将来的新闻写作,将是人与人工智能的结合。通过上文对机器新闻的分析,我们知道,机器新闻的特长在于可以对海量数据进行快速的、公式化的处理,效率高、产量大。但是,机器新闻写作尚处于最基础的阶段,在价值判断方面、在情感的处理和表达方面、在深度调查报道方面,人的介入不可或缺,这是机器新闻无法取代人类记者的原因所在,也是人类记者的价值所在。虽然目前少数媒体包括腾讯的 Dreamwriter 已经采用机器审核的方式(将机器写作完成的稿件直接发布),但多数媒体还是保留了"人工审核"这一关键步骤。这主要是因为机器本身并不具有独立判断新闻倾向和新闻价值的能力,它对材料的筛选更多源于对关键词句等数据的获取。因此,未来的新闻写作一定是采取人机一体、人机协作的方式,这也是未来媒体人的价值和核心竞争力。

(二)数据获取与物联网紧密相连,数据将成为新闻生产的新驱动力

机器新闻中最为关键的要素是算法和数据。算法有赖于人的智能设计,而数据采集和当下的物联网的发展有着非常紧密的联系。2015 年瑞士达沃斯经济论坛上,谷歌公司前首席执行官艾瑞克· 施密特做出了大胆的预言:"互联网即将消失,一个高度个性化、互动化的有趣世界——物联网即将诞生……未来,传感器的普及意味着自动化信息采集的大规模应用。作为信息采集工具的传感器,可以达及人的感官不能达及的深度与广度,这将为机器写作带来全新的可能。"未来不管是面向新闻写作的数据获取,还是像 Dreamwriter 一样面向个性化写作的用户阅读习惯、反馈的数据获取,物联网技术都会为其提供更大的空间。

机器新闻的基础是海量的数据,大数据时代背景下,数据将成为新闻生产的新资源与驱动力。不管是 Dreamwriter 还是 XiaomingBot,不管是"快笔小新"还

---

① 喻国明:《人工智能的发展与传媒格局变化的逻辑》,《新闻与写作》2016 年第 2 期。

是DT稿王，都强调数据的重要性。这其中包括数据资源的丰富性、数据采集的便捷性以及数据处理的智能化。未来媒体的竞争，将越来越多的是数据平台围绕数据采集、处理能力的竞争。①

（三）更加个性化、实现可视化

2015年10月14日，当国家统计局发布了当年9月CPI的有关数据后，Dreamwriter同时发布了四个版本的新闻稿件：常规版、精要版、研判版、民生版，但是这些稿件的个性化只是在编排结构和用词方面有所不同，整体上仍处于最基础的阶段。在未来，计算机软件可以通过对传播效果的自动分析做出情感预测，即通过分析人们对某则新闻产生的情感倾向，来判断是否达到了预期的新闻效果，预测受众阅读完类似新闻后可能产生的情绪反应，进而决定给受众推送的新闻类型并改进新闻写作模板。而不是像今天的Dreamwriter一样在文末询问读者："为了今后在部分平台向您推送您最喜欢的版本，请问您偏爱的个性化版是什么？"

除此之外，现如今的机器新闻多为数据的堆砌，阅读效果并不十分理想。以财经新闻为例，不管是Dreamwriter还是DT稿王，即使文本加入了相关的图片，还是难以让人产生十分直观的印象，这就对机器新闻提出了可视化的要求。因此，如何将冰冷的数据转化为直观生动的图像也是机器新闻要解决的问题。

（四）开辟更多报道领域，实现更广泛的应用

现阶段，国内的机器新闻局限于体育和财经两大领域，而国外的机器新闻应用领域已经从最初的体育报道、财经报道，逐步扩展到自然灾害报道、犯罪报道等领域。今日头条的XiaomingBot只会写体育新闻，这一方面是由于其初始写作模块的功能较为单一，未能考虑到深度学习功能；另一方面，数据壁垒导致XiaomingBot不能获取更多的数据资料，导致其对其他领域"知之甚少"。而新华网的"快笔小新"，虽然同时"供职"于新华社体育部、经济信息部和《中国证券报》，但它其实有3个分身，每个分身各处理某一个领域的新闻消息。② 但是伴随着计算机数据处理能力的不断增强以及数据开源的实现，跨领域的机器人新闻写作将成为可能，不同的数据库可以相互补充，机器人写出的稿件领域将更加宽广，内容也将更加全面。

---

① 彭兰：《机器与算法的流行时代人该怎么办》，《新闻与写作》2016年第12期。

② 赵禹桥：《新闻写作机器人的应用及前景展望——以今日头条新闻机器人张小明（xiaomingbot）为例》，人民网研究院2017年1月17日。

（五）新闻传播学科要注重培养复合型人才

2012年和2014年哥伦比亚大学Tow数字新闻中心和波因特研究院先后对新媒体时代记者应具备的技能进行调查，其结果显示，熟悉数据和统计知识，具备基本的编程知识正被纳入新闻记者核心技能培养体系，而国内相对较好的写稿机器人Dreamwriter和XiaomingBot都诞生于互联网科技公司的事实也证明了复合型人才的重要性。对于这一变化，国内外不少新闻传播院校在“大传播”理念下，纷纷加强了新媒体方面的课程内容比重，包括大量的信息和数据处理技术及信息艺术设计方面的课程。[①] 因此，新闻传播从业者在认清机器人与记者互补共存的基础上，要加强对数据处理和数据挖掘技能的学习，进一步提升综合能力，高校则要注重新时期复合人才的培养。

机器新闻写作可以在某些领域取代人类高度重复性的工作，提高新闻的生产效率，从而改变新闻生产的模式。但是，目前为止，机器新闻还处于比较初级的阶段，与真正意义上的人工智能还相去甚远。写作机器人还停留在被动接受指令、进行运算的层面，所写的稿件也都是模块化、公式化的文章，限于快讯、简报的形式，主要运用于财经和体育两个领域，体现出数据与技术困境下的结构性叙事，机器人写作项目也多在腾讯、今日头条等互联网高科技公司展开。因此，对于机器新闻，我们需要用一种冷静的态度看待，既不盲目崇拜，也不抗拒新技术的出现。

本章即测即评

① 金兼斌：《机器新闻写作：一场正在发生的革命》，《新闻与写作》2014年第9期。

后记

技术的快速发展及其在信息传播领域的广泛应用，使得新闻传播业对技术的依赖越来越深。技术眼光决定未来发展，对于未来的传媒人来说，掌握一定的网络与新媒体技术，已经成为进入业界的基本门槛。本书基于“互联网+”环境下的技术发展，结合新闻传播业发展的需要，对网络与新媒体所涉及的基础技术、前沿技术及其在新闻传播领域的最新应用等内容进行了介绍和讲解，让学生了解技术的本质，让技术为未来的新闻传播所用。

本书受到中共湖北省委宣传部与武汉大学共建新闻与传播学院本科项目支持。全书由洪杰文提出整体构想和编写大纲，具体编写由洪杰文和归伟夏共同完成。其中第一章由洪杰文与汤恋编写，第二章到第五章由归伟夏、梁江华与陆倩编写，第六章由归伟夏与洪杰文编写，第七章、第八章和第十章由洪杰文与洪瀛编写，第九章由洪杰文与薛静编写，第十一章由洪杰文与邱雄媛编写，最后由洪杰文统稿。在此向各位作者一并表示感谢！

非常感谢高等教育出版社黄子祺编辑认真细致的工作，她对本书的内容提出了大量富有建设性的修改意见。

技术的发展日新月异，未知远远大于已知，新技术和新知识不断涌现，而我们的学识有限，本书的错漏之处在所难免，在此恳请读者诸君批评指正。

洪杰文

2020 年 7 月于珞珈山

教学支持服务说明

资源访问与防伪查询说明

使用微信扫描本书内的二维码，输入封底防伪二维码下的20位数字进行微信绑定后即可免费访问相关资源。（只需输入一次，绑定后不必再次输入。注意：微信绑定只可操作一次，为避免不必要的损失，请您刮开防伪码后立即进行绑定操作！）

用户也可将防伪二维码下的20位数字按从左到右、从上到下的顺序发送短信至106695881280，免费查询所购图书真伪。

防伪客服电话

（010）58582300

本书有配套教学课件，供教师免费下载使用，请访问 xuanshu.hep.com.cn，经注册认证后，搜索书名进入具体图书页面，即可下载。